本著受
比尔及梅琳达·盖茨基金会
中国烟草控制政策环境改善项目
支持出版

社会组织参与立法过程研究

以《广告法》烟草广告条款修订为例

■ 刘艳丽　著 ■

SOCIAL ORGANIZATIONS
PARTICIPATION IN POLICY PROCESS

中国社会科学出版社

图书在版编目(CIP)数据

社会组织参与立法过程研究:以《广告法》烟草广告条款修订为例/刘艳丽著.—北京:中国社会科学出版社,2020.6
ISBN 978-7-5203-5744-9

Ⅰ.①社… Ⅱ.①刘… Ⅲ.①立法—社会组织—参与管理—研究—中国 Ⅳ.①D920.4

中国版本图书馆 CIP 数据核字(2019)第 269986 号

出版人	赵剑英
责任编辑	耿晓明
责任校对	李 莉
责任印制	李寡寡
出　　版	中国社会科学出版社
社　　址	北京鼓楼西大街甲 158 号
邮　　编	100720
网　　址	http://www.csspw.cn
发 行 部	010-84083685
门 市 部	010-84029450
经　　销	新华书店及其他书店
印　　刷	北京明恒达印务有限公司
装　　订	廊坊市广阳区广增装订厂
版　　次	2020 年 6 月第 1 版
印　　次	2020 年 6 月第 1 次印刷
开　　本	710×1000 1/16
印　　张	14.5
插　　页	2
字　　数	216 千字
定　　价	78.00 元

凡购买中国社会科学出版社图书,如有质量问题请与本社营销中心联系调换
电话:010-84083683
版权所有　侵权必究

谨献给为控制烟草流行不懈努力的人们！

序　　言

艳丽的书要出版了。这本书是在她的学位论文基础上修改而成，作为她的导师，心里自有一份欣喜。

社会组织参与社会共治的研究很多，但鲜有参与健康社会共治的案例研究。而在我们大力推进"健康中国"的进程中，这一研究具有重要意义。艳丽的选题就是对两个社会组织参与健康社会共治的考察，具体来说，就是参与《广告法》修改中有关控烟内容的立法协商。这一对中国社会组织案例的研究，其选题无论是在宽泛的健康社会共治领域，还是具体的立法协商领域，都是非常稀缺的。

谈到这个选题，就要从2008年汶川地震说起。我认识艳丽是在2008年的汶川地震后。当时她从美国读书回来，放下了一切，甚至来不及办理各种繁杂的手续，就到了救灾第一线，投入到社会组织的灾后工作。当时我作为国家减灾委汶川地震响应小组的协调人，急需给一线和政府提供切实可用的政策建议。我的同事胡晓江教授带领着一个团队负责寻找国际经验，那时我们得到的几乎都是指南、原则等文章；而我们需要的是能够有具体的、鲜活的案例支撑的知识。所以艳丽跟我读博士以后，我们一起讨论现在的社会组织研究状况，希望能够找到这样的社会组织案例，它能够提供基于中国具体实践的、可以为"健康中国"目标的实现和对健康共治体系建构有意义的知识。

艳丽的博士论文选题，基本上就是在这个共识下定了下来。

艳丽的特点是有悟性，脑子清楚，思维严谨，勤奋刻苦。这些特点

社会组织参与立法过程研究

在本书中都有突出的体现。只要看全书的结构，对经验材料的搜集、梳理和分析，论述的逻辑和理论的概括，都可以强烈感到她的这些优点。

全书内容是围绕社会组织参与《广告法》修订的立法协商展开的。原来的《广告法》发布于1994年，其中对烟草广告的限制力度不够。因此，从一出台，控烟组织和众多专家就提出了对它的修改意见。在19年后，修改《广告法》在2013年被列入全国人大的立法规划，① 专家和控烟组织对修改其中控烟条例的愿望终于有了实现的机会。2013—2015年的"两会"，是修改稿一审至三审的关键时间。控烟组织此前就参与了对其修改的议程设置的推进工作，在2013—2015年，更是直接参与立法协商。这本书考察了两个参与协商的社会组织：官办社会组织中国KY协会和民非组织XT中心。它们努力的目标是：把1994年出台的《广告法》中有关限制烟草广告的内容，以及2013年、2014年对该法修改的一审、二审稿中的相关内容，由限制某些烟草广告，改为全面禁止烟草广告，这被控烟界称为"不留口子"。经过多方努力，最后，终于实现了这一目标。2015年4月，《中华人民共和国广告法》的修订草案三审稿在全国人大常委会十四次会议表决通过。新修订的《广告法》将限制烟草广告的范围由"列举式"改为"概括式"；从"严格限制"到"广泛禁止"。换句话说，将烟草广告的口子都堵住了。控烟组织大获全胜。

全书讲了两个社会组织参与修改《广告法》的立法协商的故事。两个组织性质不同，参与的方式也有不同。两相比较，官办社会组织中国KY协会的活动最具特点，因此这里拟重点谈本书对官办社会组织参与立法协商的研究。

在这方面，全书可圈可点处有二，给人以启示者有二。

可圈可点处之一：在研究内容上，通过对官办社会组织成功参与立

---

① 2006年3月，十届全国人大四次会议期间的修订《广告法》提案拉开了政府立法程序的序幕。2007年，中国KY协会和国家工商总局、卫生部商讨修订《烟草广告管理暂行办法》。2009年8月，国家工商行政管理总局（简称"国家工商局"）《广告法（修订草案送审稿）》报送至国务院。2013年，《广告法》修订被列入十二届全国人大常委会立法规划和2013年立法计划预备项目。

序 言

法协商的研究，向国际社会提供了一个有关控烟立法的中国故事。

这个故事的核心是官办社会组织中国 KY 协会如何发挥自己"官民两重性"的优势，在立法协商中努力构建共识，最后实现立法文本上禁止一切烟草广告的立法目标的。在官办优势方面，中国 KY 协会有丰富的体制内资源。中国 KY 协会曾有多位国家级别领导人和民主党派中央领导人担任名誉会长，有具有相当公众影响力的工程院院士等专业人士作为骨干，故而拥有特殊的政治资源和行政资源。基于这些资源，协会采取多种方式与决策者进行深度合作、深度沟通。他们可以营造强大的政策联盟和媒体联盟，有畅通的倡导渠道，有超强的包括政治、知识、媒体在内的资源动员能力。例如，他们可以直接与国家工商总局相关干部沟通，申说全面禁止烟草广告的理由，后者负有向国务院提交《广告法》修订草案送审稿的任务。另一方面，在非官方的社会组织优势方面，中国 KY 协会又有灵活的身段，如 2013 年 6 月在国家工商总局拟稿的关键时刻，协会召开了有关键部门高层次人员参加的大型研讨会，① 会后还在媒体广为报道以扩大影响。又如，中国 KY 协会还会为"两会"代表提交控烟提案/议案提供多种支持，在 2013—2015 年每年的"两会"期间，召开有"两会"代表和学者参加的研讨会，等等。协会的这些举措真是把"官民二重性"的优势发挥到了极致。可以说，中国 KY 协会通过立法协商，对《广告法》第二十二条最后的定稿作出了重要贡献。这里，"官民二重性"是中国 KY 协会参与立法协商强大能力的结构性基础，构建共识是工具性手段，实现立法文本上禁止一切烟草广告是目标。我们看到，在各国落实世卫组织《烟草控制框架公约》的实践中，鲜见社会组织/非政府组织直接作用于立法机构的经验。中国社会组织，包括官办社会组织中国 KY 协会和民非组织 XT 中

---

① 这次研讨会名为"中国控烟与健康可持续发展高层论坛"，论坛邀请到了国家卫生计生委副主任崔丽，全国人大法工委主任张士诚，国家行政学院副院长陈立，全国政协科教文卫委员会办公室主任孔梅，中央党校办公厅主任张忠军，以及外交部等部门的政府官员。同时到会的还有世卫驻华代表处、中国疾控中心、中国社会科学院、国务院发展研究中心、中央机构编制委员会办公室、财政部财税所、中国行政体制改革研究会、国家创新与发展战略研究会、中国政法大学、北京师范大学等单位的专家学者。

心的成功活动为国际社会的禁烟工作贡献了中国经验。

可圈可点处之二：在研究方法上，将中国KY协会的努力置于宏阔的系统之中，从而对其立法参与的行为及其贡献有较为准确的判断。这里的系统主要指外在的社会结构、制度环境，以及我国控烟工作的历史，其间藏着解读中国KY协会行动的密码；离开这一系统，对其行为的解读就会带有很大的随意性。

在制度结构中考察中国KY协会的行为。组织和人作为社会行动者都嵌入给定的社会结构之中。这结构给予他们以身份、资源、规则及行为的可能性和边界。若想诠释社会行动者的行为，就必须将其置于这一结构中，方能得其要义。例如身处考核体系之中的高校教师，就要按照它的要求来行事，在它的框架下发挥能动性；而要诠释高校教师的行为，就得要将其置于考核体系，乃至更大的社会结构如学科制度、社会转型的大背景中来审视，否则，若抽离了考核体系以及更大的社会结构的维度，得出的认识就是隔靴搔痒。按说，诠释社会行动者的行为，需要将其置于所嵌入的结构来考察，原是一个基本要求，不过，这一点却往往会被研究者所忽视。我们看到一些研究社会组织的论文常常有蔽于此，对其所嵌入结构的描述比较模糊。如此，就很难对该组织的行为做出准确的认知和判断。本书的突出优点是，研究中国KY协会和XT中心参与立法协商的行动，是将它们置于宏阔的系统之中来进行考察，包括这些组织的多元驱动力，也是根植于这一系统。基于此，控烟协会的行动含义就得到了深度的诠释。书中可以看到，这次立法协商直接涉及的制度是全国人大立法程序的制度，再拓宽看来，就是国家政治的、社会的、信息传播的变迁，以及世卫组织对烟草控制的倡导和努力，等等。就此全书都有清楚的梳理和论述，从而为解读中国KY协会的行为提供了必要的认识前提。

在历史脉络中为控烟社会组织的贡献定位。我们都是生活在历史和文化的连续系统之中，谁都不像哪吒那样，一出生就武艺非凡。中国KY协会也如是。它继承了几代人的控烟理念、激情和实践传统，而又在具体的时空下积极行动，从而作出自己的贡献。书中回顾了我国控烟工作的历史演进，特别是以翁心植、张义芳等为代表的卫生界精英自

序　言

1978年开始的不懈努力。于是，我们一边看到几代人为控烟作出的贡献，从而看到中国KY协会工作的起点，并且看到它执着的精神所来有自；一边也看到，在政策机会窗口打开的时刻，中国KY协会抓住机会，在历史给定的空间里作出最大的努力，最后实现了目标。其间，中国KY协会充分发挥了"官民二重性"的优势，以充沛的活力和高度的智慧成功参与立法协商，显示了官办社会组织存在的合理性。

总之，艳丽以结构的眼光去梳理相关的经验现象，用政策理论的工具去归纳、剖析这些现象的含义及成效，这样的进路，使研究不但具有深度，而且逻辑严密，结论使人信服。

该书的启示之一，是社会组织可以从中学到参与立法协商、协商共治的经验。

中国KY协会和XT中心在立法协商中极为丰富的工作方法可以为社会组织提供借鉴。例如，为了谋求各方的政策共识，在参与立法协商的过程中，控烟协会采取了高层共识路径、行政体系路径、"两会"议案/提案路径、社会路径、致函路径等。其中，写"内参"、构建政策联盟和媒体联盟、召开有政府部门官员参加的理论研讨会、与关键部门官员直接沟通、给关键人士写信、为"两会"代表写控烟议案/提案提供支持、在"两会"期间召开由"两会"代表参加的研讨会并在媒体上报道，等等，这些做法都可以为社会组织参与立法协商和协商共治时提供一些启示。

该书的启示之二，是中国KY协会这次参与立法协商的成绩为官办社会组织存在的合理性提供了一个依据。目前我们正在推进官办社会组织的转型、脱钩。这个很有必要。不过，官办社会组织有多种类型，他们的功能和存在的问题各不相同，有些组织在社会发展中具有独有的建设性作用，中国KY协会就是个例子。因此，希望在推进官办社会组织转型的过程中不要一刀切，而要细细甄别，妥善处理。

综上，我相信这样的中国社会组织的研究所产生的知识，以及其研究的方法，是值得大家去阅读的。

是为序。

张秀兰
2019年8月

单位名称缩略表

全称	简称
工业和信息化部	工信部
国家发展和改革委员会	发改委
国家工商行政管理总局	国家工商总局
国家卫生和计划生育委员会	卫计委
国家烟草专卖局	国家烟草局
国务院法制办公室	国务院法制办
全国人民代表大会	全国人大
全国人民代表大会财政经济委员会	全国人大财经委
全国人民代表大会常务委员会	全国人大常委会
全国人民代表大会法律委员会	全国人大法律委员会
全国人民代表大会法制工作委员会	全国人大法工委
全国人民代表大会教育科学文化卫生委员会	全国人大教科文卫委
世界卫生组织	世卫
中国疾病预防控制中心	中国疾控中心
中国人民政治协商会议	全国政协
中国共产党第十八次全国代表大会	十八大
中国共产党第十八届中央委员会第四次全体会议	十八届四中全会

目 录

第一章 导论 …………………………………………………………（1）
　一 背景介绍 ………………………………………………………（1）
　二 研究案例简介 …………………………………………………（5）
　三 研究问题与研究假设 …………………………………………（7）
　　（一）研究问题 …………………………………………………（7）
　　（二）研究假设 …………………………………………………（7）
　四 概念界定 ………………………………………………………（8）
　　（一）社会组织 …………………………………………………（8）
　　（二）控烟社会组织 ……………………………………………（10）
　　（三）立法过程 …………………………………………………（10）
　　（四）参与 ………………………………………………………（12）
　五 研究对象 ………………………………………………………（13）
　六 文献综述 ………………………………………………………（14）
　　（一）政策过程理论视角研究立法过程 ………………………（14）
　　（二）社会组织参与立法过程研究 ……………………………（23）
　七 研究意义 ………………………………………………………（34）

第二章 以剖析社会组织参与立法过程为核心的研究设计 ………（36）
　一 理论视角 ………………………………………………………（36）
　　（一）行动者、"结构化"理论视角 ……………………………（36）

（二）社会资本理论 ……………………………………… (38)
（三）社会网络理论与立法过程 ………………………… (41)
二　研究路径 ………………………………………………… (41)
三　研究框架 ………………………………………………… (42)
（一）总体框架 …………………………………………… (42)
（二）全国人大立法过程制度结构框架 ………………… (42)
（三）社会组织参与立法过程逻辑框架 ………………… (51)
四　研究方法 ………………………………………………… (54)
（一）以案例研究为基础的实证研究 …………………… (54)
（二）建构主义视角的立法过程分析 …………………… (55)
五　数据来源 ………………………………………………… (56)

第三章　社会组织参与立法过程的环境、制度与行业基础 ……… (57)
一　烟草广告立法环境变迁 ………………………………… (57)
（一）政治环境的变迁 …………………………………… (57)
（二）社会环境的变迁 …………………………………… (61)
（三）信息传播方式的变迁 ……………………………… (65)
（四）国际烟草控制环境的变迁 ………………………… (68)
二　全国人大立法的制度结构与程序 ……………………… (72)
（一）全国人大立法制度结构 …………………………… (72)
（二）全国人大立法程序 ………………………………… (74)
三　中国烟草控制工作演进概览 …………………………… (75)
（一）控烟议题在中国的演变 …………………………… (76)
（二）中国控烟工作组织化进程 ………………………… (78)
（三）中国政府控烟管理部门的变迁 …………………… (80)

第四章　社会组织参与烟草广告修订立法概览 ……………… (82)
一　参与烟草广告立法的社会组织概况 …………………… (82)
（一）官办社会组织概况 ………………………………… (82)
（二）非官办社会组织概况 ……………………………… (87)

（三）社会组织的资源差异 ……………………………………（91）
　二　《广告法》修订过程及烟草广告条款内容变化概览 ………（92）
　　（一）《广告法》修订过程概览 ………………………………（92）
　　（二）《广告法》烟草广告条款修订前后差异 ………………（94）
　三　社会组织参与立法过程概览 …………………………………（95）
　　（一）整体社会组织参与立法过程概览 ………………………（96）
　　（二）个体社会组织参与立法过程概览 ………………………（96）
　四　社会组织在立法过程中的重要作用 …………………………（100）

第五章　议程设置中的社会组织参与 …………………………（102）
　一　社会组织参与议程设置的驱动力 ……………………………（103）
　　（一）组织目标的驱动力 ………………………………………（103）
　　（二）《公约》的驱动力 ………………………………………（106）
　　（三）资源与技术的驱动 ………………………………………（109）
　二　法律政策议程设置的机制 ……………………………………（111）
　　（一）政府职能部门议程 ………………………………………（113）
　　（二）"两会"议案/提案议程 …………………………………（114）
　三　社会组织议程 …………………………………………………（115）
　　（一）社会组织议程的起源 ……………………………………（115）
　　（二）社会组织议程的政府路径 ………………………………（116）
　　（三）社会组织议程的"两会"路径 …………………………（121）
　　（四）社会组织议程的社会路径 ………………………………（122）
　　（五）社会组织议程对政策环境的影响 ………………………（126）
　四　社会组织参与政策议程设置的路径 …………………………（126）
　　（一）高层共识路径：中国KY协会寻求党中央支持 ………（127）
　　（二）政府行政体系路径：社会组织参与逻辑迥异 …………（129）
　　（三）"两会"议案/提案路径：社会组织合作推动 …………（133）
　　（四）社会路径 …………………………………………………（134）
　五　社会组织在议程设置中的重要作用 …………………………（137）

第六章 政策制定中的社会组织参与 ……………………………… (139)
 一 环境变迁对社会组织参与政策制定的影响……………………… (140)
  （一）社会组织参与国家治理政策的变迁 ……………………… (140)
  （二）党中央控制吸烟态度渐明朗 ……………………………… (141)
 二 方案选择过程：社会组织"外围式"参与 ……………………… (142)
  （一）政策方案的封闭协商：社会组织参与被阻 ……………… (142)
  （二）方案选择过程中：社会组织"外围式"参与 …………… (144)
 三 方案合法化过程：社会组织递进式"内外齐推"参与 ……… (148)
  （一）人大"一审"中的参与（2014年6—8月） …………… (149)
  （二）人大"二审"中的参与（2014年8—12月）………… (157)
  （三）人大"三审"中的参与（2015年1—4月）………… (161)
 四 社会组织在政策制定中的重要作用……………………………… (166)

结论 社会组织参与立法过程揭示民主新途径 ……………………… (169)
 一 不同类别的社会组织的立法参与逻辑各异……………………… (169)
  （一）官办倡导型社会组织的优势与行为逻辑 ………………… (169)
  （二）官办和非官办社会组织在社会网络资源和行为
     逻辑上的不同 ……………………………………………… (173)
 二 社会组织参与与立法过程互相促进……………………………… (173)
  （一）社会组织在参与中的组织学习：参与精准度的提高 … (173)
  （二）社会组织参与揭示了中国式民主的一种途径 ………… (175)
 三 创新之处………………………………………………………… (176)
 四 政策建议………………………………………………………… (177)
 五 研究局限性及未来展望………………………………………… (179)

参考文献 ………………………………………………………………… (181)

附件 《广告法》修订过程中有关烟草广告内容 ……………… (210)

后 记 ………………………………………………………………… (214)

第一章　导论

一　背景介绍

中共十八大提出要"加快形成党委领导、政府负责、社会协同、公众参与、法治保障的社会管理体制",同时强调要加快"现代化社会组织体制"建设。党的十八届三中全会进一步明确,要引导社会组织依法开展活动,"激发社会组织活力",推进社会组织发挥更大作用,将社会组织参与社会建设和社会治理落实到执行层面。党的十八届四中全会通过的《中共中央关于全面推进依法治国若干重大问题的决定》中更是强调了"社会组织在立法协商中的作用",从而"深入推进科学立法、民主立法"。社会组织在政策过程中的参与是其参与社会建设中最为有意义的内容之一:一是社会组织参与政策过程是其社会建设过程中"社会协同"身份的确认;二是社会组织的参与改变了传统意义上的中国政策过程。在实践中,社会组织参与社会治理的现象越来越多,这不仅表现在参与政府工作的执行层面,还包括立法层面。

中国是世界上最大的烟草生产、销售和使用的国家,吸烟人群超过3亿,约7.4亿不吸烟的人群遭受二手烟危害,预计到2050年每年吸烟归因死亡的人数将超过300万,庞大的医疗支出更是无以复加。① 中

---

① 卫生部:《中国吸烟危害健康报告》,中华人民共和国中央人民政府网站:http://www.gov.cn/jrzg/2012-05/31/content_ 2149305.htm,2017年4月8日访问。

国也是吸烟归因死亡人数最多的国家。① 20世纪80年代以来，中国启动了控烟工作。其中，社会组织逐渐成为中国控烟工作中的一支重要力量，推动政府采取更多控制烟草流行的措施。其中一个典型的案例，就是社会组织全程参与了修订后《广告法》中关于烟草广告条款的修订。中国KY协会原会长HJ先生表示，"修订后《广告法》若能'全面禁止烟草广告、促销及赞助'，对中国的控烟进程将是极大的推动"②。

2015年4月24日，第十二届全国人民代表大会常务委员会（全国人大常委会）第十四次会议通过修订了《中华人民共和国广告法》（即：修订后《广告法》），是一个很好的社会组织参与立法过程的案例。尤其是其中第二十二条有关烟草广告的条款内容更是在立法过程中多次修改，被誉为"史上审议通过的争议最大、表达意见最充分的法律"③。更为重要的是，在这一立法过程中始终包括中国KY协会、XT中心等控烟社会组织的积极参与。修订后《广告法》被媒体普遍称为"史上最严"新法，针对当时广告业乱象，特别是针对烟草广告的违法行为，制定了明确禁止条款和严厉的处罚规定。《广告法》有关烟草广告条款的成功修订不仅是中国履行《烟草控制框架公约》（简称《公约》）的需要，更是落实健康中国执政理念，保护人民健康的具体实践。国际控烟经验表明，全面禁止烟草广告、促销和赞助是有效降低烟草消费的手段，一项针对超过100个国家的研究表明，实施全面禁止烟草广告的国家，烟草消费量降低了近9%；而实施部分禁令的国家，消费量仅降低1%。④ 此外，全面禁止烟草广告是保护青少年不吸烟的重要途径。《广告法》有关烟草广告条款内容发生了巨大变化，从1994年"旧法"中规定在"五类媒体"（广播、电影、电视、报纸、期

---

① Beaglehole, R., Bonita, R., Horton, R., Adams, C., Alleyne, G., Asaria, P., Alliance, N. C. D., "Priority Actions for the Non-Communicable Disease Crisis", *The Lancet*, Vol. 377, No. 9775, 2011.
② 《3部委研讨新〈广告法〉能否"全面禁烟草广告"》，人民网自《新京报》：http://politics.people.com.cn/n/2014/0314/c70731-24637800.html，2017年4月8日访问。
③ 《北京成年男性吸烟率逾四成》，新闻中心：http://news.sina.com.cn/o/2015-05-21/021931856841.shtml，2017年4月8日访问。
④ 《〈广告法〉20年首次修订背后的控烟博弈》，南都网：http://paper.oeeee.com/nis/201409/22/272931.html，2017年4月8日访问。

刊)、"四类场所"(等候室、影剧院、会议厅堂、体育比赛场馆)中禁止烟草广告,到 2015 年"新法"明确基本禁止了任何形式、任何场所和任何媒介上的烟草广告,甚至还包括烟草品牌延伸广告和公益广告。这些惊人变化是怎么发生的呢?与社会组织的参与又有什么关系呢?他们又是如何参与的呢?

此外,在过去的二十年里,社会组织在中国得到了空前的发展,并且仍然在加速进行,逐步成了中国治理体系的重要主体。[①] 同时,政府出台了一系列推进社会组织发展的重要举措,包括 2013 年出台的《国务院机构改革和职能转变方案》《关于政府向社会力量购买服务的指导意见》分别部署了对社会组织管理制度的改革和填补了政府购买社会服务的法律空白。再者,相关政策法规不断完善,社会组织相关法律体系基本形成,截至 2016 年 5 月底,新出台或者修订的多部相关法规已达 7 部之多,包括《红十字会法》(1993)、《社会团体登记管理条例》(1998)、《公益事业捐赠法》(1999)、《民办非企业单位登记管理暂行条例》(1999)、《基金会管理条例》(2004)、《慈善法》(2016)、《境外非政府组织境内活动管理法》(2016)等。在这样的法律体系下,社会组织参与公共服务的机制值得深入探讨。

作为社会发展、社会建设和社会转型的一个重要新兴部门,中国社会组织的快速发展引起了国内外学者的高度关注,[②] 研究视角不断拓展,诸如以公民社会(civil society)理论为视角、[③] 以国家与社会关系

[①] 黄晓勇:《民间组织蓝皮书:中国民间组织报告(2014)》,社会科学文献出版社 2014 年版。

[②] 相关研究参见 Howell, J., "New Directions in Civil Society: Organization Around Marginal Interests", *Governance in China*, Oxford, Rowman and Littlefield, 2004; Saich, T., "Negotiating the State: the Development of Social Organizations in China", *The China Quarterly*, Vol. 161, No. 1, 2000; White, G., Howell, J. and Xiaoyuan, S., *in Search of Civil Society Market Reform and Social Change in Contemporary China*, Oxford: Clarendon Press, 2003。

[③] 典型研究参见 Chan, A., "In Search of A Civil Society in China", *Journal of Contemporary Asia*, Vol. 27, No. 2, 1997; Metzger, T. A., *The Western Concept of the Civil Society in the Context of Chinese History*, Standford, Calif.: Hoover Institution on War, Revolution and Peace, Stanford Univ., 1998; 王名:《走向公民社会——我国社会组织发展的历史及趋势》,《吉林大学社会科学学报》2009 年第 9 期;王名:《中国公民社会的兴起》,《中国第三部门研究》2011 年第 1 期;王名、李健:《社会管理创新与公民社会培育:社会建设的路径与现实选择》,《当代世界与社会主义》2013 年第 1 期;俞可平:《中国公民社会:概念、分类与制度环境》,《中国社会科学》2006 年第 1 期;俞可平:《中国公民社会研究的若干问题》,《中共中央党校学报》2007 年第 6 期。

为视角、① 以微观组织发展为视角、② 以探讨组织定义与分类为视角、③ 以及以社会治理等层面为视角。④ 在社会治理视角下,学者们较多地关注"政府委托、政府购买、政府补贴"等政策落实层面,而对社会组织参与政策制定的立法过程的研究亦出现了可喜探索。例如,徐家良开启了全国妇联参与《婚姻法》修订的研究,⑤ 杨肖光探讨了社会组织在广西壮族自治区反家暴政策制定与实施过程中的角色和作用。⑥ 杨珂研究了湖南、陕西两省反家暴政策制定中社会组织的参与。⑦

与中国场域下社会组织参与立法过程的研究成果相比,西方相关领域的研究更为丰富(将在文献综述部分详细探讨)。或是因为社会

---

① 典型研究参见丁惠平《中国社会组织研究中的国家——社会分析框架及其缺陷》,《学术研究》2014年第10期;黄晓春《当代中国社会组织的制度环境与发展》,《中国社会科学》2015年第9期;康晓光、韩恒《分类控制:当前中国大陆国家与社会关系研究》,《社会学研究》2005年第6期;谢金林《城市基层权力变迁与社区治理的发展——基于国家—社会关系的视角》,中国行政管理学会暨"政府管理创新"研讨会会议论文,2010年;徐林、吴咨桦《社区建设中的"国家—社会"互动:互补与镶嵌——基于行动者的视角》,《浙江社会科学》2015年第4期。

② 典型研究参见尚立富、刘艳丽《非营利组织发展模式研究——以北京西部阳光基金会"三级跳"路径为例》,《开发研究》2016年第2期;陶传进《草根志愿组织与村民自治困境的破解:从村庄社会的双层结构中看问题》,《社会学研究》2007年第5期;杨义凤、邓国胜《平衡的问责机制:破解NGO参与式发展的困局》,《学习与实践》2015年第12期;周爱萍《非营利组织与其外部环境的互动关系研究——以温州绿眼睛环保组织为例》,博士学位论文,上海大学,2011年。

③ 典型研究参见方卫华《基于人类行动逻辑的组织分类——社会中介组织与非营利组织研究冲突的解决思路》,《中国行政管理》2004年第12期;韩俊魁《1949年以来中国社会组织分类治理的发展脉络及其张力》,《学习与探索》2015年第9期;王名《非营利组织的社会功能及其分类》,《学术月刊》2006年第9期。

④ 典型研究参见丁元竹《我国社会组织的管理创新》,《瞭望》2008年第12期;关信平《当前我国增强社会组织活力的制度建构与社会政策分析》,《江苏社会科学》2014年第3期;杨丽、赵小平、游斐《社会组织参与社会治理:理论、问题与政策选择》,《北京师范大学学报》(社会科学版)2015年第6期;张强、陆奇斌、胡雅萌、郭虹、杨力超《中国政社合作的"发展型协同共治"模式——基于云南省境外非政府组织管理的探讨》,《北京航空航天大学学报》(社会科学版)2015年第3期。

⑤ 徐家良:《公共政策制定过程:利益综合与路径选择——全国妇联在〈婚姻法〉修改中的影响力》,《北京大学学报》(哲学社会科学版)2004年第4期。

⑥ 杨肖光:《家庭暴力干预政策过程分析及社会组织在其中的作用以:广西壮族自治区为例》,博士学位论文,复旦大学,2008年。

⑦ 杨珂:《反家暴政策制定中社会组织参与模式研究》,中国社会科学出版社2017年版。

组织①与政府在公共服务中结为了伙伴关系。② 社会组织常常是西方立法过程中的积极参与者。在立法过程的各个阶段，包括议程设置、政策制定和执行过程中都有它们的参与。③ 有研究者认为制度背景是社会组织参与并影响立法过程及其程度的重要因素，④ 而社会组织参与政策制定的方式和程度亦千差万别。⑤

综上所述，以典型案例为基础，系统探讨中国场域下社会组织参与立法过程，并挖掘其背后的逻辑，或可为政府决策提供更多可选择的政策工具，成为检验决策的依据，从而有效落实"完善立法体制，深入推进科学立法、民主立法，抓住提高立法质量"⑥，"建设中国特色社会主义法制体系"，"将决策失误的成本降到最低限度"⑦。而且，系统探讨社会组织参与立法过程能够加深对中国立法过程理论的探索，丰富公共政策领域和社会组织研究领域理论成果。

二 研究案例简介

2015年4月24日，第十二届全国人大常委会第十四次会议修订通

---

① 学者们在这一研究领域中，对此类组织的称谓不尽相同，包括非营利组织（Nonprofit Organizations），第三部门（the third sector/ the Third），慈善组织（charitable organizations），民间组织（civic organizations），社会组织（social organizations），非政府组织（non-governmental organizations）等，为了研究需要，除非特别说明，本书中统一用"社会组织"一词代替所有这些称谓。

② Salamon, L. M., *Partners in Public Service: Government-Nonprofit Relations in the Modern Welfare State*, Baltimore, Md.: Johns Hopkins University Press, 1995.

③ Andrews, Kenneth T., Bob Edwards, "Advocacy Organizations in the US Political Process", *Annual Review of Sociology*, No. 30, 2004.

④ 典型研究参见 Joachim, J. M., *Agenda Setting, the UN, and NGOs Gender Violence and Reproductive Rights*, Georgetown University Press, 2007; Kriesi, H., *Organizational Resources: Personnel and Finances*, In W. A. Maloney and S. Rossteutscher (Ed), *Social Capital and Associations in European Democracies: A Comparative Analysis*, Milton Park, Abingdon, Oxon; New York: Routledge, 2006。

⑤ Marquez, L. M., "The Relevance of Organizational Structure to NGOs Approaches to the Policy Process", *International Journal of Voluntary and Nonprofit Organizations*, Vol. 27, No. 1, 2016.

⑥ 中共中央宣传部：《习近平总书记系列重要讲话读本》，学习出版社、人民出版社2016年版。

⑦ 朱旭峰、张友浪：《地方政府创新经验推广的难点何在——公共政策创新扩散理论的研究评述》，《人民论坛·学术前沿》2014年第17期。

过了《广告法》，时隔二十余年，1994年制定的《广告法》终得首次修订。新修订的《广告法》被媒体普遍誉为"史上最严"《广告法》。尤其是其第二十二条有关烟草广告条款，不仅全面禁止了所有烟草广告，并且还禁止了烟草变相广告和公益广告。这一结果受到了非常广泛的关注，"新广告法，烟草广告被关'禁闭'"①。相关新闻报道文章被人民网、凤凰网、光明网、搜狐网等各大网站竞相转载。烟草广告条款成了整个《广告法》修订一个亮点，②世界卫生组织（简称"世卫"）也对新广告法有关烟草广告的内容表示了称赞。③

修订后《广告法》有关烟草广告条款的出台更是受到了许多控烟社会组织，包括中国KY协会、XT中心，及国际控烟社会组织的极大欢迎。这是因为新法规内容不仅符合它们的组织目标，而且它们认为这其中也有它们参与的结果。那么这些社会组织究竟是如何参与其中的呢？背后逻辑为何？不同类型的社会组织参与路径是否相同？其中的驱动因素又是什么？

为了探寻这些问题的答案，本书将聚焦于在《广告法》有关烟草广告修订过程系统参与的社会组织，其中包括中国KY协会、XT中心等活跃在控烟领域的社会组织，为分析其参与立法过程的行为和动机，以期助力推进中国社会组织发展，为社会组织参与社会建设和社会治理提供科学参考，为落实"科学决策、民主决策"提供更多可以选择的政策制定方案。

总之，社会组织参与立法过程是中国社会组织发展史和中国社会政策发展史上的辉煌篇章，更是值得理论界深入研究的社会现象。本书案例是以多家社会组织在立法过程中的参与为研究线索，其中涉及包括官

---

① 《新广告法，烟草广告被关"禁闭"》，人民网：http：//society.people.com.cn/n/2015/0425/c136657-26903139.html，2017年4月8日访问。

② 《新广告法明起施行 昆明市工商局权威人士解读10大亮点》，网易新闻：http：//news.163.com/15/0831/07/B2B25OJ300014AEE.html，2017年4月8日访问；王萍：《广告法首修：在博弈中完善》，《中国人大杂志》2014年第19期。

③ 《世卫组织欢迎新广告法限制烟草内容》，和讯网：http：//tech.hexun.com/2015-09-11/179012470.html，2017年4月8日访问。

办、非官办、国际等多种类型的社会组织,揭示它们在立法过程中的参与逻辑,并进行系统比较,是本书的根本任务。

三 研究问题与研究假设

(一) 研究问题

本书的核心问题是:社会组织是如何参与中国立法过程的,其行为逻辑是什么?围绕这一核心问题追问如下问题:社会组织参与立法过程的行为动机是什么?其参与路径和发挥作用的方式有哪些?社会组织和其他行动者在立法过程的不同阶段是如何互动的?在回答上述问题过程中,本书将特别关注不同类型的社会组织的共性和差异性,以勾勒出立法过程中社会组织参与的基本图景。

(二) 研究假设

根据研究问题,本书提出以下研究假设:

第一,社会组织参与了立法过程,并对立法产生了影响。

对于社会组织参与中国立法过程及其影响,学术界存在不同看法(详细论述请见文献综述)。笔者提出的这一假设,一方面来自国际上对立法过程中社会组织参与已有的案例研究;另一方面也来自媒体报道中对《广告法》中烟草广告相关条款修订中对社会组织作用的认可。

第二,官办社会组织和非官办社会组织,因不同的内在逻辑、社会网络、资源构成,表现出不同的行为方式,并对立法影响不同。

相对而言,官办社会组织对立法过程的影响力更强,因为它具有和决策主体内部各层级决策者互动的路径,又能够动员社会各群体,尤其是能够动员具有相当社会影响力的专家学者和社会名人。但是,非官办社会组织有其特有的行动方式。

第三,外来资源的介入改变了中国本土社会组织的行为方式。

资源对组织的影响是学术界早已讨论的话题。本书提出这个假设旨在考察不同类型资源的介入对组织行为变化的影响,并希望能对比不同类别的资源对官办社会组织和非官办社会组织影响的共性和差异性。

四 概念界定

（一）社会组织

"社会组织"一词是中国政府的官方通用语言，曾称为"民间组织"。民政部曾设有"民间组织管理局"，专司这类组织的登记和管理工作；2016年8月，经中央编办批准，该机构更名为"社会组织管理局"，对外可称"国家社会组织管理局"。这一名称上的变动彰显了政府对社会组织认识和态度的变化，目的是将通过"改革社会组织管理制度促进社会组织健康有序发展"①。政府对社会组织的定义是："国家治理体系和治理能力现代化的有机组成部分，是社会治理的重要主体和依托。"② 本书中的"社会组织"和西方学者使用的"非政府组织"（Nongovernmental organizations）"非营利组织"（Nonprofit organizations）"公民组织"（civic society organizations）"第三部门组织"（the third sector organizations）等词语在一定意义上具有互换性。

在这一领域的研究中，中国学者也常常用非营利组织一词。非营利组织本质上是一个舶来词，源自英语中的 Nonprofit Organizations 或者直接 Nonprofits，但是到了中国之后又被赋予了不同的内涵。在政府管理系统，Nonprofit Organizations 是美国政府管理用语，包括所有政府和企业之外的组织。在学界，学者对非营利组织的定义多引用萨拉蒙（Salamon）的观点，非营利组织具有"组织性、非政府性、非营利性、自治性和自愿性"等特点。在西方，这一观点基本涵盖了政府和企业之外的所有组织，包括学校、医院等组织，而这类组织在中国

---

① 中共中央办公厅、国务院办公厅：《关于改革社会组织管理制度促进社会组织健康有序发展的意见（2016年）》，2016年8月21日。

② 詹成付：《致辞》，民政部民间组织管理局网：http://www.chinanpo.gov.cn/jzzc.html.，2017年4月8日访问。

第一章 导论

的性质又不完全相同。有学者认为，中国不存在完全符合西方标准的非营利组织。①王名还强调非营利组织是"公民自发成立的、在一定程度上具有非营利性、非政府性和社会性特征的各种组织形式及其网络形态"②，这一定义排除了非公民自发成立的社会组织（如"中国红十字会"等）和人民团体（如中华全国妇女联合会等）。在政府层面，把非营利组织视为慈善组织。新颁布的《慈善法》第二章第八条，明确指出慈善组织"是指依法成立、符合本法规定，以面向社会开展慈善活动为宗旨的非营利性组织"③，进一步说明了慈善组织和非营利组织的互换性。显然，这一定义不包括学校、医院等事业单位。由此，非营利组织（nonprofit organizations）在中国和西方的意义并不完全对等。

本书把在社会体系中承担着政府（包括事业单位和人民团体）与企业之外功能的组织定义为社会组织，包括基金会、社会团体、民办非企业单位、在国内开展业务的国际非营利组织及其他社会服务机构。它同"非营利组织""慈善组织""民间组织""非政府组织""志愿者组织"等称谓在某些特定的情景下有互换的作用。根据社会组织的举办者背景可分为官办社会组织和非官办社会组织，两者之间的区别在于是由政府还是非政府发起成立的，④无论中国还是其他国家都有政府创办的社会组织，统称为官办社会组织。非官办社会组织是相对于官办社会组织而言。根据不同需求，理论界和现实管理部门对社会组织的分类也不尽相同，比如中国政府管理部门把社会组织分为基金会、民办非企业单位、社会团体、境外非政府组织等。而社会组织的社会功能是学界关注的焦点，进而进行了细化分类，包括"动员资源型""公益服务型"

---

① 王名、贾西津：《中国非营利组织：定义、发展与政策建议》，《2006年度中国汽车摩托车配件用品行业年度报告》会议论文，2006年。
② 王名：《走向公民社会——我国社会组织发展的历史及趋势》，《吉林大学社会科学学报》2009年第9期。
③ 全国人民代表大会：《中华人民共和国慈善法》，2016年颁布。
④ 王名、刘培峰：《民间组织通论》，时事出版社2004年版。

"社会协调型""政策倡导型"等。①

本书中的国内社会组织是指在中国政府民政部门登记注册的基金会、社会团体和民办非企业单位。国际社会组织是指在中国大陆地区以外的国家和地区注册的非营利、非政府类的组织。

区分官办社会组织和非官办社会组织、国内社会组织和国际社会组织是为了考察不同类别的社会组织在行为逻辑中的差异。鉴于不同类别的社会组织有着不同的组织结构、组织目标、资源构成和行动目标，所以它们参与立法过程的方式也不尽相同。例如，官办社会组织具有的体制内行政资源是非官办社会组织所不具有的，但非官办社会组织可能具有更多的非体制内资源。对社会组织进行细致分类，是为了更准确地考察其行为逻辑。

（二）控烟社会组织

本书中的控烟社会组织指的是以推动烟草控制工作为全部或部分工作内容的社会组织，若非特别说明本书中的控烟社会组织主要是指中国KY协会和XT中心。

（三）立法过程

立法过程是政策的法律化过程。② 由于立法过程涉及不同利益集团、不同层级的政府部门，包括行政和立法机构、学者、新闻媒体及其他行动者，所以这一过程"涉及一系列随着时间的推移而发展的复杂的互动因素"③。根据《宪法》和《立法法》，立法过程有严格的程序。立法程序是有权的国家机关在制定、认可、修改、补充和废止法的活动中，所需遵从的法定的步骤和方法。周旺生将其按照阶段分为立法准备阶段程序，由法案到法阶段程序，立法完善阶段程序和立法监督程序。并将较为重要的由法案到法阶段又详细分为提出法案、审议法案、表决

---

① 王名：《非营利组织的社会功能及其分类》，《学术月刊》2006 年第 9 期。
② 宁骚：《公共政策学》，高等教育出版社 2011 年版。
③ ［美］萨巴蒂尔：《政策过程理论》，彭宗超等译，生活·读书·新知三联书店 2004 年版。

和通过法案、公布法律。①

立法过程和执法过程形成了整个政策过程——这一公共政策领域的研究热潮。多元化的研究视角造就了丰富的与政策过程相关的定义。对政策过程的研究源自政策科学的兴起，受实用主义者杜威（John Dewey）的"知识用来解决问题理论"（theory of knowledge for problem solving）启发，"问题导向"把哈罗德·拉斯韦尔（Harold D. Lasswell）政策科学研究聚焦为两部分："对问题的科学研究"和"对问题的科学决策"②。基于此，拉斯韦尔把政策过程描述为，为了解决某特定问题而开展的包括提案、检验、执行和终止等一系列的程序，他把政策决策划分为"情报""建议""裁定""发动""执行""评估"和"终结"（intelligence, recommendation, prescription, invocation, application, appraisal and termination）七个阶段，其中立法过程包括了前四项内容。③拉斯韦尔开启了分阶段、系统化分析政策机制的先河，之后有很多学者，包括安德森（Anderson）、④ 布鲁尔和德莱昂（Brewer & DeLeon）、⑤ 琼斯（Jones）、⑥ 中村（Nakamura）⑦ 等，不断优化该理论，直至发展成为一个实用性很强的政策分析工具——"阶段启发法"（Stages heuristic）。随着政策过程理论的发展，阶段启发法的也显示出了其局限性。在过去的近半个世纪里，学者们从未停止探寻新的解释政策过程的理论框架，从客观上造就了政策过程定义的多样性。陈振明把政策过程视为

---

① 周旺生：《立法学》，法律出版社2009年版。

② Lasswell, H. D., "The Emerging Conception of the Policy Sciences", *Policy Sciences*, Vol. 1, No. 1, 1970.

③ Lasswell, H. D., "Political Science of Science", *Sciemont the Scientific Monthly*, Vol. 84, No. 1, 1957; Lasswell, H. D., "The Emerging Conception of the Policy Sciences", *Policy Sciences*, Vol. 1, No. 1, 1970.

④ Anderson, J. E., *Public Policymaking*, Boston: Cengage Learning, 2014.

⑤ Brewer, G. D. and DeLeon, P., *The Foundations of Policy Analysis*, Chicago: Dorsey Press, 1983.

⑥ Jones, C. O., *Introduction to the Study of Public Policy*, Belmont, Calif.: Duxbury Press 1970.

⑦ Nakamura, R. T., "The Textbook Policy Process and Implementation Research", *Review of Policy Research*, Vol. 7, No. 1, 1987.

"从发现问题到政策方案出台的一系列的功能活动过程,包括建立议程、界定问题、设计方案、预测结果、比较和抉择方案以及方案的合法化等环节"①。政策过程是由议程设置(政策问题提上议程)、政策制定(形成政策选择、做出政策决定)、政策执行(实施政策内容)、政策评估和反馈等一系列环节的总和。②

本书中的立法过程关注的是,政策决策过程中的从问题确定、议程设定、政策方案规划(也称作"方案形成")到政策合法化等一系列连续的决策过程。③ 为了便于研究,本书分为两个主要阶段:议程设置和政策制定。"确定问题"和"设置议程"视为政策议程设置阶段;"政策形成"和"政策合法化"视为政策制定阶段。

(四) 参与

"参与"一词在政治学中的定义是"一种行为,政治制度中的普通成员通过它来影响或试图影响某种结果"④。而在公共管理学科,对社会组织参与并没有明确统一的定义。在西方,研究社会组织(civil society organizations, non-profit organizations, non-governmental organizations, the third sector,等等)与立法过程(policy making, legislative process, law-making process,等等)的关系的词语也相当广泛,包括 participation, engagement, cooperation, involvement, relationship 等。

尽管多元化的决策机制在中国政策制定的过程中越来越明显,⑤ 为

---

① 陈振明:《政策科学》,中国人民大学出版社1998年版。
② 陈玲:《制度、精英与共识:中国集成电路产业政策过程研究》,博士学位论文,清华大学,2005年;薛澜、陈玲:《中国公共政策过程的研究:西方学者的视角及其启示》,《中国行政管理》2005年第7期。
③ [美]戴伊:《理解公共政策》,彭勃译,华夏出版社2004年版;宁骚:《公共政策学》,高等教育出版社2011年版。
④ 应松年:《行政程序法立法研究》,中国法制出版社2001年版。
⑤ 典型研究参见 Shirk, S. L.,*The Political Logic of Economic Reform in China*, Vol. 24, Univ. of California Press, 1993;彭宗超、薛澜《政策制定中的公众参与——以中国价格决策听证制度为例》,《国家行政学院学报》2000年第5期;王绍光、樊鹏《中国式共识型决策:"开门"与"磨合"》,中国人民大学出版社2013年版;薛澜、陈玲《中国公共政策过程的研究:西方学者的视角及其启示》,《中国行政管理》2005年第7期。

公民参与、[①]专家参与[②]决策创造了条件。然而，组织化的专业社会组织的参与必定同"专家参与""公民参与"在逻辑上有诸多区别，尤其值得深思的是，组织化的行动者与制度的相互作用对系统化地推动中国决策机制变迁起到了怎么样的作用，产生了什么样的影响。

有学者认为，社会组织"参与"的本质是与政府之间的互动合作。[③] 本书借鉴政治学中"参与"的含义，把为了达成某种目标，而采取的行为视为"参与"；其中，行为主体是参与者。参与动机、参与方式、参与程度，以及参与效果构成了参与过程。本书采用广义意义上的"参与"，其中参与主体在参与过程中的行为逻辑是本书考察的目标。

五　研究对象

本书的对象是社会组织在《广告法》有关烟草广告条款修订立法过程中的参与。本书中社会组织参与是指，社会组织与该法律条款立法过程中有直接关系和介入。研究对象的行动主体包括社会组织和政府（政府行政部门和立法部门），前者是参与者，后者是立法过程的决策者。"政府一词，历来就有广义和狭义两种不同的解释"[④]，本书中"政府"是指"行使国家权力的所有机关，包括立法、行政、司法机关"[⑤]。

[①] 典型研究参见白德全、梁敬斋《我国公共政策中的公民参与问题研究》，《河北师范大学学报》（哲学社会科学版）2008年第5期；王法硕《公民网络参与公共政策过程研究》，博士学位论文，复旦大学，2012年；王雁红《公共政策制定中的公民参与——基于杭州开放式政府决策的经验研究》，《公共管理学报》2011年第3期；魏娜、袁博《城市公共政策制定中的公民网络参与》，《中国行政管理》2009年第3期。

[②] 典型研究参见陈振明《政策科学与智库建设》，《中国行政管理》2014年第5期；王锡锌、章永乐《专家、大众与知识的运用——行政规则制定过程的一个分析框架》，《中国社会科学》2003年第3期；朱旭峰《中国社会政策变迁中的专家参与模式研究》，《社会学研究》2011年第2期；朱旭峰《政策变迁中的专家参与》，中国人民大学出版社2012年版。

[③] 何水：《社会组织参与服务型政府建设：作用、条件与路径》，中国社会科学出版社2015年版。

[④] 赵宝煦：《政治学概论》，北京大学出版社1982年版。

[⑤] 中国大百科全书编委会：《中国大百科全书·政治学》，中国大百科全书出版社1992年版。

本书涉及的主要的时间节点是：2006年3月，十届全国人大四次会议期间的修订《广告法》提案拉开了政府立法程序的序幕。2007年，中国 KY 协会和国家工商行政管理总局（简称"国家工商总局"）、卫生部商讨修订《烟草广告管理暂行办法》。2009年8月，国家工商总局《广告法（修订草案送审稿）》报送至国务院。2013年，《广告法》修订被列入十二届全国人大常委会立法规划和2013年立法计划预备项目。2013年11月，国家工商总局再次向国务院提交了《广告法（修订草案送审稿）》。2015年4月24日，第十二届全国人大常委会第十四次会议通过修订。

参与立法过程的社会组织主要是中国 KY 协会和 XT 中心。中国 KY 协会是官办社会组织，XT 中心是非官办社会组织。

六　文献综述

（一）政策过程理论视角研究立法过程

立法过程是国家立法机关将一些政策提升为法律的过程，所以立法过程就是政策法律化过程，也称为"政策立法"[①]。用政策过程理论分析立法过程，实际上考察的是政策议程设置和政策制定两个阶段。按照拉斯韦尔（Lasswell）开创的阶段启发框架，把政策过程分为议程设置、政策制定、政策执行等一系列阶段。[②] 实际上，政策过程理论研究的就是实践中的立法过程和执法过程。由此，不难区分，用政策过程理论研究立法过程，实际上就是研究这一过程中的"议程设置"和"政策制定"。为了系统梳理立法过程研究成果，需要从探讨政策过程理论的脉络开始。为了从政策过程理论视角系统探讨立法过程，在此首先简要回

[①] 宁骚：《公共政策学》，高等教育出版社2011年版。
[②] 典型研究参见 Lasswell, H. D., *The Decision Process*: *Seven Categories of Functional Analysis*, College Park: Bureau of Governmental Research, College of Business and Public Administration, University of Maryland, 1956; Lasswell, H. D., "The Emerging Conception of the Policy Sciences", *Policy Sciences*, Vol. 1, No. 1, 1970。

顾政策理论研究的演进；然后梳理西方理论视角下中国政策过程的研究成果；最后总结中国政策过程理论框架的构建图景。

1. 政策过程理论演进概述

黑尧的《现代国家的政策过程》① 一书被认为是最全面、最细致的划分政策过程研究成果的著作。② 黑尧认为"权力""决策""执行""组织""规则"和"自由裁量、官僚和专家"六要素是可考察现代国家的政策过程基本指标。黑尧对政策过程的观察基于两个基本假设：行动者途径的基本假设和结构主义基本假设。前者是指"作为行动者的我们具有塑造我们自己命运的能力"；后者是指"我们的生活和命运被一种外部结构性力量所操控"。这些外部结构性力量包括社会、政治、经济、文化、人口等因素。但是，黑尧超越了"结构—行动"二元论，为政策过程研究提供了一个线路图，尽管这个线路图不够精确，不够细致。③

继承了黑尧的经验，萨巴蒂尔（Sabatier）运用不同的标准和方法完成对政策过程理论的梳理工作。④ 萨巴蒂尔把传统政策过程研究归类为 11 种理论框架：阶段启发框架（the stages heuristic）、制度性的理性选择（institutional rational choice）、多源流分析框架（the multiple-streams framework）、间断—平衡框架（punctuated-equilibrium framework）、支持联盟框架（the advocacy coalition framework）、政策扩散框架（policy diffusion framework）、大规模比较研究方法的因果漏斗框架（the funnel of causality and other frameworks in large-N comparative studies）、权利竞技场（Arenas of Power）、文化理论（cultural theory）、建构主义者框架（constructivist frameworks）、政策领域框架（policy domain framework）。⑤

---

① ［英］黑尧：《现代国家的政策过程》，赵成根译，中国青年出版社 2004 年版。
② 杨成虎：《政策过程研究》，知识产权出版社 2012 年版。
③ 王礼鑫、朱勤军：《政策过程的研究途径与当代中国政策过程研究——从政治科学本体论、认识论、方法论出发》，《人文杂志》2007 年第 6 期。
④ Sabatier, P. A., *Theories of the Policy Process*, Boulder, Colo.: Westview Press, 1999.
⑤ Sabatier, P. A., *Theories of the Policy Process*, Boulder, Colo.: Westview Press, 1999；［美］萨巴蒂尔：《政策过程理论》，彭宗超等译，生活·读书·新知三联书店 2004 年版。

相对而言，多源流分析框架、政策扩散理论、建构主义者框架是研究中国政策过程中应用较为广泛的理论框架。例如，（1）以多源流理论为理论工具，克鲁特森（Knusten）考察了从1985—2010年中国艾滋病政策的变化，①于永达和药宁分析了国务院机构改革的动因，②朱朝霞和陈琪研究了上海自贸区设立过程等；③（2）在国际学术界对政策扩散理论研究方兴未艾、成果日渐丰富之际，越来越多的学者用此理论观察中国：韩博天和舒尔特－库尔曼（Sabastian Heilmann & Schulte-Kulkmann）对比了反洗钱国际规范与中国法律制度，并提出了该理论解释中国政策的局限性；④张剑等人以科技成果转化政策为例汇总了政策扩散文献量化研究，他们发现"政策参照网络和关键词时序分析可以从强度、广度、速度与方向的维度有效揭示政策的扩散过程和特点"⑤；王浦劬和赖先进通过分析中国公共政策扩散的模式与机制，发现中国公共政策扩散存在四种基本模式："自上而下的层级扩散模式，自下而上的政策采纳和推广模式，区域和部门之间的扩散模式，政策先进地区向政策跟进地区的扩散模式。"⑥朱旭峰和张友浪研究了地方政府创新经验推广的难点，他们认为用西方政策创新扩散理论不能完全解释中国现象，需要理论突破和创新。⑦（3）相对多源流理论和政策扩散理论视角

---

① Knusten, W., *An Institutional Account of China's HIV/AIDS Policy Process from 1985 to 2010*, retrieved on Aug. 1, 2016, from https：//onlinelibrary.wiley.com/doi/abs/10.1111/j.1747-1346.2011.00339.x.

② 于永达、药宁：《政策议程设置的分析框架探索——兼论本轮国务院机构改革的动因》，《中国行政管理》2013年第7期。

③ 朱朝霞、陈琪：《政治流为中心的层次性多源流框架及应用研究——以上海自贸区设立过程为例》，《经济社会体制比较》2015年第6期。

④ Heilmann, S., Schulte-Kulkmann, "The Limits of Policy Diffusion: Introducing International Norms of Anti-Money Laundering into China's Legal System", *Governance*, Vol. 24, No. 4, 2011.

⑤ 张剑、黄萃、叶选挺、时可、苏竣：《中国公共政策扩散的文献量化研究——以科技成果转化政策为例》，《中国软件科学》2016年第2期。

⑥ 王浦劬、赖先进：《中国公共政策扩散的模式与机制分析》，《北京大学学报》（哲学社会科学版）2013年第6期。

⑦ 朱旭峰、张友浪：《地方政府创新经验推广的难点何在——公共政策创新扩散理论的研究评述》，《人民论坛·学术前沿》2014年第17期。

下中国政策领域的广泛性，建构主义者框架多聚焦中国外交政策，① 直至徐晓新把这一理论应用到新型农村合作医疗制度的研究，建构主义者框架解释中国政策过程的作用方被重新审视。②

支持联盟框架虽然忽略了政治制度背景的影响，但它对时间要求的假设限制了该理论的实用性，要求了解政策演进的过程，以及其间技术信息的影响，要求至少十年的观察时间。权利竞技场、文化理论、政策领域框架等理论被萨巴蒂尔称为被省略的框架，原因是它们都存在概念模糊和缺乏因果关系的问题。③

2. 西方理论视角下的中国政策过程

中国"社会政策时代"快速来临为中国政策过程研究提供了更为广阔的空间，④ 这一现象也挑战了传统文化的解释范畴。他山之石，可以攻玉。学者们首先想到的就是用西方的理论对中国政策过程进行解释。除了前面提到一些学者运用多源流分析框架、政策扩散理论、建构主义者框架研究中国政策过程，还有更多的学者用不同的理论阐释中国政策过程。在议程设置、政策制定和政策执行的研究中都有体现。

政策过程始于政策议程设置。但是政策问题不会凭空出现，也不是所有的问题都能够被提上政策议程。把问题提上政策议程需要政策策略，其中"有影响的人物、有组织的利益集团、政党候选人以及办公室成员，还有最重要的媒体都会运用这些所谓议程设置的策略"⑤。这就是精英主导政策议程设置模式。在这一观点的指导下，赵萍丽运用多源流框架分析了1954—1966年中国政策议程设置模式的演变，发现最

---

① 典型研究参见唐小松《解读外交政策决策的一种方法——以60年代美国对华政策为例》，《国际观察》2002年第1期；袁正清《建构主义与外交政策分析》，《世界经济与政治》2004年第9期；赵磊《中华人民共和国对联合国的外交政策》，博士学位论文，外交学院，2006年。

② 徐晓新：《社会政策过程：新农合中的央地互动》，中国社会科学出版社2018年版。

③ [美] 萨巴蒂尔：《政策过程理论》，彭宗超等译，生活·读书·新知三联书店2004年版。

④ 王绍光：《中国公共政策议程设置的模式》，《中国社会科学》2006年第5期；王思斌：《社会政策时代与残疾人事业的发展》，《中国残疾人》2004年第8期；王思斌：《社会政策时代：中国社会发展的选择》，《中国社会科学报》2010年3月23日。

⑤ [美] 戴伊：《理解公共政策》，彭勃译，华夏出版社2004年版。

高领袖的权力承继模式是影响政策议程设置的重要变量。① 还有学者运用议程设置的"间断平衡理论"研究网络时代政策议程设置机制，发现网络媒体的出现突破了中国传统"自上而下"的政策议程设置方式，"自下而上"的影响增多，并交互影响，同时，焦点事件效应下产生了"自媒体触发模式"是议程设置的助推力。② 朱旭峰和田君通过实证研究探讨了政策过程中知识的运用（knowledge utilization），并发展了这一理论，他们发现"多种来源的知识确实对中国公共政策过程发生着重要影响"③。任锋和朱旭峰通过拆解多源流理论中的"政治流"，来研究中国议程设置，他们把"政府意识形态"和"相关压力群体"视为相对独立的政治元流。④ 总之，由于中国政策研究起步晚，引入西方理论解释中国政策议程设置成了中国政策研究的起点。

政策决策的研究可追溯到20世纪六七十年代，赫伯特·西蒙（Herbert A. Simon）的决策理论模型把多个主体参与的行为及其结果视为决策行为，该模型常被用来检视政策过程中的决策行为。⑤ 如有学者探讨古巴导弹危机时美国政府的决策行为，⑥ 并提出了理性决策者模型（rational actor model）、组织过程模型（organizational process model）和政府政治模型（governmental politics model）。之后政策决策理论日新月异，比如，托马斯·戴伊（Thomas Dye）把已有的决策理论分析模型分为了八类，包括理性决策模型（rationalism）、渐进模式模型（incrementalism）、精英决策模型（elitism）、利益集团对抗模型（interest group

---

① 赵萍丽：《政策议程设置模式的嬗变》，博士学位论文，复旦大学，2007年。
② 陈姣娥、王国华：《网络时代政策议程设置机制研究》，《中国行政管理》2013年第1期。
③ 朱旭峰、田君：《知识与中国公共政策的议程设置：一个实证研究》，《中国行政管理》2008年第6期。
④ 任锋、朱旭峰：《转型期中国公共意识形态政策的议程设置——以高校思政教育十六号文件为例》，《开放时代》2010年第6期。
⑤ 典型研究参见 Simon, H. A., *Administrative Behavior: A Study of Decision-making Processes in Administrative Organization*, New York: Free Press, 1976; Simon, H. A., *Administrative Behavior: A Study of Decision-Making Processes in Administrative Organizations*, New York: the Free Press, 2000。
⑥ Allison, G. T. and Zelikow, P., *Essence of Decision: Explaining the Cuban Missile Crisis*, New York: Longman, 1999.

conflict)、制度模型（institutionalism）、博弈模型（game theory）、集体决策理论（group theory），及公众选择模式（public choice）。① 戴伊的决策分析模型被广泛认可、广为应用，至今已更新了15个版本。这些聚焦微观层面的政策决策模型多构建于西方政府具体决策经验及共识形成的过程，在解释中国经验和共识形成的过程上是行不通的。国内学者提出了中国场域下政策决策框架，陈玲研究了共识的达成与政策舞台、政策参与者的关系，她认为："共识过程即意见收敛的过程，在政策研究中，共识过程与信息流动的方向、官僚组织的层级、参与政策制定的组织及网络等均相关。"② 政策决策不仅仅是行为，更是受诸多因素影响的过程。而在中国决策过程也不断地发生变化。张秀兰教授等学者认为，由于媒体对于决策影响力的增加、公众参与决策渠道的增加及专业性决策咨询机构等因素的增加，中国决策模式由"经验型决策"型转向"现代科学民主型"③。

传统政策过程中，政策执行是政策过程研究中较为容易被忽略的部分，因为在政策研究中隐含着一个悖论——制定了的政策一定会被执行。④ 普雷斯曼和威尔达夫斯基（Pressman & Wildavsky）终结了这一悖论，并开启了"政策执行运动"（implementation movement），自此产生了一系列经典的政策执行的解释模型。⑤ 史密斯（Smith）是最早提出政

---

① Dye, T. R., *Understanding Public Policy*, Englewood Cliffs, N. J.：Prentice-Hall, 1972.
② 陈玲：《制度、精英与共识：中国集成电路产业政策过程研究》，博士学位论文，清华大学，2005年。
③ 张秀兰、胡晓江、屈智勇：《关于教育决策机制与决策模式的思考——基于三十年教育发展与政策的回顾》，《清华大学学报》（哲学社会科学版）2009年第5期。
④ ［英］黑尧：《现代国家的政策过程》，赵成根译，中国青年出版社2004年版；［美］沃尔夫：《市场或政府——权衡两种不完善的选择》，谢旭译，中国发展出版社1994年版。Smith, T. B., "The Policy Implementation Process", *Policy Sciences*, Vol. 4, No. 2, 1973。
⑤ 典型研究参见 Pressman, J. and Wildavsky, A., *Implementation：How Great Expectations in Washington Are Dashed in Oakland*, University of California Press, 1973；Williams, W., "Implementation Analysis and Assessment", in R. Elmore and W. Williams（Ed.）, *Social Program Implementation*, New York；San Francisco；London：Academic Press, 1976, pp. 267 - 292；Lester, J. P., Bowman, A. O. M., Goggin, M. L., O'Toole, L. J., "Public Policy Implementation：Evolution of the Field and Agenda for Future Research", *Review of Policy Research*, Vol. 7, No. 1, 1987；Mitnick, B. M., Backoff, R. W., *The Incentive Relation in Implementation*, in I. G. C. Edwards（Ed.）, *Public Policy Implementation*, Greenwich, CT：JAI Press, Vol. 3, 1984。

策执行模型的学者,他把政策执行成功与否归因于四个因素的互动关系:理想化的政策(idealized policy)、执行机构(implementing organization)、目标群体(target group)、环境因素(environmental factors)。① 史密斯的模型的贡献在于发现了政策执行的重要影响因素,但解释相对模糊。之后学者们提出了"互适模型"(mutual adaption)、② "系统模型"(Systematic Model)、③ "综合模型"(comprehensive implementation model)。这些经典模型的共同点是都是自上而下(top-down approach)的研究取向。但是萨巴蒂尔认为,这种研究取向容易忽视政策子系统中各元素的行为。④ 相比之下,政策执行过程的逆向研究——自下而上(bottom-up approach)的研究,⑤ 取向能够强调政策执行过程中底层元素的影响因素,但也有诸多缺点。⑥ 中国学者对政策执行的研究起步较晚,多引用西方理论解释,例如,从权力结构视角朱光磊、陈玲、贺东航和孔繁斌等分别用破碎权威主义理论解释了"碎片化"问题与激励的问题,权利分配与政策执行机制,高层决策者的统筹作用等。⑦ 中国特色的"发包制"政策的制定把学者的目光引向了"项目制",包括渠敬东,折晓叶和陈婴婴、姚金伟、马大明和罗猷韬都肯定了项目制在公共

---

① Smith, T. B. , "The Policy Implementation Process", *Policy Sciences*, Vol. 4, No. 2, 1973.

② Mclaughlin, M. W. , "Implementation as Mutual Adaptation: Change in Classroom Organization", *Teachers College Record*, Vol. 77, No. 3, 1976.

③ Van Meter, D. S. and Van Horn, C. E. , "The Policy Implementation Process A Conceptual Framework", *Administration & Society*, Vol. 6, No. 4, 1975.

④ Sabatier, P. A. , "Top-Down and Bottom-Up Approaches to Implementation Research: A Critical Analysis and Suggested Synthesis", *Journal of Public Policy*, Vol. 6, No. 1, 1986.

⑤ 典型研究参见 Berman, P. and Rand, C. , *The Study of Macro and Micro Implementation of Social Policy*, Santa Monica, Calif. : Rand, 1978; Elmore, R. F. , *Complexity and Control: What Legislators and Administrators Can Do About Implementation*, Seattle, Wash. : Institute of Governmental Research, University of Washington, 1979; Hjern, B. and Porter, D. O. , *Implementation Structure: A New Unit of Administrative Analysis*, Berlin: Wissenschaftszentrum, 1979; Lipsky, M. , "Street-Level Bureaucracy and the Analysis of Urban Reform", *Urban Affairs Review Urban Affairs Review*, Vol. 6, No. 4, 1971。

⑥ 景跃进:《政策执行研究取向及其争论》,《中国社会科学季刊》1996年第14期。

⑦ 典型研究参见朱光磊《当代中国政府过程》,天津人民出版社2002年版;陈玲《制度、精英与共识:中国集成电路产业政策过程研究》,博士学位论文,清华大学,2005年;贺东航、孔繁斌《公共政策执行的中国经验》,《中国社会科学》2011年第5期。

服务领域发挥的作用，但也发现了项目制可能面临"基层负债冲动""部门利益垄断"等体制性风险。①

3. 构建中国政策过程理论框架

政策过程理论体系复杂，围绕议程设置、政策制定和政策执行等政策过程中每个阶段都有丰富的理论成果。韩博天认为中国的政策过程特征是"分级式政策试验"（policy experimentation under hierarchy），与西方以立法为中心的民主选举制国家的政策过程存在根本性差别。② 王绍光则指出中国政治体制的适应能力肯定是"中国模式"最关键的环节。③

虽然中国学者对政策过程的研究多始于比照西方模型，但是学者们普遍认识到西方政策过程理论在解释中国政策现象上面临很大挑战，并因此开始构建中国政策过程框架，以便能够解释中国社会政策成功的动力因素。④ 典型的中国政策过程框架，包括：盛宇华和徐湘林强调"决策渐进"和"学习反馈"的"摸着石头过河模型"⑤；胡象明的"一体化民主决策模型"；卢迈的"上下互动"型；陈玲等学者的"共识框架"模型；以及宁骚的"上下来去"模型。⑥ "上下来去"模型被推广至高等教育教材，可见其对中国政策框架构建的影响力。该模型从"政策的社会认识过程"与"政策的社会操作过程"两个层面解释中国

---

① 典型研究参见渠敬东《项目制：一种新的国家治理体制》，《中国社会科学》2013年第5期；折晓叶、陈婴婴《项目制的分级运作机制和治理逻辑：对"项目进村"案例的社会学分析》，《中国社会科学》2011年第4期；姚金伟、马大明、罗猷韬《项目制、服务型政府与制度复杂性：一个尝试性分析框架》，《人文杂志》2016年第4期。

② Heilmann, S., "Policy Experimentation in Chinas Economic Rise", *Studies in Comparative International Development*, Vol. 43, No. 1, 2008.

③ 王绍光：《学习机制与适应能力：中国农村合作医疗体制变迁的启示》，《中国社会科学》2008年第6期。

④ 徐晓新：《社会政策过程：新农合中的央地互动》，中国社会科学出版社2018年版。

⑤ 盛宇华：《"摸着石头过河"：一种有效的非程序化决策模式》，《领导科学》1998年第6期；徐湘林：《"摸着石头过河"与中国渐进政治改革的政策选择》，《天津社会科学》2002年第3期。

⑥ 典型研究参见胡象明《论地方政策的决策模式》，《武汉大学学报》（哲学社会科学版）1997年第2期；卢迈《中国农村改革的决策过程》，卢迈编著《面对希望之野》，中国发展出版社2000年版；陈玲、赵静、薛澜《择优还是折衷？——转型期中国政策过程的一个解释框架和共识决策模型》，《管理世界》2010年第8期；宁骚《公共政策学》，高等教育出版社2011年版。

政策过程。陈玲等提出的双层政策过程理论，政策过程同时发生在制度化和社会化两个层面，前者提供政策过程的正式规则，后者提供了潜在的、关键的动力，两者有效互动形成政策共识。①

除了上述模型，还有两个值得关注的中国政策过程研究框架：根据"政策议程提出者的身份与民众参与的程度"，王绍光把议程设置分为六种模式："关门模式、动员模式、内参模式、借力模式、上书模式、外压模式。②"王绍光认为由于专家和媒体作用越来越大，呈现出越来越多的"内参模式"和"外压模式"，解决了王锡锌和章永乐所担心的中国政策过程中的"专家理性和大众参与的双重缺位"问题。③ 同时由于"中国政治的逻辑已经发生了根本性的变化，而西方舶来的'威权主义'分析框架则完全无力把握中国政治中这些深刻的变化"④。在此基础上，王绍光和樊鹏提出了研究中国政策过程的新的理论框架——中国式共识型决策："开门"与"磨合"⑤。他们用"共识型决策"的概念回应了"碎片化威权主义"在解释中国政策过程中的不足之处。

同其他用西方政策理论解释中国政策现象不同的是，张秀兰教授等学者运用了经济学和管理学的复杂适应系统理论解释了中国农村卫生政策体系的发展。⑥ 他们以 2002 年、2009 年为节点，将改革开放后的中国农村卫生政策体系演变分为三个转变与适应阶段。此次他们解释的虽然不是一个单一政策的政策过程，而是农村卫生体系内一系列政策变化的过程，但这种解释方法不仅系统梳理了中国农村卫生政策体系的演进

---

① 陈玲、赵静、薛澜：《择优还是折衷？——转型期中国政策过程的一个解释框架和共识决策模型》，《管理世界》2010 年第 8 期。

② 王绍光：《中国公共政策议程设置的模式》，《中国社会科学》2006 年第 5 期。

③ 王锡锌、章永乐：《专家、大众与知识的运用——行政规则制定过程的一个分析框架》，《中国社会科学》2003 年第 3 期。

④ 王绍光：《中国公共政策议程设置的模式》，《中国社会科学》2006 年第 5 期。

⑤ 王绍光、樊鹏：《中国式共识型决策："开门"与"磨合"》，中国人民大学出版社2013 年版。

⑥ 典型研究参见 Zhang, X., Bloom, G., Xu, X., Chen, L., Liang, X. and Wolcott, S. J., "Advancing the Application of Systems Thinking in Health: Managing Rural China Health System Development in Complex and Dynamic Contexts", *Health Research Policy and Systems*, Vol. 12, No. 1, 2014, p. 44.

路径，而且为国际社会理解中国政策过程提供了一个系统视角。

（二）社会组织参与立法过程研究

1. 社会组织参与西方立法过程

20 世纪末以来社会组织参与立法的研究在西方开始盛行。[①] 在西方政治制度下，社会组织参与立法过程有助于提高政策制定的合法性[②]和政策制定的透明度。[③] 在针对社会组织（civil society organizations）在立法过程中参与的研究中，西方学者通常关注的是那些不是为了政治和经济的目的，且独立于政府之外寻求影响政策决策的社会组织。[④] 实际上，在西方对社会组织参与立法过程中的研究始于对社会组织的政策倡导行为（Political Advocacy）的研究，这一行为可追溯至美国建国初期。第四任总统詹姆斯·麦迪逊（James Madison）曾担心社会组织政策倡导行为过度（excessive interest advocacy），而变为利益集团之害（mischief of faction），而法国历史学家亚历西斯·托克维尔（Alexis de Tocqueville）在《论美国的民主》中担心美国作为一个"成员制国家"（nation of joiners）将因为"多数人的专制"（tyranny of majority）而淹没少数人的声音。[⑤] 由此可见，社会组织的政策倡导与美国政治制度的

[①] 典型研究参见 Betsill, M. M. and Corell, E., *NGO Diplomacy: the Influence of Nongovernmental Organizations in International Environmental Negotiations*, Cambridge: the MIT Press, 2008; Salamon, L. M., Sokolowski, S. W., & List, R., *Global Civil Society: An Overview*, Baltimore, MD: Center for Civil Society Studies, Institute for Policy Studies, the Johns Hopkins University, 2003。

[②] 典型研究参见 Bernauer, T., Gampfer, R., "Effects of Civil Society Involvement On Popular Legitimacy of Global Environmental Governance", *Global Environmental Change*, Vol. 23, No. 2, 2013; Bernstein, S., "Legitimacy in Global Environmental Governance", *Journal of International Law & International Relations*, Vol. 1, No. 1, 2004; Scholte, J. A., "Civil Society and the Legitimation of Global Governance", *Journal of Civil Society*, Vol. 3, No. 3, 2007。

[③] 典型研究参见 Van Meter, D. S. and Van Horn, C. E., "The Policy Implementation Process A Conceptual Framework", *Administration & Society*, Vol. 6, No. 4, 1975; Yamin, F., "NGOs and International Environmental Law: A Critical Evaluation of Their Roles and Responsibilities", *Review of European Community & International Environmental Law*, Vol. 10, No. 2, 2001。

[④] Kaldor, M., Anheier, H. and Glasius, M., *Global Civil Society*, Oxford, Oxford University Press, 2003; Scholte, J. A., "Civil Society and the Legitimation of Global Governance", *Journal of Civil Society*, Vol. 3, No. 3, 2007.

[⑤] Jenkins, J. C., *Nonprofit Organizations and Political Advocacy*, In W. W. Powel and R. Steinberg (Ed.), *The Nonprofit Sector: A Research Handbook*, New Haven: Yale University Press, 2006.

建立同步，而且社会组织的倡导行为更是社会组织领域非常普遍的现象，美国社会有大量专门为倡导而倡导的倡导型社会组织，以至于到20世纪60年代，出现了"倡导爆炸"（advocacy explosion），① 如今在西方社会组织对政策的影响更加突出。② 这一领域的研究成果非常丰富，宏观视角包括社会组织的政策倡导对美国政治体系的影响，③ 聚焦政策、政治及公民参与影响程度的研究，④ 非营利组织倡导方式及所代表的利益群体；⑤ 微观视角包括非营利倡导组织或倡导联盟，⑥ 倡导型

---

① 典型研究参见 Baumgartner, F. R. and Leech, B. L., *Basic Interests the Importance of Groups in Politics and in Political Science*, Princeton: Princeton University Press, 2001; Gray, V. and Lowery, D., *The Population Ecology of Interest Representation: Lobbying Communities in the American States*, Ann Arbor: University of Michigan Press, 2000; Jenkins, J. C., *Nonprofit Organizations and Political Advocacy*, In W. W. Powel and R. Steinberg (Ed.), *The Nonprofit Sector: A Research Handbook*, New Haven: Yale University Press, 2006; Walker, J. L., *Mobilizing interest Groups in America: Patrons, Professions, and Social Movements*, Ann Arbor: Univ. of Michigan Press, 2003。

② Gan, Q., Smith, K. R., Hammond, S. K. and Hu, T. W., "Disease Burden of Adult Lung Cancer and Ischaemic Heart Disease from Passive Tobacco Smoking in China", *Tobacco Control*, Vol. 16, No. 6, 2007.

③ 典型研究参见 Berry, J. M., *Lobbying for the People: the Political Behavior of Public Interest Groups*, Princeton: Princeton University Press, 2015; Putnam, R. D., *Bowling Alone: the Collapse and Revival of American Community*, New York, NY: Simon & Schuster, 2007; McCammon, H. J., "How Movements Win: Gendered Opportunity Structures and U.S. Women's Suffrage Movements, 1866 to 1919", *American Sociological Review*, Vol. 66, No. 1, 2001。

④ 典型研究参见 Boris, E. T. and Maronick, M., "Civic Participation and Advocacy", *The State of Nonprofit America*, 2012; Gronbjerg, K. and Prakash, A., "Advances in Research On Nonprofit Advocacy and Civic Engagement", *VOLUNTAS: International Journal of Voluntary and Nonprofit Organizations*, Vol. 28, No. 3, 2016; Huntington Samuel, P., *American Politics: the Promise of Disharmony*, Cambridge: Harvard Univ Press, 1983。

⑤ 典型研究参见 Berry, J. M., *Lobbying for the People: the Political Behavior of Public Interest Groups*, Princeton: Princeton University Press, 2015; Callaghan, T., L. R. Jacobs, "Interest Group Conflict Over Medicaid Expansion: the Surprising Impact of Public Advocates", *American Journal of Public Health*, Vol. 106, No. 2, 2015; Gronbjerg, K. and Prakash, A., "Advances in Research On Nonprofit Advocacy and Civic Engagement", *VOLUNTAS: International Journal of Voluntary and Nonprofit Organizations*, Vol. 28, No. 3, 2016; Guo, C. and Saxton, G. D., "Tweeting Social Change: How Social Media Are Changing Nonprofit Advocacy", *Nonprofit and Voluntary Sector Quarterly*, Vol. 43, No. 1, 2014; Tesh, S., "'In Support of' Single-Issue 'Politics'", *Political Science Quarterly*, Vol. 99, No. 1, 1984。

⑥ 典型研究参见 Michael, M. and Rachel, F., "Advocating for Policy Change in Nonprofit Coalitions", *Nonprofit and Voluntary Sector Quarterly*, Vol. 44, No. 6, 2015; Pierce, J. J., "Advocacy Coalition Resources and Strategies in Colorado Hydraulic Fracturing Politics", *Society & Natural Resources*, Vol. 29, No. 10, 2016; Schlager, E., "Policy Making and Collective Action: Defining Coalitions Within the Advocacy Coalition Framework", *Policy Sciences*, Vol. 28, No. 3, 1995。

社会组织的组织发展,① 社会组织的组织结构对参与政策过程的影响②等研究。

政策倡导不仅包括支持或反对政府的某项政策决定,还包括监测政府项目进程和参与政府的政策过程。③ 对社会组织在立法过程中参与的研究是社会组织政策倡导研究的一个组成部分,两者之间并没有明晰的界限。④ 有些不具有直接参与政策过程的条件,一些组织则把游说(Lobbying)和诉讼(Litigation)作为影响政策改变的主要方式。

当西方的民主政策过程遭遇危机时,学者们的政策倡导研究焦点开始汇聚于社会组织对政策过程的影响。⑤ 社会组织的参与是否有益于政

---

① 典型研究参见 Bordt, R. L., *The Structure of Women's Nonprofit Organizations*, Bloomington, Ind.; Indianapolis, Ind.: Indiana University Press, 1997; Minkoff, D. C., "The Emergence of Hybrid Organizational Forms: Combining Identity-Based Service Provision and Political Action", *Nonprofit and Voluntary Sector Quarterly*, Vol. 31, No. 3 2002; Minkoff, D. C., "The Organization of Survival: Women's and Racial-Ethnic Voluntarist and Activist Organizations, 1955–1985", *Social Forces*, Vol. 71, No. 4, 1993; Minkoff, D. C., "Producing Social Capital: National Social Movements and Civil Society", *American Behavioral Scientist*, Vol. 40, No. 5, 1997; Taylor, M., & Warburton, D., "Legitimacy and the Role of UK Third Sector Organizations in the Policy Process", *International Journal of Voluntary and Nonprofit Organizations*, Vol. 14, No. 3, 2003。

② 典型研究参见 Bryce, H. J. and Palgrave, C., *Players in the Public Policy Process Nonprofits as Social Capital and Agents*, Basingstoke: Palgrave Macmillan, 2012; Dym, B. and Hutson, H., *Leadership in Nonprofit Organizations*, Thousand Oaks: Sage, 2005; Light, P. C., *Sustaining Nonprofit Performance: the Case for Capacity Building and the Evidence to Support It*, Washington, D. C.: Brookings Institution Press, 2004; Marquez, L. M., "The Relevance of Organizational Structure to NGOs Approaches to the Policy Process", *International Journal of Voluntary and Nonprofit Organizations*, Vol. 27, No. 1, 2016。

③ 典型研究参见 Reid, E. J., "Nonprofit Advocacy and Political Participation", *Nonprofits and Government: Collaboration and Conflict*, Urban Institute Press Washington, 1999; Reid, E. J., "Understanding the word 'advocacy': Context and use", *Structuring the Inquiry into Advocacy*, Washington DC: the Urban Institute, Vol. 1, 2000。

④ Schuck, P. H., "Public Interest Groups and the Policy Process", *Public Administration Review*, Vol. 37, No. 2, 1997.

⑤ 典型研究参见 Dalton, R. J. and Wattenberg, M. P., *Parties without Partisans: Political Change in Advanced Industrial Democracies*, Oxford: Oxford University Press, 2009; Taylor, M., & Warburton, D., "Legitimacy and the Role of UK Third Sector Organizations in the Policy Process", *International Journal of Voluntary and Nonprofit Organizations*, Vol. 14, No. 3, 2003; Giddens, A., *Runaway World*, London: Profile, 2011. Giddens, A., *Runaway World*, London: Profile, 2011。

策过程是争论的焦点。安东尼·吉登斯（Anthony Giddens）相信强大社会组织可以加深立法过程的民主,[①] 罗伯特·普特南（Robert Putnam）也认为社会组织参与会影响社会规范（civic norms）和社会信任的发展,[②] 贝德和赫斯特（Bader & Hirst）甚至提出，社会组织的"会社式民主"（associational democracy）或可补充甚至取代"代议制民主"（representative democracy）。[③] 与肯定社会组织在政策过程中的作用相反，弗雷和鲍勃（Foley & Bob）则认为，一些社会组织依附于特定社会资本，自然代表着特定的利益，这种本质制约着民主政策的发展。[④] 科莱默（Kramer）通过案例证明了社会组织也存在"铁律寡头"现象。[⑤] 但是，学术界的争论并不能影响社会组织参与政策过程的事实。[⑥]

在解释社会组织参与和政策过程的关系时，布莱斯和帕尔格雷夫（Bryce and Palgrave）提出的代理授权框架（principal-agent framework），他们认为所有的社会组织都是某个特定群体的代理，并以所代理群体的名义运作。该框架的基本思想是，行动者 A（授权方）授权行动者 B（代理方）按照合约以 A 的名义行动。他们认为在政策过程中，社会组织具有作为社会资本的社会代理本质属性，从而决定了社会组织能够满

[①] Giddens, A., *Runaway World*, London: Profile, 2011. Giddens, A., *Runaway World*, London: Profile, 2011.

[②] Putnam, R. D., *Bowling Alone: The Collapse and Revival of American Community*, New York, NY: Simon & Schuster, 2007.

[③] Bader, V. and Hirst, P. Q., *Associative Democracy the Real Third Way*, Hoboken: Taylor and Francis, 2012.

[④] Foley, M. W. and Bob, E., "Is It Time to Disinvest in Social Capital?", *Sage Public Administration Abstracts*, Vol. 27, No. 1, 2000.

[⑤] Kramer, R. M., *Voluntary Agencies and the Personal Social Services*, W. W. Powell（Ed.）, *The Nonprofit Sector, A Research Handbook*, 1987.

[⑥] 典型研究参见 Goldsmith, S. and Eggers, W. D., *Governing by Network: the New Shape of the Public Sector*, Washington. D. C.: the Brookings Institution, 2004; Salamon, L. M. and Elliott, O. V., *The Tools of Government: A Guide to the New Governance*, Oxford, New York: Oxford University Press, 202; Sandfort, J., "Nonprofits Within Policy Fields", *PAM Journal of Policy Analysis and Management*, Vol. 29, No. 3, 2010。

足各种公益职能，也赋予了它们同政府合作的优越性。① 社会组织的社会资本属性具有两重含义："结构社会资本"（structural social capital assets）和"文化社会资本"（cultural social capital assets）。"结构社会资本"包括固定资产、人力资源等，但是这些资本均来自公众，社会组织只是代理使用；而"文化社会资本"是指社会组织为了公众利益而承担的社会责任与所做的承诺——组织使命和运作模式。因此，社会组织的"代理身份"决定了其在政策过程中的作用。莫斯利（Mosley）支持布莱斯和帕尔格雷夫的社会组织代理身份的观点，进一步推进了对社会组织政策参与的研究，聚焦于社会组织正式参与到政府决策过程之中。莫斯利认为社会组织代替公众参与政策过程是政策制定者选择的"后勤捷径"（logistical shortcut）。她发现在决策过程中，社会组织是联邦政府和州政府具有重要价值的合作伙伴，可以帮助政府制定更符合选民期望的政策，但也应该注意社会组织所代理群体的特殊性，避免偏听偏信。②

具体到社会组织参与立法过程的策略，有学者总结了四个要素：其一，让关注议题进入政策议程；其二，确保决策有利；其三，确保决策能够实施；其四，确保政策实施能够带来有利于特定选民的产出。③ 这些要素分别体现于政策过程中的议程设置、政策制定和政策执行之中。④ 首先，把关注议题提上议程（Agenda access）的前提是让决策者关注这一议题及相关群体，而不是像其他被湮没的议题一样被湮没于进

---

① Bryce, H. J. and Palgrave, C., *Players in the Public Policy Process Nonprofits as Social Capital and Agents*, Basingstoke: Palgrave Macmillan, 2012.

② Mosley, J. E., "Nonprofit Organizations Involvement in Participatory Processes: the Need for Democratic Accountability", *Nonprofit Policy Forum*, Vol. 7, No. 1, 2016.

③ Schumaker, P. D., "Policy Responsiveness to Protest-Group Demands", *The Journal of Politics*, Vol. 37, No. 2, 1975; Giugni, M., *How Social Movements Matter*, Minneapolis, Minn. Univ. of Minnesota Press, 2001.

④ 典型研究参见 Jenkins, J. C., *Nonprofit Organizations and Political Advocacy*, In W. W. Powel and R. Steinberg (Ed.), *The Nonprofit Sector: A Research Handbook*, New Haven: Yale University Press, 2006。

入政策议程设置之前。① 其次，在政策制定过程中涉及多个利益相关者，何种方式更有效：是采取游行示威、媒体攻击等施压决策者的方式，还是通过非正式游说、建立良性互动关系等与决策者协商的方式？如何在政策制定过程中博弈亦是社会组织面临的挑战。② 最后，政策执行过程中社会组织的参与主要表现为评估政策效果、参与政策实施中的具体工作、加强政策效果。③

2. 社会组织参与中国立法过程

相比在西方政治体制下的社会参与，社会组织在中国场域下的社会参与有很大区别。这是因为，同西方社会组织与国家制度同步建立的背景不同的是，中国社会组织是全球化背景下，中国社会发展到一定程度的产物，其社会参与是从无到有的一个发展过程。

为了解析"参与"在中国语境下的意义，先梳理一下有关"参与"的相关研究。研究公共政策过程中相关"参与"成果较为丰富。例如早在20世纪50年代拉斯韦尔④就开启了专家在政策决策中作用的研究。随之，该研究领域引起了很多学者的关注。⑤ 后来，政策"参与"

---

① 典型研究参见 Cobb, R., J, K. Ross and M, H. Ross, "Agenda Building as A Comparative Political Process", *American Political Science Review*, Vol. 70, No. 1, 1976; Jenkins, J. C., *Nonprofit Organizations and Political Advocacy*, In W. W. Powel and R. Steinberg (Ed.), *The Nonprofit Sector: A Research Handbook*, New Haven: Yale University Press, 2006。

② 典型研究参见 Berry, J. M., *Lobbying for the People: the Political Behavior of Public Interest Groups*, Princeton: Princeton University Press, 2015; Walker, J. L., *Mobilizing Interest Groups in America: Patrons, Professions, and Social Movements*, Ann Arbor: Univ. of Michigan Press, 2003。

③ Jenkins, J. C., *Nonprofit Organizations and Political Advocacy*, In W. W. Powel and R. Steinberg (Ed.), *The Nonprofit Sector: A Research Handbook*, New Haven: Yale University Press, 2006。

④ Lasswell, H. D., "Political Science of Science", *Sciemont the Scientific Monthly*, Vol. 84, No. 1, 1957。

⑤ 典型研究参见 Gilpin, R. and Wright, C., *Scientists and National Policy-Making*, New York: Columbia University Press, 1964; Logsdon, J. M., "Influencing Government", *Science*, Vol. 175, No. 4028, 1972; Pielke, R., "Who Has the Ear of the President?", *Nature*, Vol. 450, No. 7168, 2007; Rich, A., *Think Tanks, Public Policy, and the Politics of Expertise*, Cambridge: Cambridge University Press, 2010; Smith, J. A., *The Idea Brokers: Think Tanks and the Rise of the New Policy Elite*, New York the Free Press 1993。

的研究领域不断拓展，更多学者开始关注公民在政策过程中的参与。①近几年来，我国学者也开始研究中国政策环境下专家参与对政策决策的影响、②公民参与对政策的影响。③研究"专家参与"和"公民参与"政策过程的机理大不相同，前者关注的是专家与"决策者、其他政策参与者的互动关系及专家行为模式的决定因素"，后者则关注公民参与机制与效果，但他们"有一定的相似性"，即当专家面对较为简单的公共决策事务时，"在政府提供的制度框架内以普通公民的身份发起或参与公民社会运动，以实现专家希望推动政策变迁的追求"④。这种相似性显示了作为个体的专家参与政策过程的灵活性和身份的可选择性，但反之则不同，作为个体的公民却往往不具备转为专家身份的条件，他们往往需要特殊的制度安排。⑤普通公民能够在多大程度上参与政策过程

---

① 典型研究参见 Lipsky, M., "Street-Level Bureaucracy and the Analysis of Urban Reform", *Urban Affairs Review Urban Affairs Review*, Vol. 6, No. 4, 1971; Arnstein, S. R., "A Ladder of Citizen Participation", *Journal of the American institute of Planners*, Vol. 35, No. 4, 1969; Kirlin, J., "The Impact of Increasing Lower-Status Clientele Upon City Governmental Structures: A Model from Organization Theory", *Urban Affairs Review Urban Affairs Review*, Vol. 8, No. 3, 1973; Frederickson, H. G., *New Public Administration*, University, Ala. Univ. of Alabama Pr. 1980; Thomas, J. C., *Public Participation in Public Decisions: New Skills and Strategies for Public Managers*, San Francisco: Jossey-Bass Publishers, 1995; King, C. S., Feltey, K. M. and Susel, B. O. N., "The Question of Participation: Toward Authentic Public Participation in Public Administration", *Public Administration Review*, Vol. 58, No. 4, 1998; Fitzgerald, C., Mccarthy, S., Carton, F., Connor, Y. O., Lynch, L. and Adam, F., "Citizen Participation in Decision-Making: Can One Make A Difference?", *Journal of Decision Systems*, Vol. 25, No. 1, 2016; Font, J., Wojcieszak, M. and Navarro, C. J., "Participation, Representation and Expertise: Citizen Preferences for Political Decision-Making Processes", *Polit Stud Political Studies*, Vol. 63, No. 2, 2005; Huang, W. L. and Feeney, M. K., "Citizen Participation in Local Government Decision Making: the Role of Manager Motivation", *Review of Public Personnel Administration Review of Public Personnel Administration*, Vol. 36, No. 2, 2016。

② 陈振明：《政策科学与智库建设》，《中国行政管理》2014年第5期；朱旭峰：《政策变迁中的专家参与》，中国人民大学出版社2012年版。

③ 典型研究参见白德全、梁敬斋《我国公共政策中的公民参与问题研究》，《河北师范大学学报》（哲学社会科学版）2008年第5期；霍海燕《公民社会的兴起对政策制定的影响》，《中国行政管理》2008年第2期；梁莹《公民政策参与中的"信任"因素研究——基于历史坐标中的信任理论之思考》，《社会科学研究》2008年第3期；王洛忠《我国转型期公共政策过程中的公民参与研究——一种利益分析的视角》，《中国行政管理》2005年第8期；王雁红《公共政策制定中的公民参与——基于杭州开放式政府决策的经验研究》，《公共管理学报》2011年第3期；徐元善、居欣《公众参与公共政策制定过程的问题及对策研究》，《理论探讨》2009年第5期。

④ 朱旭峰：《政策变迁中的专家参与》，中国人民大学出版社2012年版。

⑤ Thomas, J. C., *Public Participation in Public Decisions: New Skills and Strategies for Public Managers*, San Francisco: Jossey-Bass Publishers, 1995.

也逐渐成为研究中国政策过程的学者们关注的问题。有学者认为对于有些普通公民来说"由于资源有限、信息不畅",他们参与政策过程的机会很低。① 总之,"专家参与"或者"公民参与"都在观察个体的视角下,观察行动者在政策过程中的参与。那么相对于个体而言,组织化后的机构——社会组织,在政策过程中的参与又有什么不同呢?

  观察社会组织的社会参与行为主要有四个维度:从参与社会治理维度、② 从参与政府购买服务维度、③ 从考察社会组织与政府关系的维度④ 以及从社会组织参与政策制定的维度,⑤ 而其中从社会组织参与立法过程的维度最为聚焦,因为相对其他参与模式,在立法过程的参与数量相对较少,有学者认为这是因为中国的社会组织利益代表不强、自身建设

---

  ① 典型研究参见王绍光、樊鹏《中国式共识型决策:"开门"与"磨合"》,中国人民大学出版社 2013 年版;王锡锌、章永乐《专家、大众与知识的运用——行政规则制定过程的一个分析框架》,《中国社会科学》2003 年第 3 期。

  ② 典型研究参见高红、朴贞子《我国社会组织政策参与及其制度分析》,《中国行政管理》2012 年第 1 期;何水《社会组织参与服务型政府建设:作用、条件与路径》,中国社会科学出版社 2015 年版;何欣峰《社区社会组织有效参与基层社会治理的途径分析》,《中国行政管理》2014 年第 12 期;倪永贵《社会治理创新中的政府与社会组织合作路径探析——以温州市为例》,《北京交通大学学报》(社会科学版)2016 年第 4 期;王振海《社会组织发展与国家治理现代化》,人民出版社 2015 年版;杨丽、赵小平、游斐《社会组织参与社会治理:理论、问题与政策选择》,《北京师范大学学报》(社会科学版)2015 年第 6 期;张博《合作共治视角下的现代服务型政府建设》,《行政论坛》2016 年第 1 期;张强、陆奇斌、胡雅萌、郭虹、杨力超《中国政社合作的"发展型协同共治"模式——基于云南省境外非政府组织管理的探讨》,《北京航空航天大学学报》(社会科学版)2015 年第 3 期;朱有明、杨金石《中国社会组织协同治理模式研究》,上海交通大学出版社 2016 年版。

  ③ 典型研究参见崔正、王勇、魏中龙《政府购买服务与社会组织发展的互动关系研究》,《中国行政管理》2012 年第 8 期;马玉洁、陶传进《社会选择视野下政府购买社会组织服务研究》,《中国行政管理》2014 年第 3 期;徐家良《政府购买社会组织公共服务制度化建设若干问题研究》,《国家行政学院学报》2016 年第 1 期。

  ④ 典型研究参见顾丽梅《公共服务提供中的 NGO 及其与政府关系之研究》,《中国行政管理》2002 年第 1 期;黄建军、梁宇、余晓芳《改革开放以来我国政府与社会组织关系建构的历程与思考》,《中国行政管理》2016 年第 7 期;史传林《政府与社会组织合作治理的绩效评价探讨》,《中国行政管理》2015 年第 5 期;王臻荣《治理结构的演变:政府、市场与民间组织的主体间关系分析》,《中国行政管理》2014 年第 11 期;虞维华《非政府组织与政府的关系——资源相互依赖理论的视角》,《公共管理学报》2005 年第 2 期;张文礼《合作共强:公共服务领域政府与社会组织关系的中国经验》,《中国行政管理》2013 年第 6 期。

  ⑤ 典型研究参见霍海燕《公民社会的兴起对政策制定的影响》,《中国行政管理》2008 年第 2 期;霍海燕《中国公民社会影响政策过程的变量分析》,《郑州大学学报》(哲学社会科学版)2011 年第 1 期;霍海燕《公民社会与政策过程:分析框架的构建及其运用》,《中国行政管理》2011 年第 2 期;霍海燕《当代中国政策过程中的社会参与》,人民出版社 2014 年版。

滞后、资源不足、独立性不强，及过度追求经济利益等原因，致使在"参与政策过程中还存在着一系列问题、困难和缺陷"①。但也不乏学者开始探索。

实际上，在这个过程中学者们首先观察的是社会组织参与政策过程或社会治理所产生的结果或影响，观察的领域多集中于环保或气候变化领域。② 伯诺尔（Bernauer）等人通过抽样调查公众对气候政策参与情况，他们发现社会公众欢迎社会组织在政策过程中的参与，而且社会组织参与有助于提高政策制定的透明度，增加政策的可执行性。③ 伯诺尔等人所定义的社会组织是广义而言，包括科研机构和商业协会，这和本书定义的社会组织不尽一致，因为在中国科研机构多为事业单位，而有些商业协会则是工商身份，而这两者的身份不同于民政部门管理的社会组织，他们有不同的资源来源和组织结构，其行为逻辑也不尽相同。

资源供给是考察社会组织行为逻辑的一个重要因素，并受到了许多学者们的关注。④ 詹和唐（X. Zhan & S. -Y. Tang）从政治制度与资源依赖视角考察中国社会组织在立法层面的参与，他们发现政治结构的变化

---

① 霍海燕：《当代中国政策过程中的社会参与》，人民出版社2014年版。
② 典型研究参见 Bernauer, T., Gampfer, R., Meng, T. and Su, Y. -S., "Could More Civil Society Involvement Increase Public Support for Climate Policy-Making? Evidence from A Survey Experiment in China", *Global Environmental Change*, Vol. 40, 2016; Ho, P. and Edmonds, R. L., "Perspectives of Time and Change: Rethinking Embedded Environmental Activism in China", *China Information*, Vol. 21, No. 2, 2007; Johnson, T., "Environmentalism and Nimbyism in China: Promoting A Rules-Based Approach to Public Participation", *Environmental Politics*, Vol. 19, No. 3, 2010; Tang, S. -Y. and Zhan, X., "Civic Environmental NGOs, Civil Society, and Democratisation in China", *The Journal of Development Studies*, Vol. 44, No. 3, 2008; Zhang, Y., August, *Policy Choice for China to Participate in Transnational Tobacco Smuggling Control in the Post-Convention Era*, In *2011 International Conference on Management and Service Science*, 2011。
③ Bernauer, T., Gampfer, R., Meng, T. and Su, Y. -S., "Could More Civil Society Involvement Increase Public Support for Climate Policy-Making? Evidence from A Survey Experiment in China", *Global Environmental Change*, Vol. 40, 2016.
④ 典型研究参见 Chen, J., "The NGO Community in China: Expanding Linkages with Transnational Civil Society and Their Democratic Implications", *China Perspectives*, Vol. 68, 2006; Johnson, T., "Environmentalism and Nimbyism in China: Promoting A Rules-Based Approach to Public Participation", *Environmental Politics*, Vol. 19, No. 3, 2010; Tang, S. -Y. and Zhan, X., "Civic Environmental NGOs, Civil Society, and Democratisation in China", *The Journal of Development Studies*, Vol. 44, No. 3, 2008; Zhan, X. and Tang, S. -Y., "Political Opportunities, Resource Constraints and Policy Advocacy of Environmental NGOs in China", *Public Administration*, Vol. 91, No. 2, 2013。

为环保类社会组织提供了参与政策过程的机会。① 许多国内外学者关注社会组织参与立法过程议题的同时，也产生了一些争论。有学者认为虽然一些社会组织成功组织了社会倡导、参与政府购买服务等活动，但他们对政府决策层面影响很小，② 这是因为中国环保社会组织在政策参与过程中受制度环境、参与渠道和自身能力等因素限制。③ 也有学者甚至质疑，在法律制度尚不完善的中国制度环境下社会组织参与公共政策的可能性。④ 但也有学者则认为随着社会组织本身及其与政府关系的不断发展，它们（尤其是官办社会组织或者和与政府具有良好关系的社会组织）已经开始参与立法过程。⑤ 实际上，随着中国政治、社会的不断进步与发展，越来越多的社会组织开始参与到政策制定过程之中，学术界也开始不断探索。

徐家良首先研究了全国妇女联合会在公共政策过程中的作用。⑥ 通过观察"全国妇联在《婚姻法》修改中的影响力"，徐家良考察了全国妇联在公共政策过程的作用。他发现全国妇联对政策过程的影响力与其政治地位有"逻辑上的因果关系"。这是因为全国妇联作为人民团体是特殊的组织，"中国现有政治结构中的特殊地位"，它不但可以通过"调查研究、政策建议、新闻媒体、政治局会议、人大会议等路径施加其影响力，"还可以"对曾经担任过全国妇联职务的委员和现正担任着全国妇联职务的委员进行联络，呈送相关材料，使这些委员角色双重

---

① Zhan, X. and Tang, S.-Y., "Political Opportunities, Resource Constraints and Policy Advocacy of Environmental NGOs in China", *Public Administration*, Vol. 91, No. 2, 2013.

② Tang, S.-Y. and Zhan, X., "Civic Environmental NGOs, Civil Society, and Democratisation in China", *The Journal of Development Studies*, Vol. 44, No. 3, 2008；高红、朴贞子：《我国社会组织政策参与及其制度分析》，《中国行政管理》2012年第1期。

③ 赵晓晓、张庭：《我国环保非政府组织政策参与的障碍与发展途径研究》，《科教导刊》2011年第5期。

④ Lo, C. W.-H. and Leung, S. W., "Environmental Agency and Public Opinion in Guangzhou: the Limits of A Popular Approach To Environmental Governance", *China Quarterly*, Vol. 163, 2000.

⑤ He, L., "Still the age of the state? Organized Social Participation and Civil Society Development in Urban China", *Pacific Focus*, Vol. 24, No. 3, 2009.

⑥ 徐家良：《公共政策制定过程：利益综合与路径选择——全国妇联在〈婚姻法〉修改中的影响力》，《北京大学学报》（哲学社会科学版）2004年第4期。

化。"显然，中国大多数社会组织并不具有全国妇联所具有的独特的政治优势，那么那些社会组织在政策过程的参与又该如何解释呢？有学者认为中国社会组织参与政策过程的"效率低""内容非政治化""途径非制度化"是因为受制度因素制约，所以参与程度不高，影响力微弱。

在徐家良研究的基础上，杨珂进一步考察了有特殊政治地位的妇女联合会于政策制定的关系，并拓展了对民间社会组织在政策制定过程中的影响力的考察。她从政策网络视角推进了对社会组织参与地方级别政策制定的研究。① 杨珂考察了省级人民团体组织——湖南省妇女联合会——在湖南省反家暴政策制定过程中的参与行为，并且对比了民间社会组织——陕西妇女研究会——在陕西省反家暴政策制定过程中的参与行为。通过对比研究，杨珂发现了社会组织参与政策制定的条件因素：政府对社会组织的开放态度、社会组织自身专业能力、资源互补的合作共治关系，以及中国特有的"情感契合"社会关系等。这些发现对于研究中国社会组织在政策制定中的参与大有裨益。然而，相对于地方层面，中央层面的政策制定过程中，社会组织的行为逻辑值得进一步考察，毕竟中央政府和地方政府在政策过程中的行为逻辑不同。②

综上所述，虽有学者对社会组织在中国立法过程中参与的实证研究已有所突破，但与中国社会组织参与立法过程的实践相比，研究的深度和广度亟须推进。此外，尚未发现系统研究社会组织参与立法过程背后逻辑的成果，换而言之，社会组织是如何参与到立法过程之中的？其驱动因素又是什么？不同的社会组织参与的方式是否相同？参与效果如何？诸如此类问题都还没有科学的答案。再者，尚未发现有关国际社会组织——这一特定的群体在中国立法过程中的参与情况的研究。此外，中国社会发展迅速，政策环境亦不断变化发展，尤其是党的十八届三中全会之后，有关社会组织的法律法规发生了很大变化，这些变化势必影响社会组织在政策过程中的参与。

---

① 杨珂：《反家暴政策制定中社会组织参与模式研究》，中国社会科学出版社2017年版。
② 徐晓新：《社会政策过程：新农合中的央地互动》，中国社会科学出版社2018年版。

七　研究意义

本书的理论意义和实践意义主要包括以下几个层面：

第一，推动中国社会组织更深层次的研究。不同于政府和企业，社会组织更多的是直接"面向各种社会问题"，是中国社会进程中具有"公共领域"与"公共利益"的组织主体，它们在社会转型过程中整合各种"资源、空间和机会，在谋求自身发展的同时解决各种社会问题"[①]。西方学者对社会组织参与公共政策的研究已非常广泛、深刻，中国学者对这方面的理论介绍还不够系统，尤其是对中国社会组织在立法过程中参与的研究相当有限，由此在中国场域下这一相当新颖的领域，值得研究。

第二，深化中国公共政策过程，尤其是立法过程的研究。大量研究已经表明，中国立法过程有其自身的解释框架，引起了国际、国内学术界对中国政策过程的关注和研究，然而由于受观察视角和经验材料获取途径限制，真正能够从"内部"打开黑箱的研究还十分有限，[②] 从社会组织参与视角观察中国政策过程的研究更是凤毛麟角。本书希望通过考察直接参与立法过程的行动者，最直接、最全面地获取第一手经验材料；同时通过深度访谈和作者对相关课题的亲身经历梳理内在线索，并通过整合相关新闻报道、会议记录、内部文件等资料交叉验证，深刻剖析《广告法》修订这一案例，厘清其议程设置和政策制定过程中的关键行动者与政府不同部门的互动关系，考察社会组织在立法过程中行动真实逻辑的关系。只有系统、深入考察这一问题，才能够弄清楚中国场域下社会组织参与立法过程的理论内涵，为实践层面提供参考。

[①] 王名：《社会组织论纲》，社会科学文献出版社2013年版。
[②] 典型研究参见 Zhang, X., Bloom, G., Xu, X., Chen, L., Liang, X. and Wolcott, S. J., "Advancing the Application of Systems Thinking in Health: Managing Rural China Health System Development in Complex and Dynamic Contexts", *Health Research Policy and Systems*, Vol. 12, No. 1, 2014, p. 44; 徐晓新《社会政策过程：新农合中的央地互动》，中国社会科学出版社2018年版。

第三,为实践"国家治理体系和治理能力现代化"提供参考。"全新政治理念","通过购买政府公共服务和参与社会治理等方式,在国家政治生活中发挥日益重要的作用"①。有效发挥社会组织在"扩大群众参与、反映群众诉求方面的积极作用,增强社会自治功能",社会组织参与作为"加强社会建设,必须加快推进社会体制改革"的一种社会管理制度安排,是中共十七大、十八大反复强调的内容,是国家战略部署的组成部分。执行这一部署要求对社会组织参与动机、参与模式、参与过程以及参与结果有明确认知,这也是本书的核心任务。

第四,促进政策制定的科学化、民主化程度。科学决策制度化是公民政治参与的最有力的保障,"真正的民主体制必须给民众参与政策制定全过程的机会"②。社会组织能够发挥作为群众参加政策制定全过程的载体作用,进而"深入推进科学立法、民主立法",成为"健全立法机关和社会公众沟通机制"③。

---

① 薛澜、李宇环:《走向国家治理现代化的政府职能转变:系统思维与改革取向》,《政治学研究》2014年第5期;俞可平:《走向国家治理现代化——论中国改革开放后的国家、市场与社会关系》,《当代世界》2014年第10期。
② 王绍光:《中国公共政策议程设置的模式》,《中国社会科学》2006年第5期。
③ 中共中央宣传部:《习近平总书记系列重要讲话读本》,学习出版社、人民出版社2016年版。

第二章　以剖析社会组织参与立法过程为核心的研究设计

本章首先将探讨作为本书理论分析工具的行动者、"结构化"理论、社会资本理论,以及社会网络与立法过程理论,进而基于行动者与决策结构之间的关系,设立总的研究路径及两条具体研究线索。围绕具体研究线索,建立了总体研究框架,并分别建立了立法过程的制度结构框架和社会组织参与立法过程的逻辑框架。最后,介绍本书所采用的研究方法。

一　理论视角

本书将通过"结构化"理论视角和社会资本理论工具分析社会组织在政策过程中的参与,并希望构建出社会组织、政策决策者、政策文本、社会公众及其相互作用的分析框架。

(一) 行动者、"结构化"理论视角

据吉登斯的结构"二重性"理论,"资源是社会系统的结构化特性,它以互动过程中具有认知能力的行动者作为基础,并由这些行动

者不断的再生产出来"①。换而言之,组织的行为形成于某种特定的社会结构之中,并再生产相应的社会结构。"结构"是社会关系或社会现象的反映。那么是什么因素使一定的"结构"会产生一定的行为?

社会行动者是对"日常生活中的所作所为的条件和后果都拥有大量的知识"的人,"他们有意无意地通过应用各种资源,来左右事情的发生"。社会结构是指"社会再生产过程中反复涉及的规则与资源"。而社会系统源自社会实践、社会再生产,它并不具有"结构",仅仅体现着"结构特征"(structural properties)。"结构"导引行动者的行为。吉登斯提出了三个与"结构"相关的重要概念:结构性原则、结构丛、结构性特征。结构性原则是指"社会总体组织过程的原则";结构丛是指"社会系统的制定关联所涉及的规则—资源系列";结构性特征是指"跨越时空的社会系统制度化特征"②。

吉登斯还通过分层模式来描述行动者及其能动作用,分层模式(stratification model)就是"将对行动的反思性监控、理性化及动机激发过程视作根植于行动中的一系列过程"。首先行动者具有认知能力,他们能够"反思性地监控自身行为及所处情景","其行动过程具有目的性",但"行动者的认知能力总是受到限制,这种限制一方面来自无意识,另外来自行动中未被行动者认识到的条件和行动的意外后果",从而产生非预期的后果。"结构化"理论的核心内容是行动者和社会结构的关系,即"是制度化实践的再生产过程"。行动者的行为受制于社会系统的结构特征,并在这样的特征下进行不断生产和再生产,其"日常活动总是以较大的社会系统的结构性特征为依据,并通过自己的活动再生产后者"③。

受吉登斯宏观"结构化"理论启发,伯恩斯建立了更具操作性的微观分析框架——行动者—系统动力理论,用来考察行动者与制度、文

---

① [英]吉登斯:《社会的构成:结构化理论大纲》,李康、李猛译,生活·读书·新知三联书店1998年版。
② 同上。
③ 同上。

化之间的关系。① 伯恩斯认为行动者与制度、文化相互作用、重构并转换。行动者—系统动力理论将社会系统分为微观、中观和宏观三个相互作用的层面。

(二) 社会资本理论

"社会网络理论从社会网络关系或人际关系的网络结构出发来分析解释社会现象,提供了一个结构主义的微观基础。"② 在组织间关系上,社会网络起着重要作用。20 世纪初,德国社会学家齐美尔 (Simmel) 开启了学界对社会网络的研究,到 20 世纪 70 年代社会网络的研究曾一度高涨,尤其是把社会网络同结构主义的研究相结合,但是后来这些研究陷入了技术的旋涡。直至 1985 年,格兰诺维特提出的"镶嵌性"理论。③ 该理论把社会网络理论引入了社会学的主流研究之中。④ 之后,1986 年科尔曼提出的"社会资本"理论、伯特的"结构洞"理论等理论成果确立了社会网络理论在经济社会学中的核心地位。⑤

据齐美尔的学说,进入网络之中,个体的感受是不同的,并且还有主观与客观之分,"之间有着互惠的关系"。"主观和客观有一个互惠的关系,当一个人与社会组织发生关系时为这个组织所制约。主观构成了客观的群体,但是由于参与的模式和别人不一样,他就重新获得了个性。因此多重的组织参与创造了新的主观成分。"⑥

齐美尔的思想不断得到传承,研究视角主要聚焦于用结构、网络来

---

① [瑞典]伯恩斯等:《经济与社会变迁的结构化:行动者、制度与环境》,周长城等译,社会科学文献出版社 2010 年版。
② 周雪光:《组织社会学十讲》,社会科学文献出版社 2003 年版。
③ [美]格兰诺维特:《镶嵌:社会网与经济行动》,罗家德译,社会科学文献出版社 2015 年版。
④ 周雪光:《组织社会学十讲》,社会科学文献出版社 2003 年版。
⑤ [美]科尔曼:《社会理论的基础》,邓方译,社会科学文献出版社 1999 年版;[美]伯特:《结构洞:竞争的结构》,任敏等译,上海人民出版社 2008 年版。
⑥ 周雪光:《组织社会学十讲》,社会科学文献出版社 2003 年版。

第二章　以剖析社会组织参与立法过程为核心的研究设计

解释行为和关系。① 同齐美尔等人的视角不同的是，科尔曼（Coleman）从理性选择的层面研究人与社会网络的关系，提出了"社会资本"的概念，关注个人对社会网络的利用以获得社会资源，被称为"功利性"思路。②

继承并发扬了"社会资本"理论，林南从社会结构与行动的视角做出了阐释，并分析了"名声""制度""网络"等因素与社会资本的关系。③ 林南的研究受到了学界，尤其是中国学者们的关注。他的很多研究案例是在中国场域下完成的，相对其他西方理论而言，他所提出的"社会资本"理论在解释中国社会现象时更具说服力。林南认为："社会资本作为一个在理论中产生的概念，应该在社会网络背景中考虑：作为通过占据战略网络位置（location）和/或重要组织位置（position）的社会关系而获取的资源。"他把社会资本定义为："在目的性行动（purposive action）中被获取的和/或被动员的、嵌入在社会结构中的资源。"林南强调了社会资本嵌入于社会关系中，而非个人中，同时，"这些资源的获取和使用取决于个人"。在林南看来，社会结构包括四个要素："位置""权威""规则"和"代理人"，它们构成了获取有价值资源的协调体系。这里对本书特别具有启发意义的是林南对于社会资源的纵向和横向的两个分析维度。林南认为，从纵向来看，居于等级金字塔的层次越高，控制的资源就越多；从横向来看，同一层级结构中，其位置越是具有权威，其资源也就越多。④ 在本书涉及的社会组织中，中国 KY

---

① Breiger, R. L., "The Duality of Persons and Groups", *Social Forces Social Forces*, Vol. 53, No. 2, 1974, p. 181; White, H. C., "Where Do Markets Come from?", *American Journal of Sociology*, Vol. 87, No. 3, 1981.

② Coleman, J. S, "Social Capital in the Creation of Human Capital," *American Journal of Sociology American Journal of Sociology*, Vol. 94, 1998.

③ Lin, N., *Social Resources and Instrumental Action*, Albany: State University of New York, Department of Sociology, 1981; Lin, N., *Social Capital: A Theory of Social Structure and Action*, Cambridge; New York Cambridge University Press, 2001.

④ [美]林南：《社会资本：关于社会结构与行动的理论》，张磊译，上海人民出版社2004年版。

协会、XT中心、比尔及梅琳达·盖茨基金会、① 彭博控烟行动联盟②等社会组织控制资源的类别和数量均不相同。运用社会资本理论可以帮助作者分析它们拥有的不同资源、采取的不同行动策略，以及不同的影响力。

社会资本又可以分为组织社会资本和个人社会资本。借鉴了林南的社会资本理论，边燕杰和丘海雄对社会资本进行了分类：纵向联系、横向联系和社会联系社会资本。他们还提出了三个衡量企业社会资本的指标：法人代表是否在上级领导机关任过职、法人代表是否在跨行业的其他任何企业工作过及出任过领导职务、法人代表的社会交往和联系是否广泛。③ 他们的关注焦点是组织内个人社会资本的作用。

还有学者研究了组织社会资本。张方华从"纵向联系、横向联系和社会联系"三个维度衡量了组织社会资本。④ 还有学者按照组织与外部环境正式和非正式的关系区分了组织内部社会资本和组织外部社会资本。⑤

---

① 比尔及梅琳达·盖茨基金会（Bill & Malinda Gates Foundation），中文简称"盖茨基金会"，成立于2000年，是多年蝉联福布斯世界首富比尔盖茨和妻子梅琳达创办的最大的私人基金会，并且由著名投资商沃伦·巴菲特（Warren Buffett）注资。在中国设有登记注册的代表处。

② 彭博控烟行动联盟（The Bloomberg Initiative to Reduce Tobacco Use，中文简称"彭博控烟联盟"）成立于2005年，目的是"开发并传递有深刻影响力的循证烟草控制手段"，并把推动中国控烟工作放在其在全球10个重点控烟国家的首位。最初与彭博公益基金会结为合作伙伴的5家组织包括，美国无烟草青少年运动（The Campaign for Tobacco-Free Kids）、美国疾病控制中心基金会（The Centers for Disease Control and Prevention Foundation）、约翰·霍普金斯大学布隆伯格公共卫生学院（Johns Hopkins Bloomberg School of Public Health）、国际防痨和肺病联合会（The International Union Against Tuberculosis and Lung Disease）、世卫（The World Health Organization）等组织，世卫制订了MPOWER系列政策措施是该联盟控烟行动框架，"确保禁止烟草广告、促销和赞助"是其中主要内容之一。彭博行动联盟的成员在控烟工作中，分工不同，其中美国无烟草青少年运动的主要工作之一是推动禁止所有烟草广告。详细内容参见 Bloomberg-Initiative, *About the Bloomberg Initiative to Reduce Tobacco Use Grants Program*: Retrieved on Aug. 1, 2016, from Https：//Tobaccocontrolgrants. Org/About-the-BI-Grants-Program, 2009。

③ 边燕杰、丘海雄：《企业的社会资本及其功效》，《中国社会科学》2000年第2期。

④ 张方华：《知识型企业的社会资本与技术创新绩效研究》，博士学位论文，浙江大学，2004年。

⑤ Cooke, P. and Clifton, N., *Spatial Variation in Social Capital Among United Kingdom Small and Medium Enterprises*, Cardiff: Regional Industrial Research, Centre for Advanced Studies, Cardiff University, 2002; Westlund, H. & Bolton, R., "Local Social Capital and Entrepreneurship", *Small Business Economics*, Vol. 21, No. 2, 2003.

前者指的是组织内管理者及员工之间的关系；后者是指组织与生产、环境和市场的社会资本，即分别为与供应商和合作伙伴的关系、与所处环境和政府官员等的关系及与客户的关系。①

（三）社会网络理论与立法过程

从结构化理论视角观察，立法过程就是特定的社会结构下，有参与其中的行动者互动下"生产出来"的，并进行着再生产，即对立法过程产生新的作用。这一过程是行动者的能动性与社会结构要素的共同作用，公共政策是这一作用的结果，同时又以新的规则影响社会结构和行动者。此外，行动者在社会结构中的地位给其带来社会资本，进而影响其在立法过程中的参与。因此，对立法过程的研究，必须在具体的情境中考察行动者与社会结构的互动关系。

从社会网络视角来看，组织在立法过程的影响力取决于其拥有、或可获取有价值的社会资本。虽然学术界尚未对社会资本形成统一的定义，但是有一点共性，即与社会关系有关。立法过程也是一个资源体系协调的过程，其间不同的行动者处于不同的"位置、权威、规则和代理人"等要素组成的社会结构之中，不同的行动者拥有的"物质资源"和"象征资源"也不尽相同。因此，若要研究组织参与对立法过程的影响，就需要考察行动者的社会资本，这包括：①立法过程不同阶段主要参与的行动者及其社会网络/社会资本；②行动者的参与动机；③行动者的自身成长变化等。而对社会结构而言，应关注：①制度化规则，包括政府部门组织结构、相关政策制定机制等；②文化要素，包括意识形态、社会舆论等；③新制定的政策对社会结构的影响。

二 研究路径

本书将围绕有关烟草广告修订立法过程中参与其中的社会组织的行

---

① Westlund, H. & Bolton, R., "Local Social Capital and Entrepreneurship", *Small Business Economics*, Vol. 21, No. 2, 2003.

为逻辑及其与制度化的决策结构之间的互动关系展开。换而言之，本书将围绕两条主要线索开展研究：一是社会组织与立法决策主体的互动；二是社会组织参与立法过程对决策结构的作用。其中，又以对社会组织的考察为重点，以结构系统中的社会组织的行为为线索。

第一条线索考察社会组织参与对立法体制结构的影响。社会组织参与立法的过程实质上是与决策主体进行互动的过程。社会组织可以直接，也可以间接与决策主体进行互动，以实现组织行动目标。本线索的任务是揭示社会组织参与立法过程的背后逻辑，从研究社会组织在行动过程中遇到的障碍及克服手段入手，呈现社会组织在政策制定过程中的参与情景。

第二条线索主要考察的是作为行动者的社会组织个体与立法决策机构在立法过程中的互动，简单地说，就是个体社会组织的行动目标分别为何，它们是如何与立法决策相关部门进行互动的，它们的目标是如何演变为最终政策目标的。

两条线索相辅相成，既要考察立法过程的结构性，又要考察行动者的能动性。两条线索形成了本书的总体框架。

三 研究框架

（一）总体框架

本书对立法过程的研究将重点考察作为行动者的社会组织是如何在社会资本、社会网络的视角下参与立法过程的（见图2-1）。即探讨社会组织在动态的政策环境下如何参与政策制定——与政策过程中的文本互动，并将通过挖掘主要活动"节点"，揭示不同的社会组织的各自行为逻辑，简而言之，就是考察"行动者—政策文本—政策环境"三者互动关系。

（二）全国人大立法过程制度结构框架

《宪法》第三章第一节第五十八条规定："全国人民代表大会和全

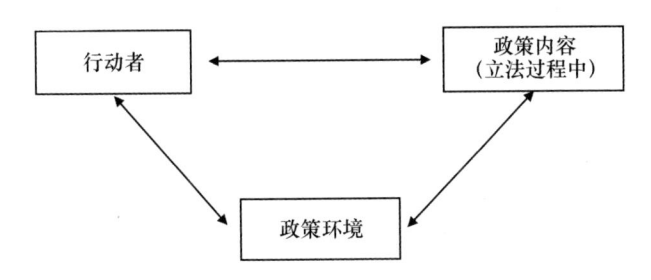

第二章 以剖析社会组织参与立法过程为核心的研究设计

图 2-1 行动者参与立法过程总体框架

国人民代表大会常务委员会行使国家立法权。"[①] 依据第三章第一节第六十七条第一到四款规定，全国人大常委会行使下列职权：

(一) 解释宪法，监督宪法的实施；
(二) 制定和修改除应当由全国人民代表大会制定的法律以外的其他法律；
(三) 在全国人民代表大会闭会期间，对全国人民代表大会制定的法律进行部分补充和修改，但是不得同该法律的基本原则相抵触；
(四) 解释法律。

根据《宪法》，在实际立法过程中，全国人大立法的决策机制决定了法律的制定和修改，并有其独特的立法程序，抽象来看主要可以分为两个阶段：议程设置（也就是立法动议）、政策制定（国务院和全国人大决策）（见图 2-2）。具体到《广告法》有关烟草广告的修订，本书

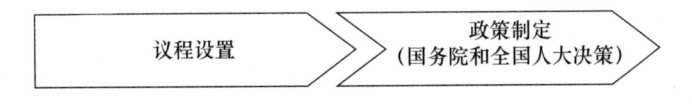

图 2-2 全国人大立法过程分阶段示意图

---

① 全国人民代表大会：《中华人民共和国宪法》，1982 年颁布，2004 年修订。

将从全国人大立法决策机制、立法制度安排与政策过程两个层面，构建全国人大立法过程制度结构框架。

1. 全国人大立法决策机制逻辑框架

国家领导人批示、"会议"制度、跨部门协调、公众参与等因素都是影响政策决策的因素。[①] 中国政策决策向来是中外学者关注的重要政策过程环节。李侃如（Lieberthal）和奥克森伯格（Oksenberg）、谢淑丽（Shirk）的研究均显示改革开放后中国政策决策开始变得多元，有更多的政策参与者对决策产生一定的影响。[②] 李侃如和奥克森伯格认为中国的决策是"碎片化威权主义"（fragmented authoritarianism）。[③] 而谢淑丽则提出了"相互问责"（reciprocal accountability）、"共识代表"（delegation by consensus）、"平均原则"（balancism）三个概念，来说明中国政策决策机制的多元化。[④]

中国特有的政治制度决定了最高领导人对政策决策的直接影响力，很多研究也证明了"领导人批示"对政策结果的影响。早期研究中国政策过程的学者提出的"权力模型"（Power Model）认为，领导人的意志对政策结果有决定性影响。虽然随着决策不断多元化，但是领导人的影响力依然存在。[⑤] 为了实现政策目标，利益相关者会寻求途径"上书"最高领导人，"申说有关政策议题，引起其对政策议题的重视"，学者型官员的双重身份和私人网络在"上书路径"中发挥着重要作用。[⑥]

[①] 陈玲、赵静、薛澜：《择优还是折衷？——转型期中国政策过程的一个解释框架和共识决策模型》，《管理世界》2010 年第 8 期。

[②] Lieberthal, K., Oksenberg, M., *Policy Making in China: Leaders, Structures, and Processes*, Princeton, N. J.: Princeton University, 1988; Shirk, S. L., *The Political Logic of Economic Reform in China*, Vol. 24, Univ of California Press, 1993.

[③] Lieberthal, K., Oksenberg, M., *Policy Making in China: Leaders, Structures, and Processes*, Princeton, N. J.: Princeton University, 1988.

[④] Shirk, S. L., *The Political Logic of Economic Reform in China*, Vol. 24, Univ of California Press, 1993.

[⑤] Lieberthal, K., Oksenberg, M., *Policy Making in China: Leaders, Structures, and Processes*, Princeton, N. J.: Princeton University, 1988.

[⑥] 徐晓新、张秀兰：《共识机制与社会政策议程设置的路径——以新型农村合作医疗政策为例》，《清华大学学报》（哲学社会科学版）2016 年第 3 期。

第二章 以剖析社会组织参与立法过程为核心的研究设计

全国人民代表大会及其常务委员会是党、政府和立法机关之间完整的会议制度，也是全国人大立法的决策机制中的制度化的开放环节。人大代表负有表达和传递民意的责任。人大代表提出议案是表达民意的方式，也是人大立法程序的第一步，当然并不是所有的议案都能够实现立法的目标。为了能够让所代表的民意进入立法程序，有些代表会持续提出主题相同的议案。

中国人民政治协商会议（简称"全国政协"）是与立法机构就法律法规的制定、修订和废除进行协商的制度安排。全国政协在人大立法决策中有重要影响力。作为政治协商的重要机构，政协具有"民主监督"的职能，并且能够组织参加全国政协的各民主党派、无党派人士、人民团体、各少数民族和各界的代表等参政议政，产生决策影响力。尤其，全国政协各民主党派领导人能够直接对话中共领导人，表达意见和建议。所以，"两会"机制是全国人大立法决策机制中最具有开放性的决策环节。

"部门协商"是权力运作和达成共识的过程，在这一过程中充分体现了为了权力和利益的再分配进行的讨价还价现象，各部门本能地充当本部门的"'利益代言人'参与相关政策的酝酿和讨论过程"①。立法过程常常是部门之间利益博弈的过程。② "由于缺乏方案竞争的政治基础和决策舞台，达成共识是政策出台的唯一标准。"③ "共识诉求甚至超越单纯的理性目标"④，形成了中国特有的"共识型体制"⑤。政府间多部门决策机制存在着结构性缺陷，决策中缺乏部门间的横向谈判机制，⑥

---

① 薛澜、陈玲：《中国公共政策过程的研究：西方学者的视角及其启示》，《中国行政管理》2005 年第 7 期。
② 毛寿龙：《化解部门立法问题的制度结构》，《理论视野》2012 年第 5 期；杨利敏：《我国〈立法法〉关于权限规定的缺陷分析》，《法学》2000 年第 6 期。
③ 陈玲、赵静、薛澜：《择优还是折衷？——转型期中国政策过程的一个解释框架和共识决策模型》，《管理世界》2010 年第 8 期。
④ 陈玲：《官僚体系与协商网络：中国政策过程的理论建构和案例研究》，《公共管理评论》2006 年第 2 期。
⑤ 王绍光、樊鹏：《中国式共识型决策："开门"与"磨合"》，中国人民大学出版社 2013 年版。
⑥ 张秀兰、胡晓江、屈智勇：《关于教育决策机制与决策模式的思考——基于三十年教育发展与政策的回顾》，《清华大学学报》（哲学社会科学版）2009 年第 5 期。

若无法达成部门共识，就会交由上级裁决。

"公众参与机制"包括制度性安排机制和非制度性安排机制，是指"决策者在制定政策的过程中与外部公众有了交流与互动"，王绍光和樊鹏称之为"开门"模式。① "开门"机制下，决策者和公众之间的互动有三种方式："闯进来""请进来"或"走出去"，这有别于西方代议民主制度或政治参与。但是，除了制度性安排的"开门"机制外，还有非制度性安排的公众参与机制，但多为间接影响决策，例如，舆情施压方式。

总之，全国人大立法是不同的"机制"共同作用的结果，包括高层共识机制、全国人大机制、政府部门协商机制、政协参政议政机制、公众参与及其他机制（见图2-3）。总体而言，中国决策体制具有一定的开放性和弹性。②

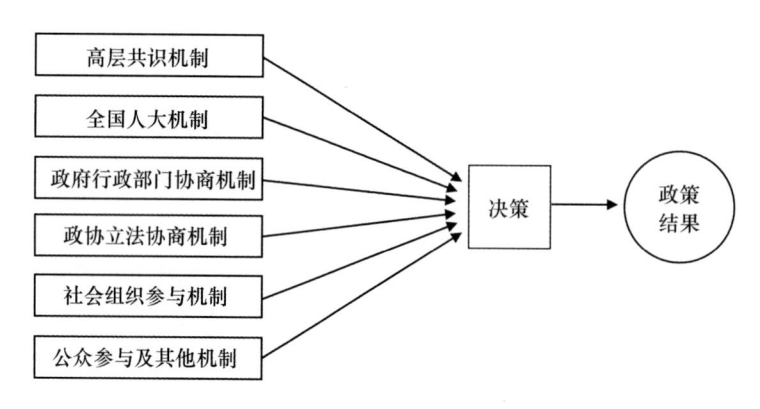

图2-3 全国人大立法决策机制影响因素示意图

2. 全国人大立法制度安排与政策过程分析框架

基于社会建构主义理论框架，本书将政策过程理论用于描述全国人

---

① 王绍光、樊鹏：《中国式共识型决策："开门"与"磨合"》，中国人民大学出版社2013年版。
② 徐晓新、张秀兰：《共识机制与社会政策议程设置的路径——以新型农村合作医疗政策为例》，《清华大学学报》（哲学社会科学版）2016年第3期。

第二章 以剖析社会组织参与立法过程为核心的研究设计

大立法工作的过程。有学者认为划分政策过程阶段应与实际发生的事实建立关系。[①] 本书第一章已详细探讨了分阶段政策过程研究的脉络,从20世纪中后期拉斯韦尔开启的阶段启发框架,[②] 到后来学者们不断丰富,分阶段研究框架已被广泛应用于政策过程研究之中。[③] 其主要贡献在于把政策过程分为议程设置、政策制定、政策执行等一系列阶段,把复杂问题进行了条理化、简单化处理。但批评者认为由于阶段启发并没有真正的因果关系,各阶段内部和各阶段之间缺乏连续性假设,从而理论作用受限。[④] 阶段启发理论框架虽然有诸多不足之处,但是它却在某种程度上促进了各政策过程理论框架的发展与相互之间的争鸣,从而涌现了更多的政策过程理论成果。

为了便于研究社会组织参与立法过程的行为逻辑,本书把全国人大实际立法经验和政策过程理论分阶段模型相结合。实际上,用政策过程理论分阶段模型来看,人大立法过程主要包括"议程设置"和"政策制定"两个阶段。然后,进一步细分这两个阶段:即从"政策概念"产生到完成"方案起草"视为"议程设置"阶段;从"方案选择"到"政策出台"视为政策制定阶段。

[①] Howlett, M., Ramesh, M. and Perl, A., *Studying Public Policy: Policy Cycles and Policy Subsystems*, Cambridge Univ Press, Vol. 3, 1995.

[②] Lasswell, H. D., *The Decision Process: Seven Categories of Functional Analysis*, College Park: Bureau of Governmental Research, College of Business and Public Administration, University of Maryland, 1956; Lasswell, H. D., "The Emerging Conception of the Policy Sciences", *Policy Sciences*, Vol. 1, No. 1, 1970.

[③] 典型研究参见 Jones, C. O., *Introduction to the Study of Public Policy*, Belmont, Calif.: Duxbury Press 1970; Brewer, G. D. and DeLeon, P., *The Foundations of Policy Analysis*, Chicago: Dorsey Press, 1983; Anderson, J. E., *Public Policymaking*, Boston: Cengage Learning, 2014; Nakamura, R. T., "The Textbook Policy Process and Implementation Research", *Review of Policy Research*, Vol. 7, No. 1, 1987。

[④] 典型研究参见 Nakamura, R. T., "The Textbook Policy Process and Implementation Research", *Review of Policy Research*, Vol. 7, No. 1, 1987; Sabatier, P. A., "Toward Better Theories of the Policy Process", *Political Science & Politics*, Vol. 24, No. 2, 1991; Sabatier, P. A., *Theories of the Policy Process*, Boulder, Colo.: Westview Press, 1999; Sabatier, P. A. and Jenkins-Smith, H. C., *Policy Change and Learning: An Advocacy Coalition Approach*, Boulder, Colo.: Westview Press, 1993。

在全国人大立法机制中,党中央、全国人大、政府行政部门为决策主体,分别负责立法程序、法案的起草、提出建议和意见。对应政策过程语言,政策概念、政策方案选择和政策合法化过程属人大范畴,全国政协可以提出建议和意见,议程设置、起草方案和选择方案则发生在政府行政部门(见图2-4、图2-5)。

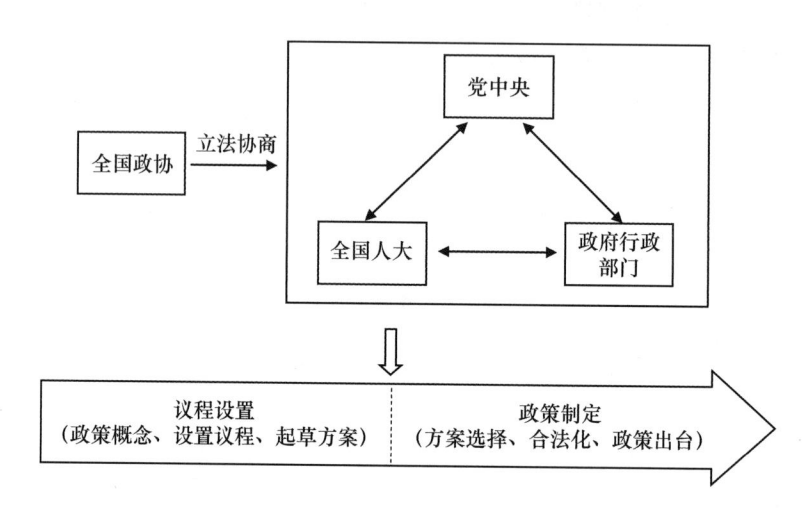

图2-4 全国人大立法制度安排与政策过程分析框架

(1)议程设置

所谓政策议程设置,简而言之就是政府对政策议题依其重要性进行排序的过程,[①] 在这个过程中政策议题被政策决策者提上议事日程,[②] 议程设置是整个政策过程的起点,由于中国政策议程设置多是政府体制内"顶层设计"的产物,不像其他政策过程环节能够让公众参与,例如政策制定会征求公众意见,因此议程设置也就成了学者们最想打开的政策过程的"黑箱"环节。朱旭峰等指出中国本土化政策过程发展面

[①] [美]金登:《议程、备选方案与公共政策》,丁煌、方兴译,中国人民大学出版社2004年版。

[②] Howlett, M., Ramesh, M. and Perl, A., *Studying Public Policy: Policy Cycles and Policy Subsystems*, Cambridge Univ Press, Vol. 3, 1995.

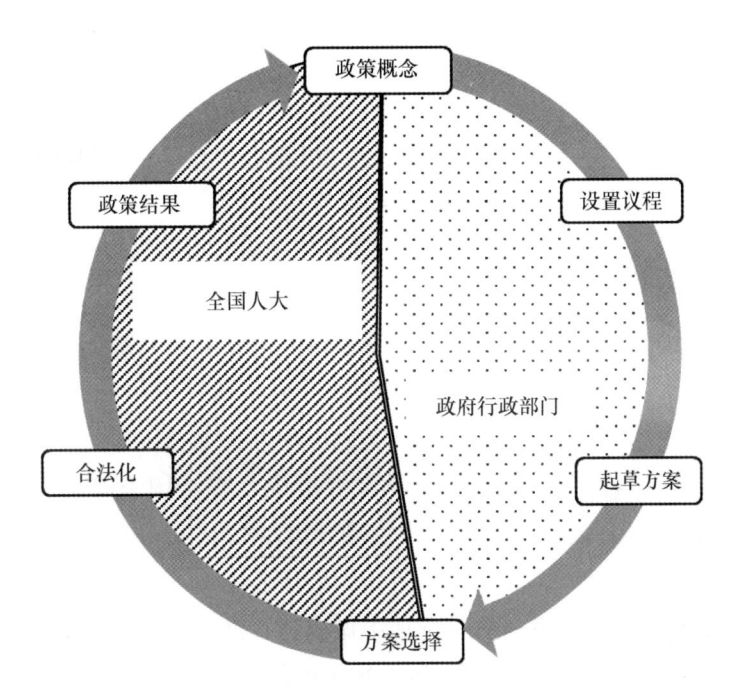

第二章 以剖析社会组织参与立法过程为核心的研究设计

图 2-5 全国人大立法过程与决策主体内部关系示意图

临着"局外人"和"局内人"的问题。作为"局外人"的研究者也往往是从外部观察决策行为,并不能全面了解"局内"决策者的行为和心态,而"了解政府决策者在公共政策议程设置过程中吸纳来自各方信息、意见和建议的倾向性行为"①,对研究中国议程设置非常必要。作为国内较早研究政策议程的学者,王绍光在议程设置理论的本土化做出了探索。他指出有"一只若隐若现的黑手在操控着议程设置"。此外"政治动员、社会运动、突发事件,以及其他很多因素"都可能影响议程设置。② 而在信息化网络高度发展的今天,"突发事件""焦点事件"

---

① 朱旭峰、田君:《知识与中国公共政策的议程设置:一个实证研究》,《中国行政管理》2008 年第 6 期。
② 王绍光:《中国公共政策议程设置的模式》,《中国社会科学》2006 年第 5 期;Wang, S., "Changing Models of China's Policy Agenda Setting", *Modern China*, Vol. 34, No. 1, 2008。

也成了影响政策议程的重要因素。①

议程设置中,"谋求共识是实现政策议题重要性排序靠前的重要手段"②,跨部门社会政策议程设置含部门议程设置和国家议程设置,从部门议程转化为国家议程的条件是部门间达成共识,而部门间共识遵循的是简单共识原理。"社会政策议程设置过程存在官僚、上书和协商三条路径",这三条路径在议程设置的实际运作过程中呈现出"接力模式",基于此,中国决策体制具有开放性和弹性特征。

本书中,议程设置阶段包括从政策概念产生到这一概念被职能部门起草成为法案文本的过程。具体到修订《广告法》有关烟草广告条款,始于2006年3月十届全国人大四次会议期间的提案,止于2013年11月国家工商总局《广告法》修订草案送审稿已报送国务院,《广告法》议程设置真正完成,其间经历了七年多的时间。

(2)政策制定

政策制定是决策者从政策选项中做出选择的过程。早期的精英路径和派系路径也包含了对新中国成立初期决策体制的理论抽象。随着行政改革的不断深化,政策决策的多元化开始从政府部门之间、上下级之间扩展到了公众参与的层面。彭宗超和薛澜通过对公共听证决策制度的研究进一步探讨了多元化决策模式。他们发现听证会制度可以提高决策的

---

① 典型研究参见 Balla, S. J. , "Health System Reform and Political Participation On the Chinese Internet", *China Information*, Vol. 28, No. 2, 2014; Chung, J. , "Comparing Online Activities in China and South Korea: the internet and the Political Regime", *Asian Survey*, Vol. 48, No. 5, 2008; Hung, C. F. , "China's Propaganda in the Information Age: Internet Commentators and the Weng'an Incident", *Issues & Studies*, Vol. 46, No. 4, 2010; Hung, C. F. , "Public Discourse and 'Virtual' Political Participation in the PRC: the Impact of the Internet", *Issues & Studies*, Vol. 39, No. 4, 2003; Tang, M. and Huhe, N. , "Alternative Framing: the Effect of the Internet On Political Support in Authoritarian China", *International Political Science Review*, Vol. 35, No. 5, 2014; Tian, Z. , Shi, J. , Hafsi, T. and Tian, B. , "How to Get Evidence? the Role of Government Business Interaction in Evidence-Based Policy-Making for the Development of Internet of Things Industry in China", *Policy Studies*, Vol. 38, No. 1, 2017;陈姣娥、王国华:《网络时代政策议程设置机制研究》,《中国行政管理》2013年第1期。

② 徐晓新、张秀兰:《共识机制与社会政策议程设置的路径——以新型农村合作医疗政策为例》,《清华大学学报》(哲学社会科学版)2016年第3期。

准确性、科学性和决策效率。① 除了听证制度，公众咨询、议事委员会、公众调查等方式也是政策决策的多元化的表现，决策的多元化说明我国政策决策开始从精英式决策向参与式决策的转变，② 参与的"代表性""透明性""可持续性"是影响公众参与政策决策的主要因素。

无论是议程设置还是政策制定，中国立法过程的主要环节都在逐渐走向开放和多元，从少数高级别领导人拍板决策的封闭体系，走向更加开放和多元参与体系。越来越多的研究为中国决策体制的开放性和多元性提供了新证据。在决策体系运行过程中，不同政府部门在制定跨部门的政策中难以达成共识也是正常现象，当这一"官僚路径"遇阻时，政治"精英"可通过上书和协商模式进一步谋求最高领导层的支持，从而借助自上而下的力量实现跨部门的议程设置。

（三）社会组织参与立法过程逻辑框架

1. 社会组织参与立法过程的逻辑框架

社会组织在政策过程中的参与也越来越引人注目。有学者认为社会组织参与立法过程是提高政策制定的合法性有效方式，③ 而且可提高政策制定的透明度。④ 泰勒（Taylor）和威尔金森（Wilkinson）认为社会组织通过三种方式参与政策过程：其一，把组织关注议题通过选民传递给政策决策者，这需要把组织关注的议题转化为或放大为公众关注的议

---

① 彭宗超、薛澜：《政策制定中的公众参与——以中国价格决策听证制度为例》，《国家行政学院学报》2000 年第 5 期。
② 刘淑妍、朱德米：《当前中国公共决策中公民参与的制度建设与评价研究》，《中国行政管理》2015 年第 6 期。
③ 典型研究参见 Bernauer, T., Gampfer, R. "Effects of Civil Society Involvement On Popular Legitimacy of Global Environmental Governance", *Global Environmental Change*, Vol. 23, No. 2, 2013; Bernstein, S., "Legitimacy in Global Environmental Governance", *Journal of International Law & International Relations*, Vol. 1, No. 1, 2004, p. 140; Scholte, J. A., "Civil Society and the Legitimation of Global Governance", *Journal of Civil Society*, Vol. 3, No. 3, 2007。
④ 典型研究参见 Van Rooy, A., *The Global Legitimacy Game*: *Civil Society, Globalization and Protest*, Springer, New York: Palgrave Macmillan, 2004; Yamin, F., "NGOs and International Environmental Law: A Critical Evaluation of Their Roles and Responsibilities", *Review of European Community & International Environmental Law*, Vol. 10, No. 2, 2001。

题；其二，确保广泛听取多元声音；其三，促进公众直接参与公共事务。① 舒克（Schuck）对"公共事务关注组织与政策过程"（Public Interest Groups and the Policy Process）的研究证明，参与政策过程的社会组织与政策制定主体的互动关系不同。舒克区分了专业型政策倡导社会组织和关注公共事务组织（public interest groups），前者通常与议程设置有专业的、职业的或者政治上的关系，而后者不具备这些关系，但多具有共同关注的社会问题。②

"公共政策的产生，是问题累积到社会的一个部门或若干部门到了要采取行动的时候。问题的产生先于政策。"③ 解决社会问题是社会组织的天职。也正是在"社会问题"的驱动下，社会组织在立法过程中的参与更"引人注目"。社会组织参与立法过程是在动态的政策环境下产生的一个复杂的、系统的动态过程，其本身并不能被简单地分割。本书重点关注立法过程中作为行动者的社会组织是与决策主体（党中央、全国人大、政府）、全国政协、专家、公众、媒体及国际组织等主体的互动逻辑（见图 2-6）。

2. 不同社会组织各自参与立法过程途径的分析框架

行动者是立法过程中的基本单元。他们"有意无意地通过应用各种资源，来左右事情的发生"④，在立法过程中有众多"公共和私人行动者，他们分散于政府和社会的各个层次和领域之中"⑤。行动者结合成独立的群体，再合纵连横出社会网络。⑥ 行动者与社会网络的理论渊

---

① Taylor, M., & Warburton, D., "Legitimacy and the Role of UK Third Sector Organizations in the Policy Process", *International Journal of Voluntary and Nonprofit Organizations*, Vol. 14, No. 3, 2003.
② Schuck, P. H., "Public Interest Groups and the Policy Process", *Public Administration Review*, Vol. 37, No. 2, 1997.
③ ［美］格斯顿：《公共政策的制定：程序和原理》，朱子文译，重庆出版社 2001 年版。
④ ［英］吉登斯：《社会的构成：结构化理论大纲》，李康、李猛译，生活·读书·新知三联书店 1998 年版。
⑤ Carlsson, L., "Policy Networks as Collective Action", *Policy Studies Journal-Urbana then Carbondale*, Vol. 28, 2000.
⑥ 罗家德：《社会网络讲义分析》，社会科学文献出版社 2010 年版。

第二章　以剖析社会组织参与立法过程为核心的研究设计

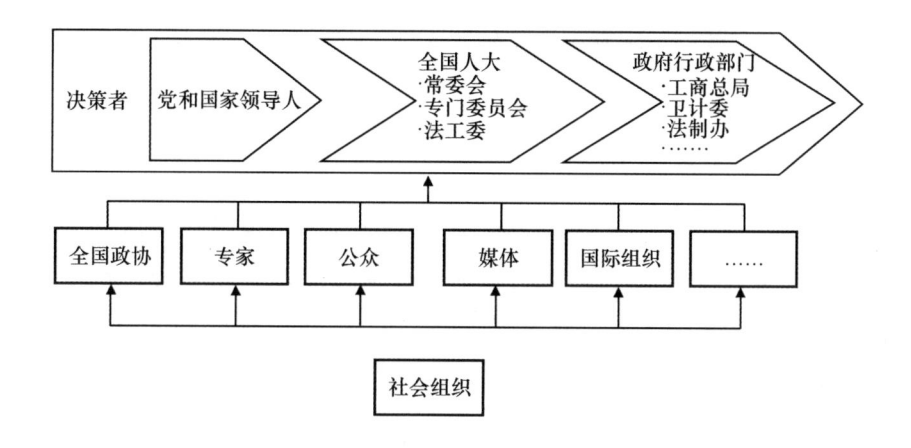

图 2-6　社会组织参与立法过程的逻辑框架图

源，本章前面已经详述，在此不再赘述。作为行动者的社会组织，因不同的内在逻辑、行为方式及资源网络，表现出不同的行为方式。不同的社会组织在立法过程中有不同的参与路径，在所有可能的参与路径中，包括高层路径、政府路径、社会路径及其他路径中，官办社会组织有更多的选择（见图 2-7），例如它有选择高层路径的途径；但即便选择相

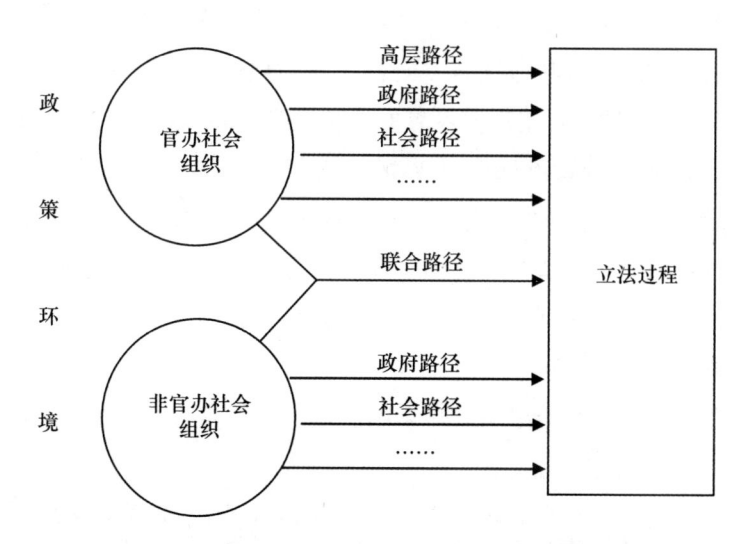

图 2-7　不同社会组织在立法过程中参与途径的选择

同的路径，它的行为逻辑也不尽然；此外，它还有联合路径。

四 研究方法

在社会科学研究领域存在着多种研究范式，不同范式研究方法也不尽相同，实证主义多采用归纳梳理逻辑，建构主义多采用演绎推理逻辑，对于社会组织参与《广告法》有关烟草广告修订立法过程的研究，通过实证的方法考察社会组织参与及决策结构；而对于其中立法机制、决策者行动，同时还需要根据事后的政策文本、参与者的讲话记录等材料归纳梳理和演绎推理，并根据局部事实结果推演出政策背后的逻辑。本书在研究范式上采取了建构与实证相结合的研究方法。

（一）以案例研究为基础的实证研究

研究问题决定研究方法。本书研究的问题是社会组织在立法过程中的参与，实质是研究社会组织参与立法过程的案例经验。显然，案例研究方法是本书的唯一可选方法，也是研究政策过程的基本方法。[1] 需要指出的是案例研究有其独特的"研究范式和理论基础"，是"对当前现象，比如'案例'，置于现实世界的情境中所做的实证探究，尤其是现象和社会背景情景没有明显边界的情况下"[2]。本书以社会组织参与《广告法》有关烟草广告修订立法过程为案例，具体分析社会组织在这一立法过程中的参与情况。案例研究中区分议程设置和政策制定两个阶段，涉及多个不同类型的社会组织，是嵌套式案例设计，也是多案例研究（multiple-case study）。[3]

本书研究的是社会组织在政策制定过程中的参与，但主要的经验资

---

[1] ［英］黑尧：《现代国家的政策过程》，赵成根译，中国青年出版社2004年版。
[2] ［美］殷：《案例研究方法的应用》，周海涛、夏欢欢译，重庆大学出版社2014年版。
[3] Yin, R. K., *Case Study Research: Design and Methods*, London: Sage Publication, 2015.

料和内容聚焦于修订后《广告法》有关烟草广告条款的修订。主要有以下几点原因：其一代表性。参与《广告法》修订过程的社会组织既有官办社会组织，例如中国 KY 协会，又有非官办社会组织，例如 XT 中心；既有在中国大陆注册的国际社会组织，例如盖茨基金会，又有未在中国大陆登记注册的国际社会组织，例如彭博控烟联盟的多数成员。这些都为全面、系统研究社会组织在政策制定过程中的参与提供了丰富的、具有代表性的素材。其二特殊性。2015 年通过修订的《广告法》被誉为"史上最严"《广告法》。尤其是，有关烟草广告条款是其中的亮点之一，同修订前《广告法》中限制烟草广告内容有明显差别。修订后《广告法》有关烟草广告条款内容受到了世卫等国际社会的广泛赞誉，也是我国履行《公约》的重要指标，是健康中国战略下的具体实践。

（二）建构主义视角的立法过程分析

建构主义作为一种研究范式，是研究公共政策过程常用的一种方法。建构主义者认为政策制定是参与者在一定情景中建构的，强调行动者对政策制定的掌控作用。[①] 显然，"一定情景"指的是社会结构，包括政治制度、经济文化等结构要素。由此，考察社会结构与行动者的关系是建构主义的核心任务，这一点在吉登斯的结构化理论（the theory of structuration）中得到了系统阐释。

研究社会政策就需要了解结构化的社会情境下行动者的互动动因、方式和结果。对于本书而言，要特别关注社会组织参与立法过程的驱动因素、参与方式和参与路径，而社会组织参与的社会结构因素包括：作为制度因素的政策环境、决策主体组织机构、立法程序等制度化规则、社会文化等。

---

① Carlsson, L., "Policy Networks as Collective Action", *Policy Studies Journal-Urbana then Carbondale*, Vol. 28, 2000；［英］科尔巴奇：《政策》，张毅、韩志明译，吉林人民出版社 2005 年版。

五　数据来源

本书的特别之处在于，作者曾参与修订后《广告法》有关烟草广告修订过程中的相关活动，有幸零距离、亲身观察其中社会组织与政府职能部门、立法部门、新闻媒体、相关专家及社会公众之间的直接互动，由此，作者自己也掌握一定的原始资料。同时，作者又与相关社会组织负责人建立了良好关系，能够通过深度访谈更大程度、更深层次地获取或证实相关"内部"资料，这些一手资料为本书提供了充足的证据。再者，现代化的信息获取方式和工具（包括社交软件、信息网站、电话、电子邮件等），保证了本书资料获取的及时性、充足性和科学性。

此外，作者还收集了大量公开渠道的资料，包括各种政府公告、文件，社会组织新闻发布、工作简报、相关工作电子邮件、会议纪要、项目合同与建议书、大众媒体和新媒体的新闻报道与评论等媒体资料，以及国际社会组织的年度财务和活动状况申报表（990税表）。

总之，本书过程中内部资料和公开资料相互验证、相互补充，保障研究的科学性、严谨性、系统性。

第三章　社会组织参与立法过程的环境、制度与行业基础

在运用"行动者—政策文本—政策环境"的分析框架系统分析社会组织参与《广告法》有关烟草广告修订过程之前,有必要对全国人大立法环境与制度结构变迁、中国烟草控制工作的演进进行总体概述。

一　烟草广告立法环境变迁

(一) 政治环境的变迁

1. 公民参与、科学决策的制度化发展

"公民政治参与"的政治理念在中国共产党的文件中得到不断强化和细化。其中政策决策过程中的公民参与是其政治参与的重要表现形式。早在改革开放初期,政府已经把"决策民主化和科学化"作为政治体制改革的一项重要内容,时任国务院副总理万里专门做了关于《决策民主化和科学化是政治体制改革的一个重要课题》的讲话并发表于《人民日报》。[①] 这一设想不断深化,尤其进入21世纪以来,"公民政治参与"被视为科学决策的重要依据。[②] 千禧伊始,党的十五届五中

---

① 万里:《决策民主化和科学化是政治体制改革的一个重要课题》,《中国软件科学》1986年第2期。
② 朱旭峰:《中国社会政策变迁中的专家参与模式研究》,《社会学研究》2011年第2期。

全会通过的《关于制定国民经济和社会发展第十个五年计划的建议》明确指出，"加强民主政治建设，推进决策的科学化、民主化、扩大公民有序政治参与"。三年之后，党的十六大工作报告强调要"改革和完善决策机制"，并且明确指出，"要完善深入了解民情、充分反映民意、广泛集中民智、切实珍惜民力的决策机制，推进决策科学化民主化"。2007年，党的十七大报告中进一步阐述了民主决策和人民参与的权利，强调"要健全民主制度，丰富民主形式，拓宽民主渠道，依法实行民主选举、民主决策、民主管理、民主监督，保障人民的知情权、参与权、表达权、监督权"。而党的十八大工作报告，多次强调保障人民参与决策的途径，"完善中国特色社会主义法律体系，加强重点领域立法，拓展人民有序参与立法途径"，从而"全面推进依法治国"。党的十八届三中全会发布的《中共中央关于全面深化改革若干重大问题的决定》重申"更加注重健全民主制度、丰富民主形式，从各层次各领域扩大公民有序政治参与"，并且再次强调"扩大公民有序参与立法途径"。党的十八大工作报告和党的十八届三中全会文件明确指出，中国共产党公民参与和科学决策有机统一，公民参与是科学决策的重要保障，从而避免决策的随意性，提高决策质量。

科学决策制度化是公民政治参与的最有力的保障。2014年10月，党的十八届四中全会发布的《中共中央关于全面推进依法治国若干重大问题的决定》（以下简称《决定》）明确了这一制度内容。该《决定》是中国共产党历史上第一个专门针对加强法治建设的文件。文件指出："加强和改进政府立法制度建设，完善行政法规、规章制定程序，完善公众参与政府立法机制。"同时，在立法层面要"深入推进科学立法、民主立法"，"健全立法机关和社会公众沟通机制"，"开展立法协商，充分发挥政协委员、民主党派、工商联、无党派人士、人民团体、社会组织在立法协商中的作用"[①]。显然，社会组织参与立法协商

---

① 中共中央：《中共中央关于全面推进依法治国若干重大问题的决定（2014年）》，2014年10月23日。

是健全立法机制、保证科学决策的重要手段，是公民政治参与的有效途径。

社会组织参与立法协商是公民政治参与的一种形式，是国家治理体制的创新。党的十七大报告明确指出，"发挥社会组织在扩大群众参与、反映群众诉求方面的积极作用，增强社会自治功能"。党的十八大报告进一步明确了"社会组织参与"作为"加强社会建设，必须加快推进社会体制改革"的一种社会治理制度安排："要围绕构建中国特色社会主义社会管理体系，加快形成党委领导、政府负责、社会协同、公众参与、法治保障的社会管理体制，加快形成政府主导、覆盖城乡、可持续的基本公共服务体系，加快形成政社分开、权责明确、依法自治的现代社会组织体制。"中国共产党把社会组织立法协商纳入社会治理体系之中，作为实现中华民族伟大复兴中国梦的科学理论的重要组成部分，明确了社会组织参与立法的途径和载体。

2. 政府换届与执政理念的变迁

执政理念是执政行为的向导。党的十八届五中全会首次提出了"以人民为中心"的发展思想，不仅深化了"以经济建设为中心"的发展目标，而且为发展经济找到了落脚点。"以人民为中心"的发展观是以习近平总书记为核心的党中央治国理政的新理念、新思想、新战略的基本出发点。"以人民为中心"的执政新理念具体含义是，"坚持人民主体地位，充分尊重人民所表达意愿、所创造的经验、所拥有的权利、所发挥的作用""保障人民平等参与""吸取群众的智慧和力量""拜人民为师，向能者求教、向智者问策"[①]，"人民"被放在了执政理念的核心地位。

国家治理体系的建构是推动政治社会转型的有力工具。[②] 进入21世纪，中国经济社会发生了重大变迁，尤其是中国正在经历着"压缩型

---

① 中共中央宣传部：《习近平总书记系列重要讲话读本》，学习出版社、人民出版社2016年版。

② 李汉卿：《国家治理现代化：中国共产党执政的逻辑转变与战略选择》，《理论月刊》2016年第1期。

现代化"的种种挑战,在这一时期经济、政治、社会乃至文化等变迁在时间和空间两个维度上以高度浓缩的方式呈现。① 中国实施改革开放还不足四十年,却经历着西方国家用了几百年来完成的现代化国家进程,其中的困难和挑战可想而知。"国家治理体系和治理能力现代化"是党的十八届三中全会提出的新的重大命题,是国家治理体系改革的"全新政治理念"②,"是中国共产党从革命党转向执政党的重要理论标志"③。国家治理体系和治理能力有机统一,相辅相成。推进国家治理体系和治理能力现代化,是要实现"党、国家、社会各项事务治理制度化、规范化、程序化"。把现代化治国理政落到实处,就要不断深化行政体制改革,深入推进"政企""政资""政事""政社"分开,建设"职能科学、结构优化、廉洁高效、人民满意的服务型政府",在履行公共服务职能时,努力做到"不越位、不错位、不缺位",更好发挥"社会力量在管理社会事务中的作用,激发市场活力和社会创造力"④。十八大是党行政体制改革的新起点,明确强调要"改进政府提供公共服务方式,加强基层社会管理和服务体系建设,增强城乡社区服务功能,强化企事业单位、人民团体在社会管理和服务中的职责,引导社会组织健康有序发展,充分发挥群众参与社会管理的基础作用"⑤。

政府治理是国家治理体系的核心内容。"建设服务型政府"是建设

---

① 典型研究参见 Kyung-Sup, C., "The Second Modern Condition? Compressed Modernity as Internalized Reflexive Cosmopolitization", *The British Journal of Sociology*, Vol. 61, No. 3, 2010;朱安新、风笑天《"90 后"大学生异性交往观念——以婚前性行为接受度为分析重点》,《青年探索》2016 年第 2 期。

② 薛澜、李宇环:《走向国家治理现代化的政府职能转变:系统思维与改革取向》,《政治学研究》2014 年第 5 期;俞可平:《走向国家治理现代化——论中国改革开放后的国家、市场与社会关系》,《当代世界》2014 年第 10 期。

③ 俞可平:《走向国家治理现代化——论中国改革开放后的国家、市场与社会关系》,《当代世界》2014 年第 10 期。

④ 中共中央宣传部:《习近平总书记系列重要讲话读本》,学习出版社、人民出版社 2016 年版。

⑤ 《胡锦涛在中国共产党第十八次全国代表大会上的报告》,人民网:http://politics.people.com.cn/n/2012/1118/c1001-19612670.html,2017 年 4 月 8 日访问。

第三章　社会组织参与立法过程的环境、制度与行业基础

现代社会的新型行政模式。服务型政府本质上是现代社会的一种政府形态或模式，有别于"统治型政府"和"管制型政府"①，其本质含义是"强调以人为本、以公众需求为导向的服务模式"，关键在于其"服务理念"，而非"服务手段"②。服务型政府的关键任务是调整政府与市场、政府与社会、市场与社会的关系。其中最为显著的是政府调整自身与社会的关系，从消极禁止民间组织到鼓励培养其发展。20世纪90年代末21世纪初，大量社会组织出现，"通过购买政府公共服务和参与社会治理等方式，在国家政治生活中发挥日益重要的作用"③。

（二）社会环境的变迁

1. 社会变迁与社会组织发展

20世纪70年代末开启的改革开放不但改变了中国的经济发展模式，而且重塑了社会结构，改变了劳动关系，激发了社会资源的自由流动，由此为"组织和个人的社会独立性提供了可能性和现实性"④。"以经济建设为中心"的经济先行的基本国策改变经济发展模式，完成了"三步战略设想"的第一步，但是以经济建设为中心需要完善制度建设，需要"运用国家和政府的权威有目的、有计划、分阶段地实施经济体制与政治体制改革"⑤。坚持"需求为导向"的学者认为，改革开放过程中，中国经济发展、政治体制改革、社会转型、法律制度完善等条件的作用下，产生了社会领域的治理空间，这种空间产生了对社会组织的强烈需求。⑥ 随之，中国社会出现了"大转型"，为了解决一味发

---

① 施雪华：《"服务型政府"的基本涵义、理论基础和建构条件》，《社会科学》2010年第2期。
② 薛澜、李宇环：《走向国家治理现代化的政府职能转变：系统思维与改革取向》，《政治学研究》2014年第5期。
③ 俞可平：《走向国家治理现代化——论中国改革开放后的国家、市场与社会关系》，《当代世界》2014年第10期。
④ 李汉林：《改革与单位制定的变迁》，李强编著：《中国社会变迁30年》，社会科学文献出版社2008年版。
⑤ 王永进、邹泽天：《我国当前社会转型的主要特征》，《社会科学家》2004年第6期。
⑥ 林震：《非营利组织的发展与我国的对策》，《国家行政学院学报》2002年第1期。

展经济带来的社会问题，以"缩小不平等"和"降低不安全"为目的的社会政策陆续出台，从而改变了从"1978年开始到1990年代中期中国只有经济政策、没有社会政策"的局面，开启了中国从"经济政策到社会政策"历史转变。① 也有学者认为，"在经济体制改革的带动下，社会结构转型和经济体制转轨两者同时并进、相互交叉，形成相互推动的趋势"。区别于其他国家的现代化进程，中国社会发展与社会转型有自己独特的轨迹和路径，"显示出浓厚的中国特色"②。但是，作为地球村的一员，中国的发展离不开世界，无论经济领域，抑或社会领域。实际上，在全球化的背景下，任何国家的政治和社会问题都超越了本民族国家的范畴，③ 20世纪末兴起的全球性的"社团革命"④，也悄然地影响着中国社会领域，⑤ 在中国社会转型和国际潮流的共同作用下，中国社会组织迅速发展。

改革"不仅包括政治经济体制的改革，而且还包括社会关系的革命和民族文化传统的创新"，它把个人和社会从旧的社会秩序中解放出来，"并创造出新的社会组织体系"⑥，而在中国这种"改革"源于党和政府的推动，是"党、国家与社会的权力结构关系的调整"的结果。⑦

---

① 典型研究参见王绍光《大转型：1980年代以来中国的双向运动》，《中国社会科学》2008年第1期；王绍光《从经济政策到社会政策的历史性转变》，北京论坛《文明的和谐与共同繁荣——对人类文明方式的思考》会议论文，2006年；王思斌《社会政策时代与残疾人事业的发展》，《中国残疾人》2004年第8期。

② 郑杭生：《改革开放三十年：社会发展理论和社会转型理论》，《中国社会科学》2009年第2期。

③ 典型研究参见林震《非营利组织的发展与我国的对策》，《国家行政学院学报》2002年第1期；尚晓援《冲击与变革：对外开放中的中国公民社会组织》，中国社会科学出版社2007年版；王名《走向公民社会——我国社会组织发展的历史及趋势》，《吉林大学社会科学学报》2009年第9期。

④ [美]萨拉蒙：《全球公民社会：非营利部门视界》，贾西津、魏玉译，社会科学文献出版社2007年版。

⑤ 王绍光、何建宇：《中国的社团革命——中国人的结社版图》，《浙江学刊》2004年第6期。

⑥ 路风：《单位：一种特殊的社会组织形式》，《中国社会科学》1989年第1期。

⑦ 王邦佐、谢岳：《政党推动：中国政治体制改革的演进逻辑》，《政治与法律》2001年第3期。

第三章　社会组织参与立法过程的环境、制度与行业基础

随着现代社会的发展，社会分工专业化的深化，社会结构将更加复杂。全能型政府格局被打破，"政府进行管理职能和组织结构上的创新，逐渐实现与市场融合，社会组织也逐渐拥有可以支配的社会资源和工具"①。对国家而言，社会组织既是社会治理的工具，又是对外交流参与国际事务的桥梁。②例如，1995 年，中国政府在北京举办了"第四届世界妇女大会"，从而"让世界了解中国，让中国了解世界"，也让中国政府和民间对社会组织有了新认识。③

20 世纪 90 年代中期以来，社会组织的飞速发展是中国社会转型过程中的显著特征。④政府不断出台或修订相关政策来应对这一特征带来的社会领域的变化。1998 年修订了《社会团体登记管理条例》，发布了《民办非企业单位登记管理暂行条例》，1999 年颁布了《公益事业捐赠法》。虽然有关中国社会组织的政策仍不够健全，⑤但是它们至少确立了社会组织的法律地位，也使社会组织的发展"有法可依"。尤其是党的十八大以来，依法治国理念不断加强，这一理念在社会组织规范和管理层面得到了充分体现，例如，2016 年 3 月通过的《慈善法》首次以基本法性质的法律规范了社会组织。《慈善法》立法的本身也是中国"民主立法、科学立法"的典范，广泛争取了公众和专家的意见，前后修改"不少于 7 个版本"⑥。

---

① 范如国：《复杂网络结构范型下的社会治理协同创新》，《中国社会科学》2014 年第 4 期。
② 杨丽、赵小平、游斐：《社会组织参与社会治理：理论、问题与政策选择》，《北京师范大学学报》（社会科学版）2015 年第 6 期。
③ Howell, J., "New Directions in Civil Society: Organization Around Marginal Interests", *Governance in China*, Oxford, Rowman and Littlefield, 2004；尚晓援：《冲击与变革：对外开放中的中国公民社会组织》，中国社会科学出版社 2007 年版。
④ 典型研究参见 Morton, K., "The Emergence of NGOs in China and Their Transnational Linkages: Implications for Domestic Reform", *Australian Journal of International Affairs*, Vol. 59, No. 4, 2005; Saich, T., "Negotiating the State: the Development of Social Organizations in China", *The China Quarterly*, Vol. 161, No. 1, 2000；王名、贾西津《中国 NGO 的发展分析》，《管理世界》2002 年第 8 期。
⑤ 王名、陶传进：《中国民间组织的现状与相关政策建议》，《中国行政管理》2004 年第 1 期。
⑥ 于建伟、贾西津：《〈慈善法〉科学立法、民主立法的典范》，《民主与科学》2016 年第 4 期；郑功成：《〈慈善法〉开启中国的善时代》，《社会治理》2016 年第 5 期。

《慈善法》的出台为社会组织发挥其应有的社会功能提供了法律依据，既明确了社会组织的工作领域，涉及的领域包括在扶贫、救助、教育、科学、文化、卫生、环境保护等，几乎涵盖所有民生相关领域；又明确定义了慈善组织是"指依法成立、符合本法规定，以面向社会开展慈善活动为宗旨的非营利性组织"。慈善法还明确了慈善组织的组织形式"可以采取基金会、社会团体、社会服务机构"等形式；还明确了慈善组织资金来源、信息公开、法律责任等具体组织管理的内容。总之，《慈善法》的出台为社会组织在法律和实践中的组织设立、组织形态、组织发展提供了基本依据和规则，[①] 尤其是它把中国传统慈善引入了现代化慈善。

2. 社会组织参与立法的探索与保障

社会组织立法参与的探索已有先例。例如"作为人民团体，全国妇联凭借着在中国现有政治结构中的特殊地位"，通过多种路径参与《婚姻法》修改过程，并明显施加了影响力。[②] 之所以称为特殊，是因为全国妇联的政治地位非一般意义上的社会组织可比拟。全国妇联成立于新中国成立之前，是免登记人民团体。宋庆龄、邓颖超、陈慕华、彭珮云等党和国家领导人曾担任其名誉主席。特殊的政治地位赋予了全国妇联政治参与的先天性条件和责任，但是其在《婚姻法》修订过程中的立法参与及探索为中国人民团体乃至普通社会组织在立法过程中的参与提供了宝贵经验。

社会组织的政治地位在党的文件中不断凸显，尤其是党的十八大以来，社会组织的功能和政治地位更加明确。中共十八大文件中提出要"加快形成党委领导、政府负责、社会协同、公众参与、法治保障的社会管理体制"，并且明确要加快"现代社会组织体制"建设。党的十八届三中全会进一步明确，要引导社会组织依法开展活动，"激发社会组织活力"，推进社会组织发挥作用，将社会组织参与社会建设和社会治

[①] 朱恒顺：《慈善组织分类规制的基本思路——兼论慈善法相关配套法规的修改完善》，《中国行政管理》2016年第10期。

[②] 徐家良：《公共政策制定过程：利益综合与路径选择——全国妇联在〈婚姻法〉修改中的影响力》，《北京大学学报》（哲学社会科学版）2004年第4期。

第三章　社会组织参与立法过程的环境、制度与行业基础

理落实到执行层面。党的十八届四中全会通过的《中共中央关于全面推进依法治国若干重大问题的决定》中更是强调了"社会组织在立法协商中的作用",从而"深入推进科学立法、民主立法"。"社会组织立法协商"的具体工作在2015年修订的《立法法》中也得到了确认,指出社会组织可接受政府相关部门委托起草"专业性较强的法律草案"。

(三) 信息传播方式的变迁

1. 互联网对公民政治参与的影响

互联网是20世纪最伟大的发明之一,它带来的科技革命在全球范围内蓬勃兴起,极大地推动了人类文明进程,把人类带进了亘古未有的网络信息时代,赋予了原有固定的物理空间流动性,构建了新的社会时空,①使社会活动在时间和空间上得以延伸。尤其是在21世纪的中国,互联网产业发展更是全球领先、全民应用。自2014年中国倡导并举办的世界性互联网盛会在乌镇开幕起,搭建起了中国与世界互联互通的国际平台。2015年,习总书记亲自出席并发表重要讲话,强调中国政府高度重视互联网发展,接入互联网二十多年来,中国"按照积极利用、科学发展、依法管理、确保安全的思路,加强信息基础设施建设,发展网络经济,推进信息惠民",并提出了"共同构建网络空间命运共同体"的主张,强调"国际网络空间治理,应该坚持多边参与、多方参与,由大家商量着办,发挥政府、国际组织、互联网企业、技术社群、民间机构、公民个人等各个主体作用"②。

为了加强同民众的交流,中国政府不断建立新的制度和搭建新的平台,③而互联网成为最受关注的工具。④ 2008年6月20日,胡锦涛总书

---

① [美]卡斯特:《网络社会的崛起》,夏铸九译,社会科学文献出版社2003年版。
② 《习近平在第二届世界互联网大会开幕式上的讲话》,新华网: http://news.xinhuanet.com/world/2015-12/16/c_1117481089.htm,2017年4月8日访问。
③ Cai, Y., "Power Structure and Regime Resilience: Contentious Politics in China", *British Journal of Political Science*, Vol. 38, No. 03, 2008; Shi, T., *Political Participation in Beijing*, Cambridge Univ Press, 1997.
④ Lindtner, S. and Szablewicz, M., *China's Many Internets: Participation and Digital Game Play Across a Changing Technology Landscape*, retrieved on Aug. 1 2016, from https://www.ics.uci.edu/~lindtner/documents/Lindtner_Szablewicz-OnLineSocietyinChina2010.pdf.

记通过"人民网强国论坛"直接对话网民,"开创历史先河",他表示自己也经常上网,胡锦涛强调上网是为了"了解网民朋友们关心些什么问题、有些什么看法","了解网民朋友们对党和国家工作有些什么意见和建议",他认为"通过互联网来了解民情、汇聚民智,也是一个重要的渠道"①。国家领导人同网民的直接对话举世瞩目,"这是中国国家主席罕见地出现在网络媒体上,消息一出立即引发了世界各国媒体的广泛关注"②,英国BBC、路透社、法新社、《朝鲜日报》等国际各大媒体纷纷报道这一事件。这次"破天荒头一遭"更是令广大网民振奋不已,引发"网络爆棚",国家领导人对话网民事件也加强了各级政府通过互联网与群众沟通的方式,并形成了常态,例如网络"两会"直播成了群众了解全国人大和全国政协的重大会议直接窗口;人民网的"一年'两会'时,我有问题问总理"常态栏目为群众提供了直接提问总理的平台。

互联网对人们政治参与的影响受到了学界的高度关注,普遍认为中国的互联网成了民意表达和政治参与的重要途径,③ 甚至有学者把此现象称为"互联网时代的参与型政治",是"中国特有的政治生态"④。然而,互联网政治参与并非中国特有,国际上学者针对互联网与政治参与

---

① 《总书记在线交流鼓舞网民振奋人心》,人民网:http://opinion.people.com.cn/GB/7407284.html,2017年4月8日访问。

② 《胡锦涛对话网民引起世界瞩目》,新浪网,2017年4月8日检索于http://www.qh.xinhuanet.com/2008-06/24/content_13624929_2.htm。

③ 典型研究参见 Balla, S. J., "Health System Reform and Political Participation On the Chinese Internet", *China Information*, Vol. 28, No. 2, 2014; Zhou, Y., *Historicizing Online Politics: Telegraphy, the Internet, and Political Participation in China*, Stanford: Stanford University Press, 2006; 陈剩勇、杜洁《互联网公共论坛:政治参与和协商民主的兴起》,《浙江大学学报》(人文社会科学版)2005年第3期;陈云松《互联网使用是否扩大非制度化政治参与:基于CGSS2006的工具变量分析》,《社会》2013年第5期;李亚妤《互联网使用、网络社会交往与网络政治参与——以沿海发达城市网民为例》,《新闻大学》2011年第1期;孟天广、季程远《重访数字民主:互联网介入与网络政治参与——基于列举实验的发现》,《清华大学学报》(哲学社会科学版)2016年第4期;王法硕《公民网络参与公共政策过程研究》,博士学位论文,复旦大学,2012年。

④ 张明新:《参与型政治的崛起:中国网民政治心理和行为的实证考察》,华中科技大学出版社2015年版。

的研究也已悄然兴起，①由于中国公民政治参与的方式和西方的差异，而在互联网时代，中国公民政治参与的变化受到了国外学者的关注。②由此，对于网民来说，互联网不是一个单一的实体平台，而是由那些各具设计和使用特色的设计平台的集合，③在不同的规则设计下政府与公众的互动方式，也因此影响着中国政治体系的变化。④

2. 移动互联网重塑社会表达方式

移动互联网的移动性和便携性进一步提升传统桌面互联网信息传播方式，不仅改变了原有的社会边界和人际交往模式，重塑了人们社会交往和社会表达方式，⑤而且使得人们在社会生活中不再是知音难觅，而是通过相同的"群"和"圈"使"知音易聚"，更容易就共同关注的话题"擦出火花"，极大地方便了社会动员，更容易产生社会影响。尤其是在一个群体变得特别庞大时，它的影响力就不会被忽视。移动互联网提升了"群体影响力"产生的时间和空间。

---

① 典型研究参见 Balla, S. J., "Health System Reform and Political Participation On the Chinese Internet", *China Information*, Vol. 28, No. 2, 2014; Feezell, J. T., Conroy, M. and Guerrero, M., "Internet Use and Political Participation: Engaging Citizenship Norms Through Online Activities", *Journal of Information Technology & Politics*, Vol. 13, No. 2, 2016; Gibson, R. and Cantijoch, M., "Conceptualizing and Measuring Participation in the Age of the Internet: Is Online Political Engagement Really Different to Offline?", *The Journal of Politics*, Vol. 75, No. 3, 2003; Meesuwan, S., "The Effect of Internet Use On Political Participation: Could the Internet Increase Political Participation in Thailand?", *International Journal of Asia Pacific Studies*, Vol. 12, No. 2, 2016; Polat, R. K., "The Internet and Political Participation: Exploring the Explanatory Links", *European Journal of Communication*, Vol. 20, No. 4, 2005; Vissers, S. and Stolle, D., "The Internet and New Modes of Political Participation: Online Versus Offline Participation", *Information, Communication & Society*, Vol. 17, No. 8, 2014; Xenos, M. and Moy, P., "Direct and Differential Effects of the Internet On Political and Civic Engagement", *Journal of Communication*, Vol. 57, No. 4, 2007。

② Balla, S. J., "Health System Reform and Political Participation On the Chinese Internet", *China Information*, Vol. 28, No. 2, 2014.

③ Lindtner, S. and Szablewicz, M., *China's Many Internets: Participation and Digital Game Play Across a Changing Technology Landscape*, retrieved on Aug. 1 2016, from https://www.ics.uci.edu/~lindtner/documents/Lindtner_Szablewicz-OnLineSocietyinChina2010.pdf.

④ Balla, S. J., "Health System Reform and Political Participation On the Chinese Internet", *China Information*, Vol. 28, No. 2, 2014.

⑤ 王迪、王汉生：《移动互联网的崛起与社会变迁》，《中国社会科学》2016年第7期。

实际上，中国互联网用户无论是绝对数量，还是相对比重均领先全球。据工信部数据，截至 2016 年 1 月，中国移动互联网用户总数达 9.8 亿，超过总人口的 70%。互联网的便利、快捷、全球化的特点给人们的生活带来了翻天覆地的变化，自然也成了最有价值的传播介质，甚至报纸、杂志、电视等传统媒介也需要借助互联网的途径来发挥作用。除此之外，中国自有的社交网络、微博和论坛等新媒体、QQ 和微信等自媒体更是为人们创造了崭新、高效的沟通与交流工具。这些工具正在悄然地改变着人们的政治参与方式，也改变了"传统意义上的中国公共政策过程"①。

（四）国际烟草控制环境的变迁

1. 《烟草控制框架公约》对中国的影响

烟草对人类健康危害被科学研究证实以来，已成一种共识。② 为了应对世界范围的烟草流行（Tobacco Epidemic），作为联合国专门机构，世卫于 1996 年，第四十九届世界卫生大会通过了 WHA49.17 号决议，要求制定一项世卫烟草控制框架公约，呼吁联合国各成员国共同努力应对这一危害。自 1999 年启动政府间谈判，经过多次政府间谈判，2003 年在日内瓦举办的第 56 届世界卫生大会上，192 个成员国高票通过了《公约》（Framework Convention of Tobacco Control，FCTC）。它是世卫主持谈判的第一项国际条约，也是一项专门针对解决公共卫生问题的多边公约。由此，世卫的"无烟草行动"得以在全球展开。

制定烟草广告相关政策不仅仅是国内政策，还是一项与国际社会和国际环境紧密相关的内容。2003 年，中国政府签订了世卫制定的《烟草控制框架公约》。《公约》第 13 条规定为："每一缔约方应根据其宪法或宪法原则广泛禁止所有的烟草广告、促销和赞助"，为此要求缔约

---

① 王法硕：《公民网络参与公共政策过程研究》，博士学位论文，复旦大学，2012 年。
② 李新华：《〈烟草控制框架公约〉与 MPOWER 控烟综合战略》，《中国健康教育》2008 年第 9 期。

第三章 社会组织参与立法过程的环境、制度与行业基础

方在"《公约》生效后的五年内,应采取立法、实施、行政和/或其他措施"①。2006 年《公约》在中国生效。以此推算,2011 年之前,中国应该采取相关措施"禁止所有的烟草广告、促销和赞助"。然而,据中国疾病预防控制中心(简称"中国疾控中心")2011 年初发布的《控烟与中国未来——中外专家中国烟草使用与烟草控制联合评估报告》,认为中国签署《公约》5 年控烟失败,控烟履约成绩 37.3 分,为所有履约成员国中成绩最差者之一。②

2. 国际控制烟草广告经验

在互联网高度发达的时代,控烟媒体传播经验和技术实际上可以全球实时共享。而且,世卫自缔约方会议第三届会议起每两年召开《烟草控制框架公约》缔约方会议,审评《公约》的实施情况,并且根据各个履约情况进行排名。2008 年南非德班《公约》缔约方会议期间,中国《履约》工作严重滞后,遭人非议。XT 中心负责人参加了此次会议,她说"作为中国人,我们在会场感觉很不光彩"③。

国际烟草控制的研究和经验,也同步影响着相关工作在中国的开展。多项国际研究表明,④ 互联网传媒控烟宣传对降低烟草使用率,帮助烟民戒烟和预防青少年吸烟都发挥了重要作用。2012 年美国公共卫

---

① [瑞士]世界卫生组织:《烟草控制框架公约(2003 年)》,世界卫生组织烟草控制框架公约缔约方会议通过。

② 《控烟与中国未来——中外专家中国烟草使用与烟草控制联合评估报告》,中国疾病预防控制中心:http://www.chinacdc.cn/n272442/n272530/n3479265/n4861781/40967.html,2017 年 4 月 8 日访问。

③ XT 中心负责人访谈,2016 年 11 月 16 日。(笔者注:本书所引用的访谈记录均获得受访者许可授权,并遵照社会科学研究的规范和伦理匿名使用。以下略。)

④ 典型研究参见 Centers for Disease Control and Prevention, *Best Practices for Comprehensive Tobacco Control Programs*, Atlanta: US Department of Health and Human Services, Centers for Disease Control and Prevention, National Center for Chronic Disease Prevention and Health Promotion, Office on Smoking and Health, No. 8, 2007; Health, U. D. O. and Services, H., *Preventing Tobacco Use Among Youth and Young Adults: A Report of the Surgeon General*, Atlanta, GA: US Department of Health and Human Services, Centers for Disease Control and Prevention, National Center for Chronic Disease Prevention and Health Promotion, Office On Smoking and Health, 3, 2012; Wakefield, M. A., Loken, B. and Hornik, R. C., "Use of Mass Media Campaigns to Change Health Behaviour", *The Lancet*, Vol. 376, No. 9748, 2010。

生署（the Surgeon General）专门做了一项"针对青少年禁烟宣传活动"的评估，发现大众宣传有效地减少了青少年开始使用烟草的人数。① 在美国控烟媒体宣传非常重要，这是因为在美国烟草业每年都投入巨额广告宣传费用诱导人们尤其是青少年吸烟。美国国家癌症研究院（National Cancer Institute）② 的数据显示2011年美国烟草业烟草宣传广告的投入资金多达84亿美元，充分说明了控烟工作的对抗性。③ 为了抵消这些广告的负面影响，美国政府卫生健康相关机构、控烟非政府组织必须更大程度地加强烟草与健康的宣传。为此，美国疾控中心（Centers for Disease Control and Prevention, US）认为美国大众传媒控烟宣传行动对减少烟草使用率、烟民戒烟和预防青少年吸烟效果显著。该中心2012年开展了一个叫作"戒烟者敲门"（Tips from Former Smokers）的宣传活动，此后寻求帮助的热线较2011年同期增加了132%、网络点击量增加了428%，而且，该活动吸引了50万人尝试戒烟，其中5万人成功戒烟。④ 美国疾控中心此举说明媒体宣传对有意寻求戒烟者非常有帮助。美国疾控中心专门设有控烟宣传中心（MCRC）为控烟宣传提供各类传媒素材：报纸和杂志的图片和漫画、户外广告牌、出租车、公交车、地铁上用的标识和标语、电视和网络的宣传片、动画片、收音机使用的语音广告等等，内容非常丰富。

3. 国际控制烟草资源

中国控烟进程关系着世界控烟工作的成败。自1986年起，超过10

---

① Health, U. D. O. and Services, H., *Preventing Tobacco Use Among Youth and Young Adults: A Report of the Surgeon General*, Atlanta, GA: US Department of Health and Human Services, Centers for Disease Control and Prevention, National Center for Chronic Disease Prevention and Health Promotion, Office On Smoking and Health, 3, 2012.

② *Tobacco Company Marketing Expenditures*, retrieved on 2017 Aug. 1, from Https://Progressreport. Cancer. Gov/Prevention/Tobacco_ Marketing, 2015.

③ Redmon, P., Chen, L. C., Wood, J. L., Li, S., and Koplan, J. P., "Challenges for Philanthropy and Tobacco Control in China (1986 – 2012)", *Tobacco Control*, Vol. 22, Suppl 2, 2013.

④ Health, U. D. O. and Services, H., *Preventing Tobacco Use Among Youth and Young Adults: A Report of the Surgeon General*, Atlanta, GA: US Department of Health and Human Services, Centers for Disease Control and Prevention, National Center for Chronic Disease Prevention and Health Promotion, Office On Smoking and Health, 3, 2012.

家国际机构和国际社会组织参与了中国控烟工作,包括世界银行(World Bank),美国癌症协会(American Cancer Society)、福歌迪国际中心(Fogarty International Center)、艾默瑞大学国际健康研究院(Emory University Global Health Institute)、美国中华医学会(China Medical Board)、辉瑞基金会(Pfizer Foundation)、盖茨基金会以及彭博控烟联盟成员。① 盖茨基金会和彭博控烟联盟是《广告法》修订过程中支持国内控烟社会组织的主要国际资源。

盖茨基金会的宗旨是"致力于在全球范围内改善健康状况、消除极端贫困"②。为了应对烟草对健康的挑战,盖茨基金会自2007年起开始介入全球范围内控烟工作。同年,盖茨基金会在中国民政部登记注册为境外基金代表机构,卫计委是其业务主管单位。最初在中国工作重点包括艾滋病和结核病防治以及烟草控制等,2008年起,通过向不同的合作伙伴提供资金,支持开展中国控烟活动,其合作伙伴包括美国中华医学会,艾默瑞大学国际健康研究院;2011年起,开始直接参与中国控烟工作。盖茨基金会年度990—PT表显示,自2007—2013年,直接用于中国控烟的资金量约为3500万美元。③

盖茨基金会和彭博控烟联盟都把中国控烟视为优先关注的议题,但是盖茨基金会和彭博控烟联盟参与中国控烟的方式和策略并不相同。盖茨基金会有更多参与中国控烟工作的渠道,包括直接、间接同政府部门、科研机构及国内社会组织合作。彭博控烟联盟的资金主要来自彭博基金会。除了世卫,彭博控烟联盟其他成员在中国并没有注册,它们主要通过国内合作伙伴开展控烟工作,这些国际社会组织也接受盖茨基金

---

① Bloomberg-Initiative., *About the Bloomberg Initiative to Reduce Tobacco Use Grants Program*:Retrieved on Aug. 1, 2016, from Https://Tobaccocontrolgrants. Org/About-the-BI-Grants-Program, 2009;Bloomberg-Philanthropies., *Tobacco Control* (*Press Release*):Retrieved on Aug. 1, 2016, from https://Www. Bloomberg. Org/Program/Public-Health/Tobacco-Control/#Overview.

② 李一诺:《首席代表寄语》,2017年4月8日检索于http://www. gatesfoundation. org/zh/Where-We-Work/China-Office.

③ 根据盖茨基金会2007—2014年990—PT表格计算。其中不含盖茨基金会拨付给彭博基金会、美国无烟草青少年运动等控烟款项。表格自美国财政部—国税局官方网站https://www. irs. gov/。

会控烟资金。① 盖茨基金会和彭博控烟联盟于 2008 年开始结伴推动全球的控烟工作,承诺为全球提供 5 亿美元的控烟资金。②

二 全国人大立法的制度结构与程序

(一) 全国人大立法制度结构

中国全国人大立法制度是在国家政治权力结构和政治体制下建立的立法体制结构。政治体制结构决定了政策过程。中国的政治体制既不同于西方的"三权分立",也不同于"议行合一体制",是"六权分工体制"③。"六权"指的是"党中央的领导权""全国人大的立法权""国务院的行政权""全国政协的协商权""最高人民法院和最高人民检察院的司法权",以及"中央军事委员会的军事权"④(见图 3-1)。"六权之间不但有横向分工,也有纵向分工",其中党中央支配其他五项国家权力,是立法决策中枢;全国人大的立法权分工处于纵向分工的第二层,是"一项统合性权力"⑤,具有"承上统下"的作用。"承上"是指承接党中央的决策,使之转化为国家法律意志,是党的意志转化为国家意志的法理基础;⑥ 作为最高国家权力机关,全国人大的立法权是一个统合性权力,负责任免和监督国家机关领导人,"在实际运行中是通过事前的充分协商来吸纳事后的制衡,以使得它与党的领导权相

---

① Redmon, P., Chen, L. C., Wood, J. L., Li, S., and Koplan, J. P., "Challenges for Philanthropy and Tobacco Control in China (1986 – 2012)", *Tobacco Control*, Vol. 22, Suppl 2, 2013.

② Foundation, G., *Michael Bloomberg and Bill Gates Join to Combat Global Tobacco Epidemic* [*Press Release*], retrieved on Aug 1, 2016, from http: //www. Gatesfoundation. Org/Media-Center/Press-Releases/2008/07/Michael-Bloomberg-and-Bill-Gates-Join-to-Combat-Global-Tobacco-Epidemic, 2008.

③ 鄢一龙:《六权分工:中国政治体制概括》,《清华大学学报》(哲学社会科学版) 2017 年第 2 期。

④ 在社会政策立法过程中一般不会体现司法权和军事权,因此本书的分析中不涉及最高检察院、最高人民法院和中央军委。

⑤ 鄢一龙:《六权分工:中国政治体制概括》,《清华大学学报》(哲学社会科学版) 2017 年第 2 期。

⑥ 胡伟:《政府过程》,浙江人民出版社 1998 年版。

兼容"①，这一机制使得立法决策更具有弹性。全国人大及其常委会在立法活动中的工作包括协调不同利益、处理社会冲突、行使立法表决、审议法律法案、建立听证和质询途径、凝聚共识等内容。②

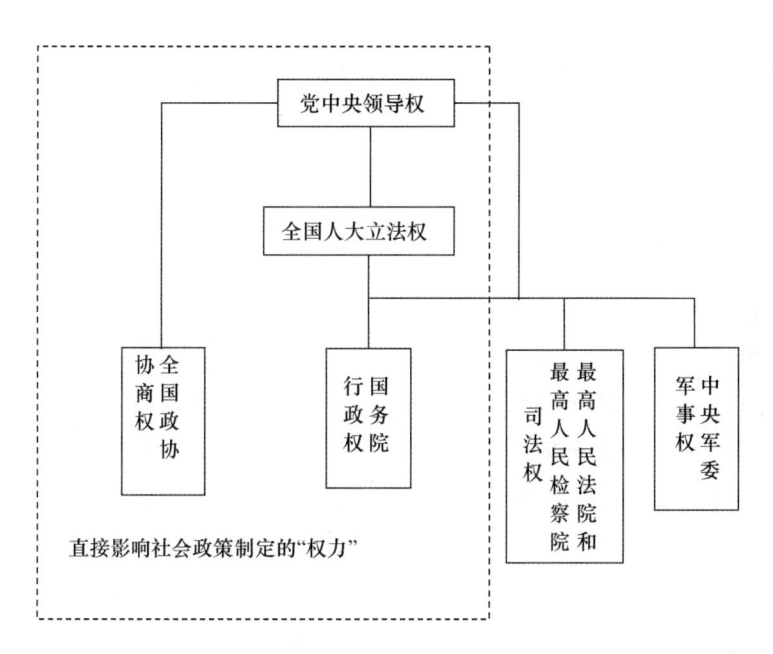

图 3-1 中国六权分工政治体制

国务院是最高国家行政机关，负责管理国家的内政外交各项事务，是全国人大的执行机关。根据《宪法》和《立法法》的规定，国务院有权向全国人大及其常委会提出法律议案。

全国政协是"中国共产党领导的多党合作和政治协商"机构。立法协商权是立法决策的辅助性权力，可以在立法过程中提出建议和意见，以对决策产生影响力，并进行监督，但不具有决定性作用。简而言之，全国政协在社会政策立法过程中向全国人大和政府提出意见并进行

---

① 鄢一龙：《六权分工：中国政治体制概括》，《清华大学学报》（哲学社会科学版）2017年第2期。

② 朱力宇、叶传星：《立法学》，中国人民大学出版社2015年版。

监督，实际上是间接参与政策决策。全国政协主席、副主席等领导人一般由中国共产党党中央成员、各民主党派领导人以及各界别领导人担任。因此，在实际运行过程中，作为政协成员，民主党派领导人主要通过三条途径影响政策决策：其一，向全国人大呈递提案；其二，向政府机构提出相关建议和意见；其三，通过民主党派领导人的身份直接向中共领导人表达意见和建议。

（二）全国人大立法程序

全国人大立法有严格、规范的程序和法律依据。从法案起草、审议、表决到法律公布，《立法法》对每个立法环节基本都做了明确规定。民主性和科学性的立法原则保证了立法程序的开放性。《立法法》第五条"立法应当体现人民的意志，发扬社会主义民主，坚持立法公开，保障人民通过多种途径参与立法活动"[①]。立法起草是立法过程的重要环节，而针对法案起草，《立法法》第三十七条、第五十三条规定，"列入常务委员会会议议程的法律案，应当在常务委员会会议后将法律草案及其起草、修改的说明等向社会公布，征求意见"；"全国人民代表大会有关的专门委员会、常务委员会工作机构应当提前参与有关方面的法律草案起草工作；综合性、全局性、基础性的重要法律草案，可以由有关的专门委员会或者常务委员会工作机构组织起草"[②]。第五十三条还特别指出："专业性较强的法律草案，可以吸收相关领域的专家参与起草工作，或者委托有关专家、教学科研单位、社会组织起草。"这些规定保障了法案在起草阶段的开放性。

法案审议也是全国人大立法过程的开放环节，而且具有阶段性开放特征。《立法法》第二十九条规定，"列入常务委员会会议议程的法律案，一般应当经三次常务委员会会议审议后再交付表决"。每次审议打开一个开放环节。

---

① 全国人民代表大会：《中华人民共和国立法法》，2000年颁布。
② 同上。

全国人大立法有明显的开放性特征,但并不是每个环节都是开放的。尤其是在政府部门从开始起草法案到把送审稿提交至全国人大期间,有一系列关键但封闭的过程。

三 中国烟草控制工作演进概览

若要系统探讨有关烟草广告相关立法在中国的变迁,需要首先了解中国控烟的历史。虽然,加入《公约》被视为中国控烟工作历程中的一个重要转折点,然而,实际上早于此事件的二十多年前,即中国改革开放伊始,控烟工作已经开始。1979年,经国务院批准,卫生部、财政部、农业部、轻工业部联合发出了《关于宣传吸烟有害健康的通知》,被视为改革开放后中国政府最早的控烟文件。1981年,国家教育委员会颁布了《中学生守则》中明确规定:"中学生禁止吸烟",保护未成年人免受烟草危害。不断深入的改革开放也为中国控烟工作提供了国际交流、合作机遇。1986年世卫在中国建立了"烟草或健康合作中心"。1997年8月,世界烟草或健康大会在北京人民大会堂隆重举行,大会的主题是"烟草:不断蔓延的瘟疫",中国国家主席江泽民出席了大会,来自世界一百零三个国家和地区的一千八百多名代表参加了本届大会,这使中国控烟工作与世界控烟工作进一步融入。

然而,中国控烟工作却并非一帆风顺,控烟成效也不尽如人意,有学者预测到2020年中国每年将有200万人因吸烟疾病导致死亡。[①] 据国际烟草控制政策评估项目(ITC项目)和中国疾控中心2015年发布《中国无烟政策——效果评估及政策建议》显示,中国有近7.4亿人每天暴露于二手烟雾危害之下,包括1.82亿儿童,每年约有10万人死于

---

① Gan, Q., Smith, K. R., Hammond, S. K. and Hu, T. W., "Disease Burden of Adult Lung Cancer and Ischaemic Heart Disease from Passive Tobacco Smoking in China", *Tobacco Control*, Vol. 16, No. 6, 2007.

二手烟暴露。[①]

中国控烟形势严峻,其中原因是多方面的,除了社会文化原因之外,还有中国烟草专门制度的特殊性,中国有关健康卫生管理部门的不断变迁,中国控烟机制尚不健全等。

(一) 控烟议题在中国的演变

从"敬烟文化"到"烟草危害"的社会认识,烟草控制议题在中国发生了重大变化。烟草文化在中国早在16世纪晚期已经形成,[②] 从精英文人到平民百姓,把"敬烟"视为文化礼仪的组成部分,无论婚丧嫁娶、亲朋聚会、官场应酬,少不了敬献"香烟"。在不少地区,新娘向公婆敬烟敬茶是婚礼上一项重要内容,官场应酬"香烟"可以报销。一旦文化风俗成为定式,移风易俗就非常困难。在这样的文化背景下,中国烟草销售量逐年升高,而因吸烟疾病导致死亡和因二手烟暴露造成的疾病死亡数字也不断攀升。更为严峻的是青少年烟草使用率快速上升,并呈现低龄化趋势。[③] 中国烟草危害非常严重,不利于控烟的"烟文化"和社会环境十分严峻。然而,中国的控烟运动却从未停息。

早期,首先认识到烟草危害的是精通医学的专家学者。改革开放初期叶恭绍、翁心植、郭德隆、吴英恺等一批医务科研人员意识到了烟草带来的巨大危害,针对烟草危害情况,他们做了大量一线调查和科学研究,并在医学杂志发表科研成果,讲述吸烟归因疾病的临床发现,并为控烟工作机制化付出了努力。他们的工作和研究可以分为三个方面:其一,关注吸烟与健康的关系研究;其二,关注中国吸烟状况及不同群体的吸烟情况;其三,探寻中国控烟制度化、机制化途径。为了深入研究

[①] 《控烟与中国未来——中外专家中国烟草使用与烟草控制联合评估报告》,中国疾病预防控制中心:http://www.chinacdc.cn/n272442/n272530/n3479265/n4861781/40967.html,2017年4月8日访问。

[②] Benedict, C., *Golden-Silk Smoke: A History of Tobacco in China, 1550 – 2010*, Berkeley: University of California Press, 2011.

[③] 卫生部履行《烟草控制框架公约》领导小组办公室:《2008年中国控制吸烟报告——禁止烟草广告和促销,确保无烟青春好年华》,《中国健康教育》2009年第1期。

吸烟与健康的关系，20世纪八九十年代许多中国医学研究者①做了大量实验和研究，为临床吸烟归因致病及控制吸烟的重要性提供了科学依据。

医学工作者的努力，得到了政府的回应与支持。中央爱卫会和卫生部支持专家学者加强对中国烟草使用情况的研究。自1981年，为了全面、确切地掌握中国不同群体的吸烟情况，何志原、翁心植、洪昭光、郭炳衡、杨选平、束爱民、吴岩玮等分别对纺织工人、北京地区不同职业人群、5002名新兵吸烟情况调查，北京朝阳区教师、中学生吸烟情况抽样调查，医生吸烟情况调查等多项调查研究。② 尤其是，为了评估控制吸烟成果，为控制吸烟相关立法提供基线资料和科学数据，在中央爱卫会和卫生部的统一组织和领导下，翁心植、洪昭光等医学专家于1984年组织了一次全国15岁以上人群的吸烟调查。此次调查他们有许多发现：就职业与吸烟率而言，干部最高和农民最高；就城乡分布而言，农村吸烟率高于城市；受教育程度与吸烟率成反比；对吸烟危害认识严重不足等。本次调查的意义不仅仅较为系统地展示了中国吸烟情况，更重要的是它是一次由政府主持的对吸烟情况的调查，显示了当时

---

① 典型研究参见黄益民、陈洁、于杰、钟伟、庄逢源、翁心植《香烟烟雾中一氧化碳对长期吸烟者血液流变学的影响》，《心肺血管学报》1990年第2期；黄益民、钟伟、翁心植《短期吸烟对大鼠血压、血液流变学和心肌微循环的影响》，《心肺血管学报》1991年第3期；庞宝森、王辰、翁心植、牛淑洁、毛燕玲、黄秀霞《吸烟所致大鼠肺损伤时血浆中D-二聚体tPA与PAI-1变化情况的研究》，《心肺血管病杂志》2003年第1期；庞宝森、王辰、翁心植、唐小奈、张洪玉、牛淑杰、张海燕《β-胡萝卜素对吸烟所致大鼠支气管炎的保护作用》，《中华医学杂志》2000年第3期；庞宝森、王辰、翁心植、唐小奈、张洪玉、牛淑杰、张海燕《被动吸烟致大鼠肺损伤及其对细胞因子的影响》，《中华预防医学杂志》2000年第2期。

② 具体研究内容参见翁心植、洪昭光、陈丹阳、陈秉中、田本淳《1984年全国五十万人吸烟抽样调查》，《心肺血管学报》1986年第2期；郭炳衡、杨选平、刘春燕、翁心植《5002名新兵吸烟调查结果》，《心肺血管学报》1988年期4期；郭炳衡、杨选平、王海军、翁心植《5002名新兵吸烟心理动机及对吸烟态度的调查》，《心肺血管学报》1990年第4期；何志原、翁心植《北京地区不同职业人群吸烟调查（摘要）》，《心肺血管病杂志》1983年第1期；束爱民、吴岩玮、翁心植《北京朝阳区中学教师吸烟情况及态度的调查（摘要）》，《心肺血管学报》1992年第4期；吴岩玮、束爱民、翁心植《纺织系统女工吸烟情况调查》，《心肺血管学报》1992年第4期；束爱民、周永昌、翁心植、孙凤贵、李本初、齐惠芳、刘振英《北京朝阳区中学生吸烟情况抽样调查》，《心肺血管病杂志》1993年第2期；翁心植、洪昭光、陈丹阳《全国吸烟情况抽样调查的分析研究》，《医学研究通讯》1987年第8期。

政府对吸烟情况的重视。

（二）中国控烟工作组织化进程

中国控烟工作组织化进程在一批医学精英人士推动下开启。凭着对烟草危害的深刻认识，和政府相关部门的信任与支持。中国控烟先驱们认识到，控烟不是一朝一夕的努力就能够完成的工作，是全面而长期的持久之战，是关系到中国"公共卫生和中华民族的健康昌盛"的大事。① 只有建立制度化、机制化、组织化的控烟战略，才能应对这一没有硝烟却十分艰辛的战役。1978 年全国科学大会之后，翁心植给当时的中央顾问委员会委员、卫生部部长崔月犁写信，分析了烟草危害与中国的认识不足，而且也指出了烟草产业带给国家财政收入并没有真正增加国家财富，无法抵消吸烟造成的巨大损失的事实，建议成立专门组织应对中国控烟工作。党的十一届三中全会之后，党和政府高度重视科学家的建言献策。1979 年卫生部等四部委发布的《关于宣传吸烟有害与控制吸烟的通知》，并在各地卫生行政部门掀起了一阵控烟宣传运动，可视为对控烟工作的积极回应。然而，运动之后，控烟工作停滞不前。翁心植意识到控烟工作需要长期组织化运行，联合叶恭绍、郭德隆、吴英恺等九位医学科学工作者于 1982 年成立了筹备中国控烟与健康协会小组，次年又联合 6 名医学专家联名发出了《加强控制吸烟倡议书》，并向中国科协提交了申请成立协会的文件，但没有得到中国科协的积极回应。据翁心植回忆，科协认为没有权力批准这样的组织，应该交由国务院定夺，但国务院没有批准成立非行政组织的先例。② 翁心植借参加完"第一届国际控制吸烟领导人会议"的机会，在《心肺血管学报》杂志上发表文章介绍相关情况，直言中央爱委会及卫生部联合上报国务院体改委及全国科协，要求正式成立"中国 KY 协会"，负责控制吸烟工作，全国人代会许多代表及全国政协委员们也联合提出议案，希望早

---

① 翁心植：《一个国际性的控烟战略》，《心肺血管病杂志》1995 年第 3 期。
② 戴光中：《翁心植传》，宁波出版社 2005 年版。

日成立中国KY协会。翁心植还比较说:"中国烟草总公司申请成立中国烟草学会,则迅速获得批准并已成立。"① 控烟工作与烟草销售在当时的地位形成了鲜明对比。

在全国成立控烟组织的努力没有结果,翁心植改变策略,凭借WHO吸烟与健康专家顾问成员的身份,于1986年在北京成立了"世界卫生组织烟草或健康合作中心",并担任主任一职。次年,又凭借自己北京市人大代表、北京市科协常委、北京市政府医药工业顾问的身份成立了"北京市吸烟与健康协会"——中国第一个控烟社会组织,担任机构法人。同时,翁心植等控烟志士也在认真反思成立全国KY协会的障碍,并不断尝试联合更多的政府部门、社会组织和有影响力的个人,包括"全国政协副主席钱正英、时任卫生部部长陈敏章、原卫生部部长崔月犁、钱信忠,以及商业部、农业部、国家民委、解放军卫生部领导叶恭绍、吴英恺",中国儿童发展中心、全国青年联合会等单位,还有国际专家朱迪思·麦基(Judith Mackey)等。此外,自1987年,中国民政部负责统一登记注册社会组织为控烟社会组织的成立提供了一条更容易注册的途径。翁心植把申请成立控烟社会组织的文件提交给了民政部。1990年2月,民政部批准成立中国KY协会。中国KY协会理事由来自有关部委、社会团体负责人99人组成,并由全国政协副主席钱正英任名誉会长,钱信忠、崔月犁、陈敏章任名誉副会长,吴阶平任会长,翁心植任常务副会长,另有6人担任副会长,并设秘书长1人、副秘书长4人。第一届理事会会议文件抄送给了中共中央办公厅、国务院办公厅、中央军委办公厅、全国人大常委会办公厅、全国政协办公厅及全国爱卫会、国务院各部委等单位。

中国KY协会成立后,重要工作均向卫生部做出请示,并常能得到积极回复。例如就人员编制和运作经费上,向卫生部请示,需要向民政部申请5名社团编制岗位,向全国爱卫会申请每年不少于10万元的运作经费等问题。1990年10月6日,时任卫生部部长陈敏章明确批示:

---

① 翁心植:《第一届国际控制吸烟领导人会议情况汇报》,《心肺血管学报》1986年第1期。

"同意所提建议，按协会规程办理。秘书长和副秘书长都按聘任手续办。经费问题宜列入爱卫办的预算经费，同时应积极争取其他渠道的经费资助。"① 由此，随着中国KY协会的成立，在中国政府卫生部等相关部门的支持下，中国控烟工作全面走上了组织化和机制化的轨道。

（三）中国政府控烟管理部门的变迁

1. 早期中国政府控烟管理部门概况

中国控烟管理部门随着社会发展和政府部门的改革而调整。在改革开放初期，涉及控烟管理的政府部门包括，党中央、国务院直接领导下的中央爱国卫生运动委员会（简称"中央爱卫会"，成立于1978年）和卫生部。通常卫生部部长兼任全国爱卫会副主任。例如，崔月犁（1982.5—1987.3）、陈敏章（1987.3—1998.3）曾先后任全国爱卫会副主任、卫生部部长。各级政府都设有爱国卫生运动委员会作为议事协调机构，统一协调公共环境卫生、防病治病、病媒生物防治、健康教育等方面的工作。1983年4月2日，中央爱卫会召开了首次吸烟与健康座谈会，会议期间叶恭绍、翁心植等15位知名专家教授和医学专家②联名发出了《加强控制吸烟倡议书》。1985年5月，中央爱卫会和卫生部联合下发了《关于进一步开展吸烟有害健康的宣传和戒烟活动的通知》（以下简称《通知》），相比实际执行效果，《通知》的象征性意义更大，这是因为它并未在执行层面列出任何可测量的规定。中国烟草销售量不减反增，由1979年的1302.5万箱，增加到了1986年的2593万箱。③ 1998年，全国爱国卫生运动委员会作为国务院议事协调机构，其常务机构为全国爱国卫生运动委员会办公室，设在国家卫生部疾病预防控制局。2013年，卫生部和人口计生委组合为国家卫生和计划生育委

---

① 自陈敏章回复请示的手记1990年9月25日。
② 这15位专家包括：叶恭绍、翁心植、郭德隆、吴英恺、裘祖沅、黄国俊、穆魁津、贾维廉、朱尊权、李秀琴、段生福、倪子俞、李婉先、赫明昌、王正中。
③ 翁心植：《控制吸烟是关系到中华民族强壮、昌盛的大事》，《中国心理卫生杂志》1988年第2期。

员会，其下属部门卫计委疾病预防控制局与全国爱国卫生运动委员会合署办公。卫生部并未设专门控制烟草的工作部门，烟草相关工作原由妇幼司负责，① 后转交宣传司负责。② 中国疾控中心是卫计委直属事业单位，2002 年之前名称为中国预防科学院。中国疾控中心设有专门控烟办公室。

2. 中国控烟履约机制概况

世卫颁布《公约》后，中国政府积极回应世卫的立约提议，组建了由国家计委、外交部、卫生部、国家经贸委、国家烟草专卖局、财政部、农业部、海关总署、税务总局、工商总局等 10 多个部委组成的谈判团，参加政府间谈判。2003 年 11 月 10 日，中国正式签署《公约》。2005 年 8 月 28 日十届全国人大常委会第十七次会议批准了世卫《公约》，并于 2006 年 1 月 9 日在中国全面实施，开启了中国政府法定履约的征程。2007 年，国务院批准成立了由国家发展改革委（发改委）、卫生部、外交部、财政部、海关总署、工商总局、国家质量监督检验检疫总局（质检总局）和国家烟草专卖局（烟草局）等 8 部委（局）组成的中国控烟履约部际协调机构，负责中国的控烟履约工作。2008 年国务院机构改革以后，原来的组长单位由发改委改为工业和信息化部。③ 工业和信息化部负责管理国家烟草专卖局，这种安排实质上是让烟草行业掌控国家控烟工作，势必影响中国控烟履约工作。④

---

① 李新华：《〈烟草控制框架公约〉与 MPOWER 控烟综合战略》，《中国健康教育》2008 年第 9 期。

② 毛群安：《前言》，《中国烟草控制大众传播活动专家文章汇编》，人民卫生出版社 2010 年版。

③ 《卫生部：推进室内公共和工作场所全面禁烟立法》，中国网络电视台网站：http://news.cntv.cn/20110110/107321.shtml，2017 年 4 月 8 日访问。

④ Yang, G. H., Li, Q., Wang, C. X., Hsia, J., Yang, Y., Xiao, L., …Xie, L., "Findings from 2010 Global Adult Tobacco Survey: Implementation of MPOWER Policy in China", *Biomedical and Environmental Sciences*, Vol. 23, No. 6, 2010.

第四章　社会组织参与烟草广告修订立法概览

在运用"行动者—政策文本—政策环境"的分析框架系统分析社会组织参与《广告法》有关烟草广告修订过程之前，有必要介绍参与其中的社会组织的概况，包括其组织结构、资源网络等组织特征；简要介绍《广告法》修订过程、有关烟草广告内容修订前后差异；并概括介绍作为整体的社会组织和个体社会组织参与立法过程，以便后面章节展开深入研究。

一　参与烟草广告立法的社会组织概况

（一）官办社会组织概况

中国 KY 协会由一批医学专家精英发起，在当时的政治、社会环境下，依靠全国爱国卫生运动委员会、卫生部、民政部等政府部门的大力支持，得以登记注册成为社会组织。其名称中的"中国"二字便已确立其独特的政治地位及与政府的关系。按照有关规定，非经中共中央或政府有关部门批准，一般社会组织不得冠以"中国""全国""中华""国际""世界"等字样。另外，在职政府官员担任其负责人更加凸显了其官办身份。

作为官办社会组织，中国 KY 协会有其特有的政治地位、政府资源和社会网络。由此汇聚了诸多颇有影响力的医学专家、著名歌唱家、艺术家和体育界精英等社会名人,这也进一步提升了其合法性;而与世卫组织和国际组织的合作使其获得了更多资源和专业技术。

1. 组织特征:政治、行政、行业精英组成的领导层

中国 KY 协会是由政治、行政、公共卫生领域精英组建的从事推动控制吸烟工作的国家一级协会。在组织结构上设有名誉会长、名誉副会长、理事会、顾问委员会、专家顾问委员会、并设有若干专业委员会及业务执行部门。

其历届名誉会长皆由国家级、具有相当影响力的领导人政治精英担任,例如曾有多位国家级别领导人和民主党派中央领导人担任其名誉会长,包括第八届全国人大常委会副委员长、九三学社第九届中央主席吴阶平;第九届、十届全国人大常委会副委员长,第八届全国政协副主席,民革第九、十届中央委员会主席何鲁丽;第十、十一届全国人大常委会副委员长,第十二届全国政协副主席,九三学社第十一、十二届中央主席韩启德等。历届名誉副会长则由原卫生部部长担任,包括崔月犁、钱信忠、陈敏章、张文康等。而顾问委员会、专家委员会和理事会成员也往往是具有相当公众影响力的专业人士,包括公共卫生、医学、法律等领域的精英,例如中世卫组织总干事陈冯富珍,中国工程院院士钟南山,享受国务院政府专家津贴、著名医学家胡大一等都曾是其顾问委员会成员,此外顾问委员会有数十名知名医学专家、公共卫生专家,包括钮式如、李婉先、刘伯齐、叶广俊、洪昭光、金水高、杨国栋等。中国 KY 协会历届会长、副会长也都拥有丰富的行政和公共卫生管理经验。历任会长,包括吴阶平,卫生部原副部长曹荣桂,卫生部原副部长黄洁夫。首任常务副会长翁心植不但有丰富的医疗、行政经历,还精通国际交流,身兼世卫职务,奠定了中国 KY 协会的国际网络关系。协会历届秘书长均有多年政府卫生管理系统工作经验,协会的第一届副会长兼秘书长曾任卫生部人事司司长、全国爱卫办主任,第二任秘书长曾任卫生部医政司司长,第三、第四任常务副会长兼秘书长曾任中国疾控中心党委副书记。

中国 KY 协会的所有工作都围绕烟草控制展开。自成立以来先后在

倡导无烟环境，推动禁烟政策，推动创建"无烟学校"和"无烟医院"，推动"无烟草广告城市"和"无烟草广告立法修订"等方面做了大量工作。除了定期和不定期的无烟宣传，自成立以来，中国 KY 协会积极参与推动地方政府开展控烟工作，例如，协助苏州市出台的"公共场所禁烟规定"，在《公约》颁布前已经先后参与推动了 154 个城市出台公共场所禁止吸烟的地方法规；截至 2013 年，推动了全国一万两千多所大中小学校成为"无烟学校"；推动了 29 个城市获"全国无烟草广告城市"，以及数十家"全国无烟医院"①。

2. 官方政治网络资源

中国共产党领导的多党合作和政治协商制度赋予了中国 KY 协会独特的政治网络资源。吴阶平、何鲁丽、韩启德等民主党派领导人的加入使之从高层建立了直接与全国人大立法权和全国政协协商权的网络关系。作为全国人大领导人，他们处于人大立法制度的决策核心，作为民主党派领导人，他们能够直接向中共最高领导人提出建议和意见，而且他们的意见和建议往往能够引起高度重视并获及时答复。此外，从职业技术的层面，吴阶平是医学博士、中国科学院和中国工程院两院院士、何鲁丽出身医学专业，曾在医疗前线治病救人；韩启德是中国科学院院士，曾长期工作于医疗一线和科研。他们对健康领域有独特的情怀，对吸烟危害健康有专业的认识，对国家烟害有强烈的忧患意识。

3. 官方政府网络资源

正式的政府网络资源是中国 KY 协会的另一独特资源。从成立之初，这一网络关系便已确立。中国 KY 协会的成立是在全国爱卫会、卫生部等部门的支持下成立的。也是关键行动者的行动成果，尤其是时任卫生部部长陈敏章的行动更为突出。陈敏章热衷中国控烟事业，除了部长职责范围内的各项工作的支持，本人也为控烟工作不懈努力。1993年，他把泰国国王颁发的"玛希顿"奖金悉数捐赠给中国 KY 协会。并于次年设立了"陈敏章控烟奖励基金"，奖励控烟活动积极人士。他曾

---

① 中国 KY 协会内部资料，KYDJS2013WYXX。

说,"他一生最关注的两项工作是控烟和控制乙肝",他还多次亲自到街头做控烟宣传。① 为了有效落实控烟工作,陈敏章专门安排即将退休的全国爱卫会主任协助翁心植开展协会工作,成立并管理协会。

中国 KY 协会的官办身份不仅体现在政府行政精英组成的组织结构上,在实际运作和管理上也受政府指导和支持,时任秘书长定期向卫生部部长陈敏章报告协会日常工作。中国 KY 协会常以"官办"身份与政府相关部门共同开展工作。其官办身份还主要体现在以下三个层面:一是,联合国家部委共同发布文件。例如,1991 年,为了配合第四个"世界无烟日",中国 KY 协会联合全国爱卫会、卫生部、铁道部、交通部、商业部、文化部、中国民航局等 11 个部委发布《关于在公共场所和公共交通工具上开展不吸烟活动的通知》。二是,联合国家部委共同开展工作。自 1997 年起,同卫生部、国家工商总局,共同开展"全国无烟草广告城市"活动。三是,接受全国爱卫会、卫生部等政府部门指派的工作。例如,1997 年,协助全国爱卫会和卫生部举办了第十届世界烟草或健康大会。

4. 社会网络资源

社会网络资源主要区别于政府网络资源,包括社会名人、媒体、行业专家、国际网络、社会公众等资源。虽然理论上社会网络资源对中国 KY 协会和 XT 中心等控烟社会组织的机会是均等的,但是中国 KY 协会凭借其官办身份和自身经验更容易获取某些特殊的社会资源,例如社会名人资源和国际控烟社会网络。

(1) 社会名人资源

社会名人资源有助于提升中国 KY 协会的合法性和影响力。"对合法性的需求意味着组织将来采取那种外部利益相关者认为有效、合适和最新式的结构及活动。"② 中国 KY 协会不仅需要来自政府的合法性,还

---

① 中国 KY 协会首届副会长兼秘书长访谈,2016 年 9 月 29 日;中国 KY 协会原秘书长访谈,2016 年 11 月 14 日。

② [美]达夫特:《组织理论与设计》,王凤彬、张秀萍、刘松博等译,清华大学出版社 2016 年版。

需要诸如文化期待、社会规范、观念制度等制度环境中的其他因素下的社会合法性。① 中国KY协会通过开展各种活动之间与公众互动，提升其社会合法性。此外，还通过大力开发控烟形象大使资源，提升社会合法性。无论中外，社会组织的公益形象大使通常都是正面、积极、深受爱戴的社会名人。《论语·里仁》有言"见贤思齐"，尤其是在互联网时代，形象大使的言行常常为公众所效仿。因此，这些资源在推广宣传的作用上无可比拟，是能够带来更多社会资源的特殊资源。中国KY协会聘任的形象大使，包括彭丽媛女士、国家羽毛球队总教练李永波、奥运会体操冠军刘璇、乒乓球大满贯得主张怡宁、制片人陈冬冬、主持人杨澜、主持人康辉、主持人鞠萍、相声演员姜昆、演员濮存昕、演员冯远征、演员王学圻、演员蒋雯丽、演员春妮、演员任重、演员张杰等。这些名字个个耳熟能详，深受喜爱的有影响力的社会名人是中国KY协会重要的社会网络资源。

（2）国际控烟社会网络

国际控烟社会网络提供的资源是中国社会组织开展烟草控制工作的主要物质资源。国际网络是以世卫组织为纽带、众多国际社会组织参与的世界控烟共同体。中国KY协会是世卫组织、国际控烟社会组织在中国开展控烟工作的重要合作伙伴。

早在中国KY协会正式注册之前，1986年世卫组织在北京成立了世卫烟草或健康合作中心，聘著名医学家翁心植任中心主任。此后，中国KY协会成立后同世卫组织的合作不断增多，包括开展年度无烟日主题活动，开展"北京市百所无烟学校健康促进活动合作项目"，合作开展控烟相关研讨会等。中国KY协会也获得了世卫组织的多项嘉奖，包括时任会长吴阶平、时任副会长兼秘书长和另一位副会长分别先后获"烟草或健康纪念奖"；时任常务副会长兼秘书长获"世界无烟日纪念奖"。同世卫组织的合作赋予了中国KY协会国际控烟地位和国内控烟

---

① Meyer, J. W. and Rowan, B., "Institutionalized Organizations: Formal Structure as Myth and Ceremony", *American Journal of Sociology*, Vol. 83, No. 2, 1997.

工作的合法性。

中国 KY 协会是一些国际社会组织在中国开展控烟工作的桥梁。国际控烟社会组织有丰富的物质资源、经验和技术。例如，盖茨基金会、彭博控烟联盟等都同中国 KY 协会有不同程度的合作。此外，中国 KY 协会还聘任了多名国际知名控烟活动家加深同国际控烟网络的关系，并获得国际控烟技术，包括英国控烟活动家朱迪斯·麦基、美籍华人控烟活动家胡德伟、臧英年等。

（二）非官办社会组织概况

1. 组织特征：行业、媒体精英领导团队

成立于 2001 年的 XT 中心，是民政部注册的首家卫生领域民办非企业单位，有相对简单的组织结构，实行理事会下主任负责制，根据业务需要设有不同的机构执行部门。主要发起人多为有丰富的公共卫生管理经验精英人士，包括原中国预防医学科学院（中国疾控中心的前身）原院长、原卫生部科教司司长等。XT 中心常务副主任曾担任中国预防医学科学院副院长、研究员、博士生导师，中英艾滋病与性病防治项目办公室主任等。XT 中心的主任和副主任既是业务型的干部，具有预防医学的专业技能，又在领导岗位上得到了锻炼，且具有精英型私人网络关系，其中包括多位两院院士、相关领域的带头人。XT 中心把这些网络资源融入组织架构之中，例如 XT 中心设有"科学顾问委员会"，吸纳了数十名相关专家学者。吴阶平为其所题之词"服务于大众健康"，是 XT 中心的服务宗旨。其业务规模增长也非常迅速，业务预算资金从 2001 年刚成立时的 8 万元，增加到 2009 年的 1000 多万元，聘任全部工作人员超过 20 名。

XT 中心业务领域围绕卫生健康展开，包括："健康与卫生领域的发展研究，项目评估与咨询"；"接受委托，开展健康与卫生领域的国际合作与交流活动"；"为企业提供健康与卫生领域的技术咨询与服务、技术中介与评估，如产品的注册服务、产品开发的技术论证与评估、新产品的引进与信息服务"；"从事健康与卫生领域的产品研究与开发、成果推广与转让";"健康与卫生领域的技术培训、学术研讨";"健康与卫生领域的科普知识宣传、传播"等方面。①

成立之初，XT中心主要关注公众健康领域，包括科学减肥宣传、艾滋病宣传、安全注射研讨会、食品安全调研等联合国儿童基金会、世卫组织、科技部及企业委托健康相关课题。这些课题都是凭借昔日社会网络关系，得益于同合作伙伴信任关系；此外，对于合作伙伴的资助，XT中心遵循一个原则：资助方不得干预XT中心事业发展，把"客观、中立、公正"作为组织行事原则。② 在最初的几年里，虽都是健康领域，但XT中心并没有专注于某一特定主题，为了组织生存，尽一切可能寻找资源，正如资源依赖理论观点：生存是组织的首要任务，而获得资源的多少和能力决定了组织是否能够生存。③

在组织定位上，在成立之初XT中心把"为政府决策提供科技咨询"作为首要任务。例如，2002年和科技部农社司合作，开展了对食品安全的调研，并形成了《中国食品安全态势调研报告》。同中国科学院合作组织撰写《中国突发性公共卫生事件应对策略》并提交国务院、承担了总理基金项目"国家人口发展战略研究"中"人口健康素质"子课题、协助卫生部疾病控制司起草了《中国伤害报告》、卫生部医政司起草了《儿童铅中毒防治规范》和《血铅临床检验技术规范》等文件。

2. 介入控烟工作的缘起

相比中国KY协会，XT中心成立的原因并非专注于控烟工作。它以广泛意义上的"服务公众健康"为组织使命。在最初的三年里，XT中心关注公共卫生健康的成功收获，奠定了其公共卫生领域的网络关

---

① XT中心内部资料，XTJJ2016ZL。
② XT中心负责人访谈，2016年11月16日。
③ Pfeffer, J. and Salancik, G. R., *The Externa Control of Organizations*, Stanford：Stanford University Press, 2003.

系。它介入控制烟草工作主要得益于其工作影响和私人网络关系。因为"作为民间组织在公共卫生领域所做的工作受到了世界卫生组织的认可"①，已有的社会网络基础发挥了重要作用。XT中心常务副主任曾担任世卫组织化学品安全规划署顾问，又与一位中国医学科学院研究员、世卫组织控烟合作专家相识。经该专家引荐，XT中心开启了与世卫组织合作的控烟之路。

为了推进控烟工作，世卫组织不仅加强了同中国政府的合作，而且也不断拓展同社会组织的合作，以寻求更多、更有效的合作伙伴。自2003年，第56届世界卫生大会上通过《公约》之后，世卫组织的目光便聚焦于中国的烟草控制工作，因为中国是世界上烟草生产和消费最多的国家，吸烟人数约占世界吸烟者总数的1/3，达3.5亿。② 作为世卫组织领导下的第一部国际条约，中国控烟工作的成败关系着这部国际法实施的效果。尽一切可能促进中国更早、更好地履行《公约》成了世卫组织的重要工作。

2003年年底，世卫组织和XT中心签订了第一个合作项目：宣传框架公约，促进烟草控制。世卫组织提供资金和技术支持，包括协助全面认识《公约》及其推广途径等技术。XT中心负责落实推广《公约》宣传。双方首次合作非常成功，2004年4月XT中心组织召开了"宣传框架公约，促进烟草控制"研讨会，活动收到了良好效果，并发布了"北京宣言"。

首次控烟活动的成功举办，赢得了世卫组织的肯定，也为XT中心与世卫组织及更多国际控烟组织的合作奠定了基础。随之，XT中心在控烟领域的工作不断拓展，并取得了显著成绩。XT中心主任获得"世界卫生组织控烟突出贡献奖"（2007），时任常务副主任获颁"世界卫生组织世界无烟日纪念奖"（2010）。此外，世卫组织每年都派代表参加XT中心的新闻发布活动。实际上，同世卫组织的合作本身就为XT

---

① XT中心负责人访谈，2016年11月16日。
② 杨小宝：《借鉴国际经验，加速履行〈烟草控制框架公约〉》，《中国健康教育》2006年第12期。

中心赚取了新的社会资本——能够被用来为未来控制烟草或其他卫生健康工作的开展提供回报的社会关系，至少为 XT 中心开拓国际合作提供了"信誉"和"网络关系"。

多次获得世卫组织嘉奖加强了 XT 中心在卫生健康领域的合法性。虽然，XT 中心常务副主任表示自己不喜欢"控烟斗士"的这个称号，但是纵观媒体，多以此称谓代替她的其他头衔。2012 年，她被评为"健康中国"十大年度人物，理由是她"对待烟草危害行为，一个都不放过"，公开叫板烟草广告行为，自封为"控烟路上的唐吉诃德"①。

3. 私人化政治及政府内部网络资源

非正式政治及政府网络是指通过非官方渠道同政治人物或政府官员建立的网络关系。XT 中心拥有非正式政治和政府网络资源源自组织领导者个人的网络关系。XT 中心的领导层，例如理事长、主任、常务副主任等都曾长期在卫生管理系统工作。非常熟悉相关领域的工作机制，而且结识了许多相关政府部门官员。这是 XT 中心能够成立，并开展相关工作的重要条件。因为在双重管理体制下，社会组织当时在政府部门注册相当困难，需要突破重重障碍，② XT 中心能够获得卫生部和民政部的认可，凭借的是关键发起人在卫生领域的政治及政府网络关系，以及"建立的科学顾问委员会和专家团网络关系，当然理事长的威望和能力也很重要"，"一般老百姓无法做到"③。

XT 中心"拥有包括 10 名院士在内的 16 位成绩卓著的科学家组成的'科学顾问委员会'，还有来自预防、临床及基础医学九大领域的逾百位资深专家和高层管理人员组成的'专家团'。这些高水平的专家、

---

① 参见《健康中国 十大年度人物》，人民网：http://paper.people.com.cn/jksb/html/2012-11/26/content_ 1151775.htm，2017 年 4 月 8 日访问。

② 典型研究参见苏力《规制与发展：第三部门的法律环境》，浙江人民出版社 1999 年版；王名、刘国翰、何健宇《中国社团改革：从政府选择到社会选择》，社会科学文献出版社 2001 年版；俞可平《中国公民社会：概念、分类与制度环境》，《中国社会科学》2006 年第 1 期；尚立富、刘艳丽《非营利组织发展模式研究——以北京西部阳光基金会"三级跳"路径为例》，《开发研究》2016 年第 2 期。

③ XT 中心负责人电邮访谈，2017 年 3 月 20 日。

学者以他们的学识、经验和广泛的国际联系，为 XT 中心的发展提供了强有力的技术支撑，成为 XT 中心生存和发展的强大后盾，是 XT 中心最大的无形资产"①。"科学顾问委员会"请到了包括吴阶平在内的卫生界学者、高级别退休官员、资深媒体界等 16 位精英人士担任总顾问。

同中国 KY 协会相比，XT 中心的政治网络资源不是凭借组织官方身份建立的，而是源自其领导层与政治体制内的人员的私人关系。有多位人大代表和全国政协委员同 XT 中心的领导层有深厚的友谊，这就成了 XT 中心拓展政治网络资源的桥梁。通过他们，XT 中心又可以联系到更多人大代表和全国政协委员。自 2007 年来，每年 XT 中心都在"两会"前举办控烟建议专家讨论会，协助专家撰写建议书。每年联合中国预防医学会和中国 KY 协会召"两会"代表/委员座谈会，向代表/委员提交控烟建议。迄今为止已经超过百项。②

总之，XT 中心是凭借在卫生管理系统的经验知识及私人网络关系，建立了与政府合作网络的非正式关系，进而影响政府相关决策。

4. 社会网络资源

社会网络资源对于中国 KY 协会和 XT 中心来说是机会均等的"公共资源"。同中国 KY 协会相比，XT 中心具有相同的国际网络资源。同世卫组织的成功合作为 XT 中心开启了国际资源网络。之后，盖茨基金会和彭博控烟联盟成员都直接或间接地开展了同 XT 中心的合作。

媒体资源是 XT 中心特别注重并加以开发和利用的社会资源。XT 中心有一位关键的媒体策划人。他曾担任新华社《瞭望》周刊编辑、文化编辑室主任及总编室主任、编委、副总编辑、高级编辑。通过专业的策划和私人媒体网络关系，XT 中心逐步建立起了更大的媒体网络资源。

（三）社会组织的资源差异

资源是行动的前提和基础，在针对有关烟草广告立法的行动中，

---

① XT 中心负责人电邮访谈，2017 年 3 月 20 日。
② 同上。

中国KY协会和XT中心分别动用或开发了各自的政治资源、政府资源以及社会资源。但是它们利用政治、政府资源的途径有显著区别（见表4-1）：中国KY协会主要通过官方正式途径，而XT中心主要通过非正式途径。虽然就社会网络资源而言，中国KY协会和XT中心的机会均等，有媒体资源、专家资源和国际资源，但是中国KY协会拥有特殊的控烟大使"名人"资源。此外，中国KY协会和XT中心所拥有的各种资源的数量也不尽相同。除了媒体、公众和国际资源均等，中国KY协会拥有的非正式政治/行政资源，以及"名人"、专家等社会资源都相对较强或者数量更多。这些都影响着它们在烟草广告立法活动中的参与程度和效果。

表4-1 个体社会组织针对烟草广告立法行动的资源情况对比

社会组织	政治/行政网络资源		社会网络资源				
	官方正式	非正式	"名人"	专家	媒体	公众	国际
中国KY协会	√	√↑	√	√↑	√—	√—	√—
XT中心	/	√↓	/	√↓	√—	√—	√—

（注："√"代表有；"/"代表无；"↑"表示相对较强；"↓"表示相对较弱；"—"表示机会均等）

二 《广告法》修订过程及烟草广告条款内容变化概览

（一）《广告法》修订过程概览

《广告法》是一个规范各行各业所有广告的行业法律。自1994年发布，到2015年完成修改，前后经历了二十余年，也正是中国社会发展最快、变化最大的一个时期。其间不断有人大代表和全国政协委员提出修改《广告法》的议案和提案。2006年，全国人大做出了回应，准备修法。然而直至2013年，修法工作才取得实质性进展，被

第四章　社会组织参与烟草广告修订立法概览

全国人大列为立法计划预备项目。《广告法》内容修改、变动很大，由原来的49条，改为了75条，其中新法第二十二条是专门针对烟草广告的条款，是内容变化最大的条款之一、也是整个《广告法》修订的亮点之一。[①]

《广告法》修订实际有三个源头：人大代表的议案、政协委员的提案、政府职能部门的提议。2001年及之后的"两会"期间不断有人大代表和政协委员呼吁修改《广告法》。[②] 尤其是2006年3月，第十届全国人大四次会议期间，"杨蓉娅等282名代表提出7件议案，要求修订《广告法》；袁敬华等157名代表提出5件议案，要求制定公益《广告法》"[③]。

2005年8月，国家工商总局"为加大虚假违法广告打击力度，工商总局已着手开展《广告法》修改的调研、起草工作"[④]。2006年11月，国家工商总局据全国人大财政经济委员会（简称"人大财经委"）建议，展开了专题调研，为修订《广告法》做前期准备，并承担草案起草工作。[⑤] 2009年3月，国家工商总局完成草案起草工作，并提交国务院。

然而，直至2013年，《广告法》的修订才取得突破性进展，被全国人大列为立法计划预备项目。2013年11月，国家工商总局完成了《广告法（修订草案）》送审稿，提交国务院。随后，国务院法制办公室完成了修订稿，并在网上公开征求意见。2014年8月，修订草案提交十二届全国人大常委会第十次会议初次审议（一审）。之后，经十二

[①] 《新〈广告法〉解读：工商总局解读新〈广告法〉修订亮点 张国华》，http://www.saic.gov.cn/zcfg/zcjd/201505/t20150506_156131.html，2017年4月8日访问。

[②] 《政协委员王翔呼吁：尽快修改〈广告法〉》，http://www.people.com.cn/GB/guandian/183/2281/3295/20010306/409970.html，2017年4月8日访问。

[③] 全国人民代表大会：《国家工商总局正为广告法修订做前期准备（2006年）》，2006年11月30日。

[④] 《国家工商总局：将修订广告法打击虚假广告》，青岛新闻网，http://qingdaonews.com/gb/content/2005-09/01/content_5331086.htm，2017年4月8日访问。

[⑤] 全国人民代表大会：《国家工商总局正为广告法修订做前期准备（2006年）》，2006年11月30日。

届全国人大常委会第十二次会议再次审议（二审），最终于2015年4月24日，十二届全国人大常委会第十四次会议表决通过了新修订的《广告法》（三审）（见图4-1）。

```
全国人大系统（含政协系统/政协委员建议和意见）

《广告法》出台 | "两会"代表和委员提交关于修法议案和提案 | 全国人大列为立法计划预备项目 | 全国人大一审 | 全国人大二审 | 全国人大三审通过

1994.10  2001—2012   2013.3  2013.11  2014.2  2014.6  2014.8  2014.12  2015.4
         2005.8 2006.11 2009.3

工商总局着手修法 | 工商总局准备修法 | 工商总局向国务院提交送审稿 | 草案送审至国务院 | 国务院公开征求意见 | 国务院提请人大审议

政府行政　　系统
```

图4-1　《广告法》修订过程中的关键事件列举图

（二）《广告法》烟草广告条款修订前后差异

1994年10月27日第八届全国人大常委会第十次会议通过的《广告法》（修订前《广告法》）之第十八条对烟草广告的规定：

> 禁止利用广播、电影、电视、报纸、期刊发布烟草广告。
>
> 禁止在各类等候室、影剧院、会议厅堂、体育比赛场馆等公共场所设置烟草广告。
>
> 烟草广告中必须标明"吸烟有害健康"。

即今天常说的在"五类媒介，四类场所"禁止烟草广告。

2015年4月24日第十二届全国人大常委会第十四次会议通过了

《广告法》(修订后《广告法》)的修订。其中第二十二条规定：

> 禁止在大众传播媒介或者公共场所、公共交通工具、户外发布烟草广告。禁止向未成年人发送任何形式的烟草广告。
> 禁止利用其他商品或者服务的广告、公益广告，宣传烟草制品名称、商标、包装、装潢以及类似内容。
> 烟草制品生产者或者销售者发布的迁址、更名、招聘等启事中，不得含有烟草制品名称、商标、包装、装潢以及类似内容。

简而言之，修订后《广告法》基本实现了"全面禁止所有烟草广告"，及变相烟草广告和公益烟草广告。

从内容看，修订前《广告法》区别明显，概括来讲，主要有几个方面：(1) 从传播途径上，禁止空间更加广泛：修订前《广告法》仅仅列举了诸如"广播、电视、电影"等少数途径，而新的法律则涵盖几乎所有大众传播渠道；(2) 烟草广告展示空间严格限制，从原来的"等候室、影剧院、会议厅堂、体育比赛场馆"等少数特定场所扩大到现有的所有公共场所；(3) 修订后《广告法》还增加了三项内容："烟草制品生产者或者销售者发布的迁址、更名、招聘等启事中"不能出现烟草广告；增加了"禁止向未成年人发送任何形式的烟草广告"，使烟草广告的受众主体范围进一步缩小；"禁止利用其他商品或者服务的广告、公益广告，宣传烟草制品名称、商标、包装、装潢以及类似内容"。

总之，新修订的《广告法》对广告传播渠道、广告形式和广告受众都进行了严格、明确限制，控制烟草力度大幅提升，从原来有条件烟草广告，到全面禁止所有烟草广告。

三 社会组织参与立法过程概览

2003 年 11 月，中国政府签订《公约》后，中国 KY 协会、XT 中心等控烟社会组织便开始了参与推动烟草广告相关立法的工作，直至2015年4月《广告法》有关烟草广告条款修订完成。在这期间为了推动政策变化，中国KY协会和XT中心作为控烟社会组织整体围绕烟草广告立法过程中出现的"问题"不断采取行动；但是作为个体社会组织，中国KY协会和XT中心又有各自的参与方式和路径，相互之间也有合作与互动。

（一）整体社会组织参与立法过程概览

中国KY协会和XT中心作为整体社会组织，它们的行动起始于烟草广告产生的"社会问题"。这是因为随着社会的发展，各种形式、场所和媒介上新型烟草广告层出不穷，违反了《公约》相关规定。1994年出台的《广告法》有关烟草广告的规定已基本不具有禁止新型烟草广告的法律效力。为了改变严重存在的烟草广告问题，中国KY协会和XT中心分别开展了一系列行动推动相关立法工作。在整个立法过程中，它们不断遭遇各种各样"问题"的挑战，应对和解决"问题"成了它们整体行动的逻辑。以此观之，从参与推动"政策概念"产生到全国人大"三审"通过法律修订，中国KY协会和XT中心作为整体社会组织展现了"问题驱动"的行为逻辑（见图4-2）。

（二）个体社会组织参与立法过程概览

作为个体社会组织，中国KY协会和XT中心因不同的内在逻辑和资源构成，在参与推动烟草广告立法修订过程中显示出了不同的行为逻辑。换而言之，就是利用各自的资源网络，在社会资本的运作下，与决策主体及能够对决策主体产生影响的新闻媒体、专家学者及社会公众群体进行互动。中国KY协会凭借正式和非正式的政治网络资源、政府网络资源，更容易直接与决策主体进行互动。XT中心凭借非正式的政治网络资源、政府网络资源，与参与决策的官员进行互动。两者之间也有合作与互动。在此简要列举它们各自围绕有关烟草广告立法所采取的主

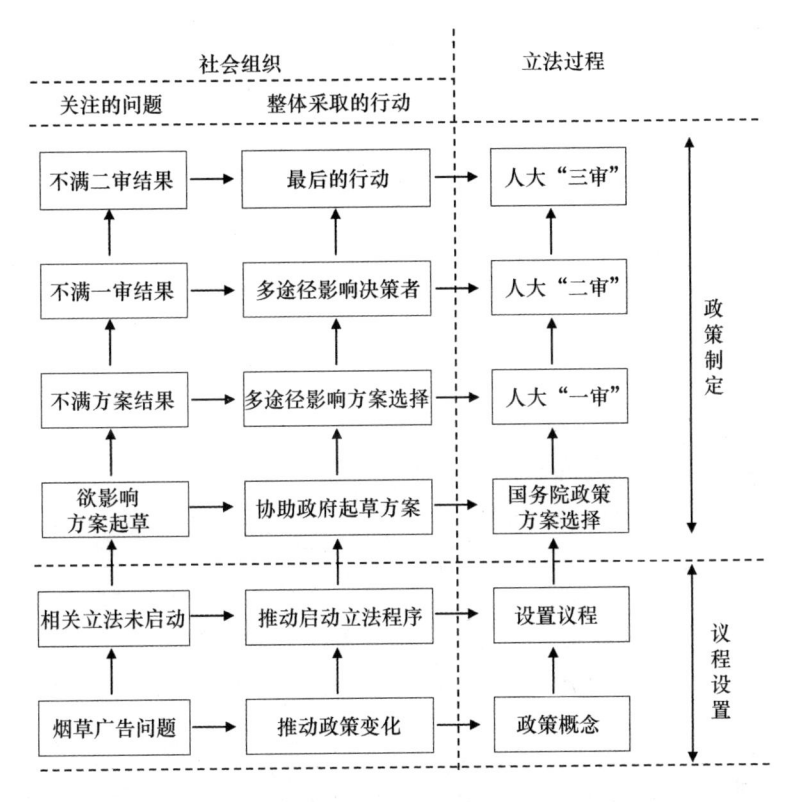

图 4-2　整体社会组织"问题驱动"的行为逻辑示意图

要行动。

相同的国际资源（主要是物质资源）促成了中国 KY 协会和 XT 中心合作互动，它们的合作始于 2004 年在世卫组织的支持下共同举办了"'宣传框架公约，促进烟草控制'研讨会"，此后也常常共同举办相关研讨会、媒体发布会等。尤其是自 2009 年起，它们每年共同组织商讨推动针对烟草广告立法的"两会"议案和提案。然而，除了联合行动，它们多数的行动依托于自身社会网络，并呈现了多元化的参与路径（见表 4-4）。

表 4-4　　社会组织个体在立法过程中的主要行动

立法过程	社会组织采取的行动		中国 KY 协会（1990 年成立）	XT 中心（2001 年成立）
议程设置	政策概念	政府路径　实质合作	1994 年起，无烟影视；1997 年起，全国无烟草广告城市；2007 年，修订《烟草广告管理暂行办法》……	
		应对式互动	多种方式向政府部门反映"问题"	
		"两会"路径	2009 年起，组织或协助"两会"代表/委员提交议案和提案	
		社会路径	通过推动专家、媒体、公众参与，聚焦烟草广告问题、改变政策环境	
	设置议程	寻求高层共识	通过精英成员，推动高层共识；通过"内参"上书国家领导人	
		政府路径　实质合作	与政府相关部门正式交流沟通，推动设置议程；协助起草方案	
		应对式互动	"信函"式表达的建议和意见	
		私人化	与官员"底下沟通"	
		"两会"路径	组织或协助"两会"代表和委员提交议案和提案	
		社会路径	组织媒体、专家、公众参与、名人参与	
政策制定	方案选择	政府路径	在外围表达意见、与官员"底下沟通"	
		社会路径	组织专家、公众"外围"参与	
	人大一审	人大路径	开拓内部路径，深度沟通决策者	
		社会路径	强势"专家联盟"	较弱"专家联盟"；"媒体联盟"
	人大二审	人大路径	加强与决策主体内部沟通	
		社会路径		信息翻新，突出"民意"
	人大三审	人大路径	持续加强与决策主体内部沟通	
		社会路径		"媒体联盟"，揭露隐藏烟草广告
		"两会"路径	组织或协助"两会"代表和委员提交议案和提案	

1. 中国 KY 协会的"政府—社会"参与逻辑

中国 KY 协会参与立法过程的路径是多元的，包括通过"内参"上书党中央路径、政府路径、"两会"路径、社会路径等。

中国 KY 协会具有上书高层的路径。这是因为它通过安排多位国家级别领导人（全国人大常委会副委员长、全国政协副主席）、民主党派领导人先后担任名誉会长，为它建立了能够向党中央高层领导"上书"的渠道，使得关键信息可不经过层层过滤，直接传递给最高领导人。① 同时，中国 KY 协会自成立以来与卫生部、国家工商总局等政府相关行政部门、全国政协建立良好互信关系，成了其在立法过程中各个环节与政府部门深度互动的必要条件；同时，这些网络关系又成了其拓展与获取其他决策资源的网络桥梁。②

实际上，中国 KY 协会的政府网络资源是其在立法过程中所有参与路径的基础。就政府和人大路径而言，原有的网络关系和在原有网络上拓展的新网络，使得中国 KY 协会在参与推动对《广告法》有关烟草广告条款修订的立法过程中——即从"政策概念"到推动全国人大"三审"——都能够与政府进行不同形式互动，包括政府部门合作以及与相关官员的"底下沟通""应对式"互动等。

就"两会"路径而言，中国 KY 协会的多位成员（包括名誉会长、会长、副会长、专家委员）是全国人大代表和全国政协委员，他们可以帮助中国 KY 协会拓展其他代表和委员网络。所以，中国 KY 协会每年都组织和协助代表和委员在"两会"期间提交有关烟草广告立法的议案和提案，而且这一做法贯穿了《广告法》有关烟草广告条款修订的全过程。

社会路径主要是通过组织媒体、专家、名人和公众的参与，产生社会影响力，从而影响立法过程。中国 KY 协会的社会路径也得益于其官办身份，可以网络到更多的媒体、专家、名人参与，从而带动更多的公众参与。

虽然使用多条参与路径，但是中国 KY 协会在立法过程中以与政府

---

① 徐晓新：《社会政策过程：新农合中的央地互动》，中国社会科学出版社 2018 年版。
② ［美］林南：《社会资本：关于社会结构与行动的理论》，张磊译，上海人民出版社 2004 年版。

合作为主,社会路径为辅。正如中国 KY 协会时任常务副会长兼秘书长所言,"我们做所有(《广告法》烟草广告修订)的事情都会请政府出面"①。因此,中国 KY 协会的总体参与逻辑是从"政府"到"社会"。

2. XT 中心的"社会—政府"参与逻辑

同中国 KY 协会的深厚的行政资源相比,XT 中心虽然也有一些官员网络,但其拥有最多的是公共卫生专家资源和媒体资源。这些资源决定了 XT 中心在立法过程中的主要精力是让公共卫生专家和媒体发挥更大作用,从而对政府决策产生影响,在逻辑上是从"社会"到"政府"。

XT 中心的社会路径在立法过程的不同阶段有所区别,在推动"政策概念"时,主要通过"放大社会问题""改变政策环境""推动社会参与""施压利益相关方并产生社会影响";在推动"设置议程"时,主要通过组织推动媒体、专家、公众参与;以及后来不同立法过程阶段的"专家联盟""媒体联盟"等策略的落实,都是其社会路径的重要措施。

XT 中心的政府路径一是依靠组织领导人与官员的个人关系进行互动;二是通过向政府相关部门发出质询或建议的"函"来互动。在这一层面上,XT 中心同地方政府的互动更具有实质性、更为频繁,而且选准时机、经过"媒体加工"能够产生相当的社会影响力。

四 社会组织在立法过程中的重要作用

本章首先从组织特征、网络资源等方面介绍并分析了参与推动《广告法》有关烟草广告修订过程的主要社会组织——中国 KY 协会和 XT 中心,并对比了它们在立法行动中的资源情况。中国 KY 协会拥有包括正式和非正式的政治/政府网络资源,并拥有社会名人、媒体、专家、国际等社会资源。XT 中心则相对缺乏同政府部门的官方正式网络资源,

---

① 中国 KY 协会原秘书长访谈,2016 年 11 月 14 日。

第四章 社会组织参与烟草广告修订立法概览

也没有社会名人组成的控烟大使,这在一定程度上削弱了其社会资本效应。

然后,系统概述了《广告法》修订的过程,并列举了决策主体(政府部门和全国人大)行为,包括工商总局起草法案、国务院修订法案、全国人大三次审议等关键节点。这些节点实际上是社会组织在参与过程中不断"攻克"的"要塞",社会组织的所有参与推动其中烟草广告条款行为都是围绕这一系列节点进行的。而有关烟草广告条款的内容在修订前后变化显著,基本实现了"全面禁止所有烟草广告"——社会组织立法倡导目标。

最后,简要概括了作为整体的社会组织和作为个体的社会组织在立法过程中的行动。总体来说,中国KY协会和XT中心是在"问题驱动"下围绕立法过程中的各种各样的"问题"展开行动。就个体而言,中国KY协会和XT中心的参与逻辑具有本质的区别。中国KY协会是"政府—社会"参与逻辑,XT中心则是"社会—政府"。不同的参与逻辑,决定了它们不同的行为方式。例如,虽然都展开了决策主体和社会群体的互动,但是中国KY协会以与决策主体互动为主,且具有同最高领导层、全国人大和国务院体系等决策主体相关的官方网络基础;XT中心这方面的资源则相对薄弱,从而限制了它与决策主体互动的程度,但它却可以凭借与一些官员、人大代表、全国政协委员的私人关系,在一定程度上与决策者进行互动,例如协助"两会"代表/委员提交议案/提案。此外,在社会路径的选择上,中国KY协会和XT中心也各有侧重,除了动员公众和媒体之外,中国KY协会有更强的"专家联盟"和"名人效应";XT中心则善于利用媒体资源,产生"媒体联盟"的作用。总之,中国KY协会和XT中心在参与立法的路径上各有侧重,但又具有互补性。

第五章　议程设置中的社会组织参与

在整个政策过程中，政策制定的决策过程固然重要，然而其先决条件是政策问题能够被提上日程。那么，在中国，政策问题是如何进入议程的？有学者指出中国公共政策议程设置有三个过程：传媒议程、公众议程和政策议程，分别对应传媒、公众和政府认为应值得关注和纳入议事日程的问题。①站在巨人的肩膀上，本章提出了"社会组织议程"，即社会组织认为值得关注的问题。这一概念同"传媒议程""公众议程"以及"政策议程"既有区别，又有联系，甚至在某些情形中是隐藏在此三项议程背后的议程，即社会组织推动了传媒、公众和政策议程。

社会组织议程的产生离不开社会资本的运作。作为行动者的社会组织往往会利用所掌握的资源来选择最有效的方法去实现组织目标，在这一过程中，原有的社会关系网络会发生变化，通过信息流动、行动影响、社会信用、社会关系强化等要素的作用产生能够运作的社会资本，②"这些资本也会通过运用一个共同的名字（如家族的、班级的、部落的、学校的、党派的名字等）而在社会中得以体制化并得到保障，这些资本也可以通过一整套的体制性行为得到保障"③。作为社会系统

---

① 王绍光：《中国公共政策议程设置的模式》，《中国社会科学》2006年第5期。
② ［美］林南：《社会资本：关于社会结构与行动的理论》，张磊译，上海人民出版社2004年版。
③ 包亚明：《布尔迪厄访谈录——文化资本与社会炼金术》，上海人民出版社1997年版。

结构化一个显著特征,资源是行动者的认知能力和行动基础,又是行动者不断再创造的产物。① 以此论之,社会组织的组织目标实现过程实际上是其社会资本投入使用的过程。由此,本章将基于行动者、社会资本和社会网络视角系统分析社会组织参与议程设置的内在逻辑,同时借用政策过程,尤其是政策概念、政策问题、政策环境等术语体系,以时间发展为主线,探讨在《广告法》有关烟草广告条款修订的议程设置过程中,社会组织行动的驱动力、社会组织议程的形成及其与政策议程的关系。

一 社会组织参与议程设置的驱动力

(一)组织目标的驱动力

所有的组织都是为一定的目的而存在。社会组织目标通常被称为使命或宗旨。组织目标是一个组织的灵魂,体现了组织的价值和主要任务,② 是"组织努力争取达到和所希望的未来状态",也是"组织开展活动的依据和动力,代表着一个组织的未来和发展方向"③,它还提供制定和选择组织行动的准则,也是决策与行动的方向和约束。④ 对于社会组织而言,组织目标不仅是其决策和行动的方向,而且关系着其资源配置与实施,并使得内在结构组织化,进而强化内部规范,做出决定,实施有目的的行为,⑤ 从而形成行动者与社会互动、互构,因为"互动是实现行动目标的手段",而"为了增进目的性行动的效果,行动者通

---

① [英]吉登斯:《社会的构成:结构化理论大纲》,李康、李猛译,生活·读书·新知三联书店1998年版。
② [美]达夫特:《组织理论与设计》,王凤彬、张秀萍、刘松博等译,清华大学出版社2016年版。
③ 于显洋:《组织社会学》,中国人民大学出版社2009年版。
④ Simon, H. A., *Administrative Behavior: A Study of Decision-making Processes in Administrative Organization*, New York: Free Press, 1976; Simon, H. A., *Administrative Behavior: A Study of Decision-Making Processes in Administrative Organizations*, New York: the Free Press, 2000.
⑤ [瑞典]伯恩斯等:《经济与社会变迁的结构化:行动者、制度与环境》,周长城等译,社会科学文献出版社2010年版。

过互动获取社会资本"①。组织目标的制定受多种因素影响,包括文化环境、可操作性、组织内个人目标的影响等。②

社会组织推动《广告法》烟草广告条款修订的基本动力来自于它们自身的组织目标,而社会资本和社会网络则是它们实现组织目标的条件。这里首先分析本书中所涉及的三类社会组织的组织目标。

1. 中国 KY 协会组织目标的驱动力

顾名思义,中国 KY 协会的组织目标已经刻在了其名称上。依其章程,中国 KY 协会的组织目标为,"广泛团结全国各级各地控烟组织、社会各阶层积极参与并促进全国控烟行动,促进政府控烟履约"。

实际上,中国 KY 协会的组织目标与其成立之初相比有所调整。其创立之初的组织目标是,"通过控制吸烟的危害,提高人民健康水平"③。随着社会的进步和控烟工作的不断推进,烟草危害人类健康已成为常识,宣传烟草危害与健康关系已经不是控烟工作的主要任务。2004 年,中国 KY 协会的行动目标重新定位,修订了协会章程,进一步拓展和明确了推动控烟工作的目标和手段。

新修订的章程中,中国 KY 协会将促进中国政府履行《烟草控制框架公约》作为最直接、最明确的组织目标之一。作为《公约》缔约国,2005 年 8 月 28 日,中国第十届全国人大常委会第十七次会议审议通过《公约》,并于 2006 年 1 月 9 日生效,自此中国便被赋予了履行《公约》的责任。中国 KY 协会作为官办社会组织亦有责任协助政府相关部门开展相关工作。④《公约》第 13 条规定为:"每一缔约方应根据其宪法或宪法原则广泛禁止所有的烟草广告、促销和赞助",为此要求缔约方在"公约生效后的五年内,应采取立法、实施、行政和/或其他措施"⑤。由

---

① [美] 林南:《社会资本:关于社会结构与行动的理论》,张磊译,上海人民出版社 2004 年版。
② 于显洋:《组织社会学》,中国人民大学出版社 2009 年版。
③ 自中国 KY 协会内部资料 KYDA1990CBCL。
④ 中国 KY 协会原秘书长访谈,2016 年 11 月 14 日。
⑤ [瑞士] 世界卫生组织:《烟草控制框架公约(2003 年)》,世界卫生组织烟草控制框架公约缔约方会议通过。

此，推动《广告法》修订，使之符合《公约》要求，便成了中国 KY 协会的组织目标之一。

2. XT 中心组织目标的驱动力

"服务公众健康"是 XT 中心的组织目标。这一目标的设立源自最初发起人对公共卫生健康的关注。此目标涵盖领域相对广泛，即凡是法律许可范围内与公众健康相关的工作，都可纳入其工作范畴。事实上，XT 中心在成立之初的三年里开展了多种多样与公众健康相关的工作，包括食品安全、艾滋病宣传、参加抗击"非典"、人口健康素质研究等方面。XT 中心主要通过四种途径实现其组织目标，其一，为政府部门的决策提供咨询服务；其二，向公众普及卫生和健康知识；其三，向企业提供服务；其四，与国际机构和国际社会组织合作开展卫生健康相关工作。

服务公众健康的组织目标为 XT 中心介入控制烟草工作提供了基础条件，也是其介入控烟的动力。当控制烟草成了中国公共卫生普遍关注的领域之时，实际上影响了 XT 中心的具体工作环境，从而直接关系着组织目标的实现。如于显洋所言，影响组织目标的具体工作环境包括三个重要因素，一是"组织面临的市场、顾客及其服务系统"，二是"组织资源的供应者"，三是"组织的技术环境"[①]。以此观之，XT 中心当时所面临的"市场"是中国烟草控制。而其"顾客和服务系统"相对较为复杂，既包括作为"顾客"的社会公众——XT 中心的组织目标群体，又包括其服务系统内容的资源供给者和政府相关部门，还有同行社会组织、相关专家学者、新闻媒体等组成的"烟草控制系统"，即中国烟草控制社会网络。此社会网络在行动和互动之中产生，同时也影响了新的社会结构，[②] 进而使结构资源转化为新的社会资本。社会资本是行动者的目的性行动的动力，从而决定了"他们必须向他们所向往的结果发起行动"[③]。

---

① 于显洋：《组织社会学》，中国人民大学出版社 2009 年版。
② [英] 吉登斯：《社会的构成：结构化理论大纲》，李康、李猛译，生活·读书·新知三联书店 1998 年版。
③ [美] 林南：《社会资本：关于社会结构与行动的理论》，张磊译，上海人民出版社 2004 年版。

总之，XT 中心"服务公众健康"的组织目标为其开展控烟工作提供了基础条件，当控烟需求和控烟资源同时出现，组织目标则更具体化，进而推动修订《广告法》有关烟草广告条款成了 XT 中心的具体目标和任务。

（二）《公约》的驱动力

禁止烟草广告的概念最初源自 1990 年 5 月第 43 届世界卫生大会通过决议敦促会员国全面禁止烟草广告、促销和赞助活动。中国控烟虽然起步很早，然而因为独特的烟草专卖制度，中国控烟工作推进并非一帆风顺。虽然早在 1988 年卫生部、全国爱国卫生运动委员会和中国 KY 协会拟定了《中华人民共和国吸烟危害控制法》草案，并于 1990 年完成送审稿，但是这部法律并没有出台。[①] 2003 年中国政府签署世卫组织《烟草控制框架公约》后，加强了中国控烟工作的合法性。因为中国政府非常重视和包括世卫组织在内的联合国机构的关系，也一贯重视世卫组织在卫生领域提供的专业性帮助。

《公约》的签订使中国控烟工作显得更为紧迫，在此之前，控烟行动者的行动常常受阻。在某种程度上，《公约》的签订改变了中国控烟工作的规则。社会规则"是行动者规划、判断行动、互动的具体基础"。而社会规则系统又"强烈影响行动和互动，同时它们也被有关的行动者所建构和重构"[②]。而《公约》为控烟社会组织提供了重建社会规则的条件和驱动力，并构建新的控烟规则系统。《公约》第十三条专门规定了"烟草广告、促销和赞助"，明确指出"缔约方应根据其宪法或宪法原则广泛[③]禁止所有的烟草广告、促销和赞助"。还要求缔约方

[①] 中国 KY 协会首任秘书长访谈，2016 年 9 月 29 日；中国 KY 协会内部资料 KYDA1990 WYLF。

[②] ［瑞典］伯恩斯等：《经济与社会变迁的结构化：行动者、制度与环境》，周长城等译，社会科学文献出版社 2010 年版。

[③] 《公约》第十三条第二款英文原文为：Each Party shall, in accordance with its constitution or constitutional principles, undertake a comprehensive ban of all tobacco advertising, promotion and sponsorship. 该条款的中文应译为："每一缔约方应根据其宪法或宪法原则全面禁止所有的烟草广告、促销和赞助。" XT 中心负责人认为，《公约》中文版中的"广泛"是国家烟草专卖局在审校《公约》中文翻译时，有意将"comprehensive"的"全面"之意改为"广泛"。

"在五年之内,在广播、电视、印刷媒介和酌情在其他媒体如因特网上广泛禁止烟草广告、促销和赞助"①。把《公约》和行动结合起来既是控烟社会组织的驱动力,也是其行动策略,因为一方面迎合了"名正言顺"的社会文化系统,进一步提升控烟行动的合法性;另一方面也创建了新的社会规则,提升烟草控制的社会认同和支持。

1.《公约》对中国 KY 协会的"任务型"驱动

中国 KY 协会作为控烟领域行业协会,具有领导推进行业进步的责任。同时,具有官办身份的中国 KY 协会在控烟社会结构和网络体系中有其特定的位置、权威及合法性。推动《公约》在中国的落实既是中国 KY 协会的组织目标,又是它必须执行的任务。② 再者,《公约》对中国 KY 协会的意义不仅在于提升组织合法性和权威性,也是其维护"社会信用"的方式。社会信用是社会资本运作的动力之一,使嵌入在社会网络中的资源增强行动效果,它也反映了行动者通过社会网络与社会关系获取资源的能力。③ 换而言之,积极推动《公约》落实是对中国 KY 协会在控烟社会网络中的行动任务和效果的检测。在这样的"任务"驱动下,2004 年 5 月 30 日,中国 KY 协会正式通过专家论坛的方式开始了其推动《公约》落实的行动。

中国 KY 协会在北京主办了"首届世界卫生组织《烟草控制框架公约》专家论坛"。卫生部、国家工商总局、中国疾控中心、解放军总医院、协和医院、浙江大学、四川大学、部分地方爱卫会办公室、部分地方中国 KY 协会代表、世卫组织代表、国际专家、香港特别行政区代表 155 人出席论坛,16 位政府相关部门官员和国内外控烟专家做了专题报告,并形成了首届世界卫生组织《烟草控制框架公约》专家论坛论文

---

① [瑞士]世界卫生组织:《烟草控制框架公约(2003 年)》,世界卫生组织烟草控制框架公约缔约方会议通过。
② 中国 KY 协会原秘书长访谈,2016 年 11 月 14 日。
③ [美]林南:《社会资本:关于社会结构与行动的理论》,张磊译,上海人民出版社 2004 年版。

集,论文内容涵盖履行《公约》、烟草控制、烟草广告、戒烟行动等内容,①世卫组织驻华代表贝汉卫博士出席了论坛并发表讲话,这对中国KY协会的社会信用起到了"后台"作用,②但同时世卫组织也把宣传《公约》、促进中国政府履行《公约》的任务交给了中国KY协会。

2. 《公约》对XT中心的"旗帜型"驱动力

对XT中心而言,《公约》是至关重要的符号资源,是控烟工作的价值"旗帜"标杆。行动者"如果显示出对赋予价值的社会共识的信奉,就会获得报酬",而行动者也会进一步忠诚于授权者,因为它肯定和保护了资源的价值。在《公约》"授权"的驱动下,2004年,XT中心推动召开了"宣传框架公约,促进烟草控制"研讨会。对XT中心而言,研讨会的召开在形式上和内容上都产生了重要意义。从形式上讲,与会的50多位代表来自医疗卫生(含总后)和工商行政管理部门、国家烟草专卖局、高等医学院校、研究院所、医院、社会团体等40多个部门,此外还有世卫组织驻中国代表处代表、国际控烟专家等,此次会议是XT中心参加控烟工作的第一项工作。作为行业新手,XT中心需要确立它在控烟行业结构中的位置、树立权威、构建控烟社会规则,从而成为规则和程序行动的代理人。③换而言之,在"一个维持集体资源,并且/或者获得一种或多种有价值资源的协调体系"中,XT中心作为社会结构中的行动者,需要通过行动和互动确立自己的位置,而政府签订《公约》为XT中心创造了行动机会,获得合法性"授权"。正是有了这样的条件,XT中心此次会议能够邀请到政府部门工作人员,例如来自卫生部的李新华,国家工商总局的赵践,国家烟草专卖局的赵百

---

① 典型研究参见2004年首届世界卫生组织《烟草控制框架公约》专家论坛会议论文,包括杨功焕《〈烟草控制框架公约〉对中国烟草控制的机遇和挑战》,祝增红《认真做好履行公约准备,深入开展控制吸烟工作》,李新华《现行相关控烟法律法规介绍》,臧英年《控烟框架公约和青少年控烟行动》,赵践《〈烟草控制框架公约〉与中国的烟草广告监管》,姜垣《2004年中国国际戒烟竞赛》。

② [美]林南:《社会资本:关于社会结构与行动的理论》,张磊译,上海人民出版社2004年版。

③ 同上。

东等官员。反过来，这些官员的出席又加强了 XT 中心的合法性，确立了刚刚步入控烟工作的民间社会组织在控烟社会结构系统中的位置。当然，与会的医疗领域的权威机构，包括世卫组织吸烟或健康合作中心，中国疾控中心、中国高血压联盟、中国预防医学会、解放军总后卫生部卫生防疫局、北京疾病控制中心、首都医科大学公共卫生学院、北京安贞医院等，这也为提升 XT 中心的合法性起到了重要作用。

从内容上讲，"宣传框架公约，促进烟草控制"研讨会的召开，不但为形成中国控烟共识提供了平台，使得多部门（卫生、工商、烟草局）政府官员、医疗卫生专家、控烟行动者共同商讨对《公约》的认识和中国烟草流行状况等问题，而且会议形成了第一个专门回应《公约》的民间宣言——"北京宣言"（联合起来，宣传框架公约，促进烟草控制）。①

3.《公约》对中国 KY 协会和 XT 中心影响的异同

《公约》内容对中国 KY 协会和 XT 中心虽然并无差别，然而对于它们的意义却不尽相同。对中国 KY 协会而言，作为控烟的行业性组织，推动《公约》是一项责任；而 XT 中心需要借《公约》的"旗帜"来开展控烟工作。但是，在开展推动《公约》的活动中，它们却采取了类似的措施——举办由官员和专家组成的研讨会，邀请相关政府官员、医疗卫生领域专家学者等精英出席。同时也表明了中国 KY 协会和 XT 中心的社会网络关系状况。《公约》的驱动力能够使这些社会资本对社会结构产生影响。

（三）资源与技术的驱动

"行动者在行动中获取和使用的嵌入在社会网络中的资源"就是社会资本，而在社会资本的语言体系中，资源包括物质和符号物品，符号物品包括知识和情感等非物质元素。② 相对于货币资本、物质资本、技

---

① 参见 2004 年 4 月 9 日，XT 中心等机构联合发布的《北京宣言》。
② ［美］林南：《社会资本：关于社会结构与行动的理论》，张磊译，上海人民出版社 2004 年版。

术资本、人力资本这些显而易见、存量容易衡量的资本而言，社会资本显得较为复杂，尽管被学者视为促进社会发展的又一个重要因素，学界尚未掌握测量社会资本的方法，① 但是自20世纪八九十年代以来，社会资本在经济学、社会学和政治学都得到了深入探索，或用来解释经济增长，或用来解释社会结构与社会行动，或用来解释政治行为，显然，社会资本依然被视为一种新资源。② 从操作层面，林南把在社会网络中获取和使用的资源视为社会资本。

在控烟领域，盖茨基金会和彭博控烟联盟为全球控烟提供了丰富的资源和技术，并且把中国控烟视为优先领域。加之，世卫组织作为彭博控烟联盟的成员，不但提供符号资源和专业技术，而且是控烟工作标准（规则）的制定者。与世卫组织结盟，就把控烟资源、权威和规则等因素都联系了起来，并占据了社会结构中的特定位置。无论中国KY协会、XT中心，还是国际控烟社会组织，都会重视这一"相对持久的资源交换、流动和联系"，组织关系也就建立了起来。③ 然而，"管理好与其他组织的关系是组织的首要任务"④。只有组织间能够提供对等的资源交换，组织关系才能得以长期维系，因为就组织本身而言其是"群体利益博弈的场所和工具"⑤。

资源交换是国际控烟社会组织与国内控烟社会组织的互动基础。在中国开展控烟工作不仅需要物质资源，更需要能够推动工作进展、改变或制定相关政策的非物质资源——行政资源、社会资源、媒体资源等多

---

① 燕继荣：《社会资本与国家治理》，北京大学出版社2015年版。
② 典型研究参见Francois, P., *Social Capital and Economic Development*, London: Routledge, 2006; Woolcock, M., "Social Capital and Economic Development: Toward A Theoretical Synthesis and Policy Framework", *Theory and Society*, Vol. 27, No. 2, 1998; Putnam, R. D., *Bowling Alone: The Collapse and Revival of American Community*, New York, NY: Simon & Schuster, 2007, [美]林南《社会资本：关于社会结构与行动的理论》，张磊译，上海人民出版社2004年版。
③ [美]达夫特：《组织理论与设计》，王凤彬、张秀萍、刘松博等译，清华大学出版社2016年版。
④ [美]斯科特、戴维斯：《组织理论——理性、自然与开放系统的视角》，高俊山译，人民出版社2015年版。
⑤ 于显洋：《组织社会学》，中国人民大学出版社2009年版。

种形式的资源。这些资源构成的协调体系就是社会的宏观结构。① 国际控烟社会组织拥有丰富的物质资源。国内控烟社会组织拥有可利用的人力、行政和社会资源。两者之间的有效的互动、互换构成了控烟行动。

中国特殊的烟草专卖制度是中国控烟履约行动缓慢甚至受阻的主要原因。通过科研机构和社会组织的力量推动中国加快控烟工作成了国际控烟社会组织必然的选择。在中国语境下，盖茨基金会、彭博控烟联盟或是其他国际社会组织无法摆脱对国内控烟社会组织的依赖，国内控烟社会组织在控烟社会结构中承担了国际控烟社会组织代理人的位置，被委托于按控烟规则和程序行动。相对而言，充足的国际资源和技术有助于中国本土控烟社会组织实现其组织目标。而这些资源的来源即符合他们的组织目标——控制烟草，又具有合法性——中国政府签订了《公约》，而且国际资金相对丰富、控烟推动技术相对先进。此外，盖茨基金会、彭博控烟联盟的多家成员都同中国政府部门、科研机构有长期的合作关系。这种关系又加深了其所持资源在中国的合法性。加之，国内控烟资源尚未开发，政府也未曾安排相关资金。由此由盖茨基金、彭博控烟联盟等国际社会组织提供的控烟资源和技术成了中国控烟社会组织的重要物质资源驱动力。

二　法律政策议程设置的机制

议程设置被视为政府对政策议题的排序。② 金登提出的多源流理论框架颇具影响力，其核心观点是议程设置发生在"问题流""政策方案流"和"政治流"聚合之时，"政策窗口"打开，政策议题进入议程。金登还特别研究了"问题识别和界定的方式"，他指出问题并非完全自

---

① ［美］林南：《社会资本：关于社会结构与行动的理论》，张磊译，上海人民出版社2004年版。
② ［美］金登：《议程、备选方案与公共政策》，丁煌、方兴译，中国人民大学出版社2004年版；王绍光：《中国公共政策议程设置的模式》，《中国社会科学》2006年第5期。

明的，取决于其界定方式，其中涉及诸多利害关系。他区别了"状况"与"问题"，指出"就一些状况而采取某种行动的时候"，"状况"就被界定为"问题"。由此，对"状况"采取措施是"问题"产生的关键。金登关注的是，"问题是怎样引起政府官员注意的？"换而言之，就是"问题"是如何转变为政策议程的？就全国人大立法而言，《立法法》（2000年）第七条规定：

> 全国人民代表大会和全国人民代表大会常务委员会行使国家立法权。
> 全国人民代表大会制定和修改刑事、民事、国家机构的和其他的基本法律。

第九条规定：

> 本法第八条规定的事项尚未制定法律的，全国人民代表大会及其常务委员会有权做出决定，授权国务院可以根据实际需要，对其中的部分事项先制定行政法规，但是有关犯罪和刑罚、对公民政治权利的剥夺和限制人身自由的强制措施和处罚、司法制度等事项除外。

全国人大是立法机关，也可以授权国务院制定法律。换而言之，全国人大和国务院都可以提出设置法律政策议程。全国人大和国务院是法律政策议程设置的核心力量，而党中央可以对政策议程产生直接影响力，全国政协亦可以通过提案发挥参政议政的力量，影响议程设置。为了推动政策议程的设定，社会组织会通过各种路径来影响各级政府机构（见图5-1）。

社会组织通过同专家、媒体、公众，甚至烟草广告利益相关方等群体互动来推动有关烟草广告立法的议程，这里称为社会组织议程；"两会"代表/委员推动的有关烟草广告立法形成了"两会"议程；相关职

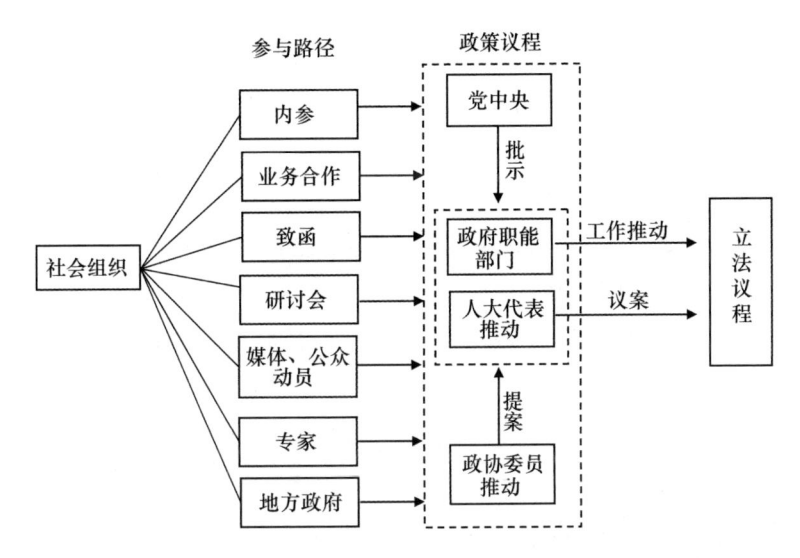

图 5-1　社会组织影响法律政策议程设置的途径示意图

能部门关注烟草问题，并采取立法相关措施的过程形成了政府职能部门议程。在系统性地实证研究社会组织议程之前，先用建构主义视角简要分析政府职能部门议程和"两会"议程，以便更明确地解析社会组织议程。

（一）政府职能部门议程

政府职能部门议程是指政府职能部门开始关注的"问题"。就烟草广告问题而言，政府职能部门是从两个层面来关注的：部门层面和国家层面。

从部门层面，国家工商总局也注意到随着社会的飞速发展，《广告法》的法律效力不断降低。特别是有关烟草广告的条款已经无法约束新型烟草广告、变相烟草广告。2007 年，国家工商总局、卫生部和中国 KY 协会商讨修订部门法规——《烟草广告管理暂行办法》，以加强对烟草广告的管理。

从国家层面，《广告法》总体法律效力的不足、处罚偏轻、违法成本低、无法有效打击违法行为，使得各种虚假违法广告乘虚而入、肆意妄为，引发了严重的社会问题。为了应对这些问题，工商总局于2005年开始了《广告法》修改的调研、起草工作。① 2006年，国家工商总局对全国人大财经委建议修法的答复是，"正在组织开展专题调研，为《广告法》修订做好前期准备"②。2009年，国家工商总局完成了《广告法（修订草案）》送审稿，并提交至国务院。

直至2012年2月，"国家工商总局正在积极推进《广告法》和烟草广告管理暂行办法的修改工作"③。

显然，无论是制定《烟草广告管理暂行办法》，还是修改《广告法》有关烟草广告的条款，针对烟草广告立法的概念已经在国家工商总局确立无疑，并且开展了后续工作。

（二）"两会"议案/提案议程

"两会"的提案或议案是影响烟草广告相关的"两会"议案/提案议程，包括：专门针对《广告法》的提案/议案和针对烟草控制的提案/议案。据公开资料，自2001年，有全国政协委员提案呼吁修订《广告法》。④ 之后，不断有"两会"人大代表或政协委员提交有关修订《广告法》的议案、提案。全国人大代表杨蓉娅、袁敬华、黄泰康，全国政协委员王翔、蔡自兴、冯世良、康交阳、储亚平等不断呼吁尽快修改《广告法》。⑤

---

① 《国家工商总局：将修订广告法打击虚假广告》，青岛新闻网：http：//qingdaonews. com/gb/content/2005-09/01/content_ 5331086. htm，2017年4月8日访问。
② 全国人民代表大会：《国家工商总局正为广告法修订做前期准备（2006年）》，中国人大网：http：//www. npc. gov. cn/npc/xinwen/lfgz/lfdt/2006-11/30/content_ 354601. htm，2017年4月8日访问。
③ 《工商总局正积极推动修改广告法》，央视网：http：//news. cntv. cn/2012 0206/107076. shtml，2017年4月8日访问。
④ 《政协委员王翔呼吁：尽快修改〈广告法〉》，http：//www. people. com. cn/GB/guandian/183/2281/3295/20010306/409970. html，2017年4月8日访问。
⑤ 《假广告每年误导250万人吃错药》，《检察日报》：http：//www. jcrb. com/n1/jcrb894/ca469462. htm，2017年4月8日访问；《政协委员王翔呼吁：尽快修改〈广告法〉》，http：//www. people. com. cn/GB/guandian/183/2281/3295/20010306/409970. html，2017年4月8日访问；《卫生界代表委员建议将医疗广告归口管理严格审查》，中国网：http：//www. china. com. cn/zhuanti2005/txt/2006-03/10/content_ 6150084. htm，2017年4月8日访问。

中国签订《公约》后，"两会"代表/委员针对烟草控制立法的呼声也越来越多，2011年3月"两会"期间，"徐景龙、顾晋、周晓光、范谊、孙兆奇、孙菁、袁敬华、买世蕊、马力、王陇德等828名代表提出10件议案，建议制定公共场所禁烟法、控烟法、烟害防治法和烟草危害预防控制法"①，其中包括专门针对烟草广告的提案/议案。实际上，自2009年以来，中国KY协会和XT中心专门组织了活动推动"两会"代表/委员提交针对烟草广告的议案/提案。

总之，无论是从整体修改《广告法》的角度，还是控制烟草立法的角度，抑或反对烟草广告的层面，"两会"代表/委员的相关议案/提案形成了重要的针对烟草广告立法的议程。

三　社会组织议程

（一）社会组织议程的起源

社会组织禁止烟草广告的议程源自中国KY协会长期以来对烟草广告问题的关注。"无烟影视"活动是其最早用来反对烟草广告的工具。中国KY协会还意识到，变相烟草广告或者具有广告效果的吸烟形象宣传更为棘手，为此开展了净化荧屏的行动策略。早在1993年，中国KY协会表彰了第一个"无烟影视"作品——《生命之吻》。"表彰后剧组非常高兴，认为这是很大的荣誉，因为当时中国KY协会在一定程度上代表了全国爱卫会和卫生部。这也产生了很大社会影响，之后，'无烟影视'的活动一直推广了下去。"②

修订前的《广告法》虽然有明确禁止烟草广告的条款，但是"五类媒介，四类场所"的规定，不足以限制所有的烟草广告，尤其是变相广告。变相烟草广告的隐蔽性是反对烟草广告的最大挑战之一。较各种冠名、赞助等形式的变相烟草广告，影视剧中植入的烟草广告则更为

---

① 《工商总局正积极推动修改广告法》，央视网：http://news.cntv.cn/20120206/107076.shtml，2017年4月8日访问。
② 中国KY协会首届副会长兼秘书长访谈，2016年9月29日。

隐蔽，也没有禁止影视片中吸烟现象的相关规定。之所以选择从影视剧入手，主要有几点考虑：一是当时传媒没有现在发达，影视剧影响力很大，是推动控烟工作的一个推手；二是《广告法》刚刚出台，不能一开始就与法律唱反调，需要找到一个各方都能接受的点；三是用"表彰"的策略实现"反对"的目的。① 此后，为了弥补"法"之不足，中国KY协会通过各种活动有策略地推动社会对烟草广告问题的认识，并推动公众参与反对烟草广告。

（二）社会组织议程的政府路径

1. 中国KY协会与政府"业务合作"路径

中国KY协会的官办身份能够把它所关注的问题融入政府工作，即从政府路径推动社会议程。为此，中国KY协会开始通过与更多的政府部门开展实质性业务合作的路径推动反对烟草广告的活动，最为典型的是"无烟影视"活动和"全国无烟草广告城市"活动。

（1）推动政府多部门共同开展"无烟影视"活动

"无烟影视"活动是中国KY协会和国家工商总局、卫生部等多个国务院职能部门合作开展的活动。自1993年后，"无烟影视"表彰活动不断发展，活动内容也不断丰富，从表彰单一影视作品到表彰控烟优秀新闻单位，从而产生了更大的社会效应。2003年，中国KY协会促成了卫生部、全国爱卫会、文化部、国家广播电影电视总局（简称"国家广电总局"）、国家工商总局联合下发以"无烟草影视及时尚行动"为主题的《关于开展第十六个世界无烟日活动的通知》，开展阻击烟草广告的活动。随后，这一战略持续发展，开始评比年度所有影视剧中的吸烟镜头，并召开新闻发布会，以扩大影响力。实际上，"无烟影视"的策略也在不断发生变化，由最初对无烟影视作品进行遴选，到后来的对作品进行监测；从以"表彰"为主的活动策略，到了后来的"表彰"和"批评"并用。例如，自2007年起，中国KY协会开展了年度热播

---

① 中国KY协会首届副会长兼秘书长访谈，2016年9月29日。

的电影和电视剧烟草镜头监测活动,精确测算影视剧中的吸烟镜头,并为相关作品分别颁发"无烟影视剧奖"和"脏烟灰缸奖"。这些活动的开展,在一定程度上影响了政府相关部门对烟草广告的认识。

(2) 推动政府多部门共同开展"全国无烟草广告城市"活动

"全国无烟草广告城市"是中国 KY 协会和国家工商总局、卫生部共同推动的又一个全国性对抗烟草广告的活动。当时户外烟草广告盛行。"他们用高价与承接单位签订合同,用耀眼的霓虹灯和非常醒目的牌子竖立在高层建筑、机场、港口、车站和运动赛场上。……我国许多大型体育活动也利用'万宝路'和'555'的赞助来搞汽车拉力赛和各种球类比赛。"① 但是《广告法》管不了"户外烟草广告"。中国 KY 协会同卫生部和国家工商总局采取了"补救"措施——通过部门推动各地政府开展禁止户外烟草广告的活动。

中国 KY 协会开始策划创建"全国无烟草广告城市"评比活动。1995 年恰逢第三次全国卫生城市大检查,曾在中国爱卫会工作的 ZYF 先生自然地想到了把创建国家卫生城市与无烟草广告城市相结合。1995 年 7 月 24 日,ZYF 先生把"全国无烟草广告城市"计划、代拟"关于表彰全国无烟草广告城市的通知"一并呈给了时任卫生部部长陈敏章,建议"自 1996 年 5 月 31 日世界无烟日起,表彰第一批'全国无烟草广告城市'",并请示由"全国爱卫会和中国吸烟与健康协会联合颁发奖牌",得到了陈敏章的肯定与支持。② 陈敏章亲自写信给珠海市市长梁广大(1995 年 6 月 7 日),广东省副省长李兰芳和广州市委书记高祀仁、市长黎子流(1995 年 6 月 8 日),上海市市长徐匡迪、副市长谢丽娟等相关城市领导,请配合停止审批发布户外及室内烟草广告。③ 自此,中国 KY 协会开始落实表彰"全国无烟草广告城市"的工作。

"无烟草广告"逐步变成了卫生部评价"国家卫生城市"的一个指标。而"国家卫生城市"的称号是城市的一个荣誉,也是招商引资的

---

① 中国 KY 协会首届副会长兼秘书长访谈,2016 年 9 月 29 日。
② 转引自 1995 年 7 月 24 日中国 KY 协会首届副会长兼秘书长呈给卫生部部长陈敏章信函。
③ 中国 KY 协会首届副会长兼秘书长访谈,2016 年 9 月 29 日。

亮点。为此，许多城市为了获得"全国无烟草广告城市"的称号，纷纷制定了禁止烟草广告的地方法规，例如珠海市的《珠海市公共场所禁止吸烟暂行规定》（1995年10月18日）、上海市工商行政管理局的《关于本市烟草广告发布情况和管理意见》（1997年4月15日）、《深圳经济特区控制吸烟条例》（1998年8月28日）、广州市人民政府发布的《关于拆除户外烟草广告的通知》（1999年7月28日）。随着"全国无烟草广告城市"工作的不断推进，工作细节和机制不断完善，2003年2月24日，卫生部、国家工商总局联合下发《关于印发全国无烟草广告城市认定实施办法的通知》，并在中国KY协会设置了"控烟办公室"，协会秘书长担任主任专门负责"全国无烟草广告城市"的评审工作。截至2007年，全国有千余个城市向中国KY协会申报了"无烟草广告城市"。按照申报条件，申报"全国无烟草广告城市"的城市在申报之前需要在当地报纸和广播、电视等媒体进行为期一个月的公示。由此，"无烟草广告"概念系统性地融入了国家工商总局、卫生部、各地方政府体系，以及公众心中。为无烟草广告"问题"转变为"政策概念"奠定了行政和社会基础。同时，也进一步加深了中国KY协会同国家相关部门的关系。

2. 社会组织与不同政府部门形成了"应对式"互动路径，以解决发现的问题

"应对式"互动是社会组织向政府有关部门反映社会问题最常见的方式。社会组织多采用致函的方式，向政府相关部门反映社会问题，相关政府部门基本会有不同程度的应对。就烟草广告而言，多会涉及地方工商部门以及事件涉及的其他政府部门。尤其是2003年签订《公约》之后，中国KY协会和XT中心有了反对烟草广告的正当性，它们分别展开了各自的行动。

其一，中国KY协会与政府不同部门的"应对式"互动。

中国KY协会曾向政府相关部门相继反映多起有巨大影响力的烟草广告焦点事件，其中包括2004年上海F1烟草广告、2008年烟草企业欲获"中华慈善奖"、2009年，建议中纪委禁止公款消费烟草等事件。

2004年，上海申办的世界一级方程式赛车锦标赛（FIA Formula 1 World Championship，简称F1）打开了控烟社会组织与政府互动的窗口。F1是由国际汽车运动联合会（FIA）举办的世界最高水平的年度赛车比赛，这项昂贵的体育赛事与奥运会、世界杯足球赛并称为"世界三大体育盛事"，吸引着全球体育爱好者的目光。赞助商和电视转播权是F1的主要经济来源。其中烟草公司是F1的主要赞助商，万宝路（Marlboro）就是借由F1赛事成为世界知名烟草品牌。2004年之前，F1赛车万宝路车身近乎成为该赛事的标志。中国上海经过不懈努力终于赢得2004年的F1赛事的举办权。所有的准备工作按部进行，烟草企业的赞助合约也签署完毕。中国KY协会意识到F1赛事的烟草广告影响巨大，这也正为开展禁止烟草广告活动提供了难得的机会。但是也意识到，烟草赞助对赛事巨大的经济支持，取消广告并非易事。只有征得政府和社会的支持，才有可能成功"罢免"F1赛事的烟草广告。为了赢得政府对F1赛事禁止烟草广告的支持，2004年6月，中国KY协会致函国家工商总局，建议在F1汽车大赛中禁止烟草广告；同时，中国KY协会向卫生部提交了《关于建议上海F1世界锦标赛不应设置烟草广告的请示》。

2008年，中国KY协会致函民政部请求取消授予"中国烟草总公司""湖北中烟工业有限责任公司""上海烟草（集团）公司""云南省烟草专卖局（公司）""中国烟草总公司山东省分公司"等烟草企业"2008年度'中华慈善奖'"。民政部最终取消了对这些已经公示即将获得"中华慈善奖——最具爱心内资企业"称号的烟草企业的荣誉授予。中国KY协会直接致函相关政府部门反映违背《公约》精神和中国相关法律法规的烟草广告，并收到了相关部门的积极回应。作为行动者的中国KY协会，在特定的制度规则下，积极发挥了其能动性，是因为社会规则"允许能动性发挥较大作用"[①]。

2009年，建议中纪委禁止公款消费烟草事件源自湖北公安县红头

[①] ［瑞典］伯恩斯等：《经济与社会变迁的结构化：行动者、制度与环境》，周长城等译，社会科学文献出版社2010年版。

文件摊派卷烟。事情被曝光后引起了社会广泛关注，也激起了人们对公款抽烟的愤慨。中国KY协会针对这一事件，专门撰写了《致中纪委禁止公款买烟的函》，并派专人送到中纪委，同时召开了新闻发布会，邀请了包括新华社、《第一财经日报》、《法制晚报》、和讯网、光明网在内的30余家媒体出席。会上，中国KY协会陈述了公款烟草消费是腐败现象，而且违背了中国政府对《公约》的承诺，违背了党和政府关于公款消费的相关规定，更重要的是损害了党和政府的形象。媒体的广泛报道引起了网民的跟帖评论，《人民日报》的《控烟协会建议中纪委禁止公款消费烟草》更是被大量转载。[①] 事后，中纪委专门致电中国KY协会，表示非常重视他们反映的问题，并将做出处理。由此可见，中纪委的回应和表态客观上增加了中国KY协会的社会资本运作的效果，因为这产生的影响对于提升中国KY协会的社会信用、强化其与控烟身份和权威都势必产生积极影响，[②] 即增加了中国KY协会进行行政交换的权重。

其二，XT中心与政府的"应对式"互动。

缺乏正式的政府网络资源使得XT中心无法开展"中国KY协会"式的与政府合作的模式。但是，它也尽一切可能向政府反映烟草广告问题，例如"无烟影视"、2004年F1烟草广告等焦点事件中都有XT中心的身影。

XT中心也认识到影视剧吸烟镜头的烟草广告效应的严重性，为了揭示影视剧中烟草镜头的影响，它必须另择途径展开行动。2004年开始涉足控烟工作，XT中心在控烟领域影响力还相当有限。为了能够在"无烟影视"倡导上发挥更多作用，XT中心组织举办了"创造无烟环境研讨会"，邀请了医生、公共卫生专家，以及媒体记者出席。并以与会专家联名的"研讨会"名义致函国家广电总局，反映影视作品中吸

---

① 《控烟协会建议中央纪委禁止公款消费烟草制品》，搜狐新闻：http://news.sohu.com/20090520/n264057166.shtml，2017年4月8日访问。

② [美] 林南：《社会资本：关于社会结构与行动的理论》，张磊译，上海人民出版社2004年版。

烟镜头过多问题，请求将带有明显吸烟镜头的影视作品列入"限制级"。虽然国家广电总局相关部门也积极响应了"研讨会"的呼吁，"要求各级审查机构对影视作品中滥用吸烟镜头等现象予以重视，加强审查，严格把关"。但终究"由于我国目前还没有禁烟的相关法律、法规。因此，从依法行政的角度，完全禁止电视剧中出现吸烟镜头（包括领袖人物的吸烟镜头等），尚缺乏法律依据"[①]。虽然，与政府相关部门的互动，没有直接产生预期的结果，但是活动本身在一定程度上推动了反对烟草广告的社会组织议程。

针对上海 2004 年 F1 烟草广告，同中国 KY 协会一样，XT 中心致函国家工商总局，建议在 F1 汽车大赛中禁止烟草广告。此外，XT 中心还通过某全国政协委员致函给国家体育总局，建议取消烟草广告，并得到国家体育总局的回复。

2010 年，XT 中心致函国家工商行政管理局，提出了《关于对变相烟草广告加强监督管理的建议》；而且经常采用致函的方式向政府部门投诉违反相关规定的烟草广告，虽然不能直接影响议程设置，但是可以影响政府决策。XT 中心向有关部门反映烟草广告问题的同时会举办媒体通报会。XT 中心还注重与公益律师合作。自 2004 年，针对烟草广告、促销和赞助的违法行为，XT 中心致函包括上海、昆明、北京、杭州、广东、四川、江西等地方工商局 30 多起，包括引起社会关注的上海 2004 年 F1 赛事广告、上海世博会烟草企业赞助、烟草希望小学"烟草助你成才"广告案、诉讼金圣"低焦油"欺诈案、北京西站烟草广告案、上海"爱我中华"广告案、陕西中烟烟店违法发布烟草宣传印刷品案等。

（三）社会组织议程的"两会"路径

"两会"路径主要是通过"两会"代表/委员提交的各种议案和提

[①] 参见 2007 年 8 月 8 日，国家广电总局电视剧管理司、国家广电总局电影管理局答复"创造无烟环境研讨会"信函。

案来影响议程设置的路径。"两会"是中国立法的最基本途径。通过人大代表和政协委员向"两会"提交关于禁止烟草广告的建议,是控烟社会组织最为直接的影响议程设置的途径。这条路径的关键在于控烟社会组织拥有或者能够开发人大代表或者政协委员社会关系资源。

实际上,自2007年以来,历年"两会"都有关于禁止烟草广告、促销和赞助问题的建议和议案。截至2014年8月25日,中国KY协会和XT中心协助代表们提交了90多项控烟相关议案或提案。有的是中国KY协会和XT中心主动委托相关人大代表和政协委员向"两会"提交的关于禁止烟草广告的议案或者提案,有的是它们为人大代表或者政协委员提供相关资料,有的是协助起草议案或者提案。在不断请求"两会"代表提交控制烟草相关的议案或者提案过程中,中国KY协会和XT中心也不断学习如何增加议案或者提案的方式和效果,从最初的请求少数代表提交议案,到后来专门举办"两会"代表控烟座谈会,向代表们传递烟草危害、中国履约责任等知识,争取代表支持。为了使议案或者提案产生尽可能大的影响力,控烟社会组织也会完成一系列准备工作,包括为代表准备相关知识材料、在"两会"之前召开代表座谈会,同时邀请媒体造势。

自2009年以来,每年都召开"两会"代表座谈会,例如,2009年"两会"期间,XT中心协助多名人大代表完成了有关烟草广告建议的内容,包括协助一位人大代表联合30位人大代表建议应尽快修订《广告法》第十八条,禁止任何形式的烟草广告,禁止烟草公司冠名的慈善行动,禁止烟草公司变相宣传烟草品牌;濮存昕就公务用烟和烟草广告问题提出了建议。

(四)社会组织议程的社会路径

为了推进有关烟草广告问题的政策议程,除了政府路径和"两会"路径,社会组织往往也非常注重推动公众、专家、媒体等"社会圈"内各主体的参与。它们之间往往是"嵌入式"的互动。而抵制大型赛事、国家重要奖项、大型国际博览会等重大活动的烟草广告是它们互动的舞台,更容易产生放大烟草广告问题的效果和抵制烟草广告的社会影响力。把引起人们关注的危机、流行符号或者政策制定者的经历视为政策过程中的焦点事件。若要使一个能见度较低的事情被提上政府政策议程,它必须变成一个"政府决策者所不能忽视的事情",成为有足够能见度的项目议程。①

然而,由于欲干预的大型赛事、国家重要奖项、大型国际博览会等活动的影响力大,社会组织仅凭单一路径很难实现目标,而且"有些情况相当复杂,政府内部协调起来也没那么容易,就想到了动用专家、媒体和公众的力量"②。

1. 推动专家、媒体、公众参与抵制烟草广告

对于组织而言,技术知识来源于环境,而为了完成目标,组织必须"有效地完成一系列关键任务",也就是"组织所做的工作"③,这些工作又发生在社会结构之中,行动再生或者改变社会结构。④ 社会组织议程中最重要的任务是抵制烟草广告,并产生社会影响力。大型活动是社会组织开展活动的落脚点,因为随着中国的不断发展壮大,越来越多的大型国际活动落户中国,它们也渐渐地成了烟草广告的摇篮。为了阻止这些活动中出现烟草广告,中国 KY 协会和 XT 中心充分利用专家、媒体和公众资源,推动它们"共同御敌"。从抵制 2004 年上海 F1 赛事烟草企业赞助,到 2009 年促成上海世博会退还烟草企业捐赠,它们的行动成功推进了烟草广告立法的社会议程。而且在活动中,中国 KY 协会和 XT 中心也不断学习和成长。

其一,抵制上海 F1 赛事烟草企业赞助。

2004 年为了阻止烟草广告与赞助进入 F1 赛事,中国 KY 协会和 XT

---

① [美]金登:《议程、备选方案与公共政策》,丁煌、方兴译,中国人民大学出版社 2004 年版。
② 中国 KY 协会原办公室主任电话访谈,2017 年 3 月 26 日。
③ [美]斯科特、戴维斯:《组织理论——理性、自然与开放系统的视角》,高俊山译,人民出版社 2015 年版。
④ [英]吉登斯:《社会的构成:结构化理论大纲》,李康、李猛译,生活·读书·新知三联书店 1998 年版。

中心组织了23名医疗卫生领域顶级专家和社会名人联名致函国际汽车联盟，要求拒绝发布烟草广告。23名著名医学专家和文化名人包括7位两院院士：中国工程院院士翁心植、高守一、侯云德、洪涛、郝希山、高润霖，中国科学院院士曾毅，及16名医学专家和文化名人。希望通过专家的力量阻止主办方接受烟草广告赞助。

世界顶级体育赛事首次在中国举办本身就是一件非常吸引社会关注的新闻事件。"突然出现"数十名专家联名抵制赛事烟草广告，立刻引起了媒体和公众的关注，各种新闻报道层出不穷。然而，虽然主办方称由于赛事临近，车身和服装的广告来不及更换，但是撤销了赛场里面原计划的烟草广告，改由中国石化冠名。对于控烟社会组织而言，上海F1赛事上的烟草广告虽然没有实现它们所期待的结果，但是至少有所进步，更重要的是从此之后，"烟草广告问题"成了社会关注的"问题"，成功"引起政府内部及其周围人们的关注。"①

其二，促成上海世博会退还烟草企业捐赠。

2009年，上海世博会中国国家馆建设时，上海烟草（集团）公司捐赠了两亿元人民币。针对这一事件，2009年5月10日，中国KY协会致函上海世博会组委会，呼吁取消烟草企业捐赠，但并未得到主办方的回应。四个月后，中国KY协会就此事征集到了包括北京大学人民医院著名教授、首都医科大学教授、北京宣武医院教授等国内20名知名公共卫生和医学专家联名信，再次公开致函主办方，并在包括人民网、新华社、凤凰网、搜狐等数十家媒体上做了公开宣传。最终，中国KY协会获得了主办方的回应，退回了烟草公司的巨额赞助。

2. 中国KY协会定期培训媒体

在与媒体的不断互动中，中国KY协会也不断学习互动技巧。从新闻发布会到对媒体进行定期培训，中国KY协会与媒体构建了稳定的互动关系。

---

① ［美］金登：《议程、备选方案与公共政策》，丁煌、方兴译，中国人民大学出版社2004年版。

2009年，针对烟草广告问题，中国KY协会专门召开了"加快履约全面禁止烟草广告、促销和赞助"媒体发布会。发布会上，中国KY协会公布了由清华大学国际传播研究中心、清华大学健康传播研究所在全国各地拍摄收集烟草广告、促销和赞助事例。烟草广告问题严重，表现在公共场所的烟草广告随处可见；公用和公共交通设施也是烟草广告重地；电视、广播、互联网等新闻媒体的烟草广告和变相烟草广告大量存在；烟草企业赞助体育比赛盛行；汶川地震发生后，烟草企业冠名向灾区提供生活用品等。此后，中国KY协会几乎每年都会通过举办全国媒体控烟培训班、媒体工作总结会等活动来加深公众对烟草广告问题的认识。

3. XT中心策略性带动媒体关注

在与媒体的互动上，XT中心往往能够带动媒体与之持续互动，"连续剧"式地吸引公众的关注。自2009年起，XT中心把烟草冠名小学的问题带进了公众的视野，这一事件让公众持续关注了三年。

2009年12月12日，XT中心常务副主任WYQ教授向《法制晚报》出示了烟草公司设立希望小学的调查资料，当日下午《法制晚报》以"烟企冠名多所希望小学打'烟草助你成才'标语"为题发布了WYQ教授展示的图片和资料。此次新闻发布后，受到了大量转载，形成了公众关注热潮，人民网、《中国青年报》、《广州日报》、中央电视台等几十家媒体针对"烟草冠名希望小学"的事件发表了不同内容的新闻报道，转载量不计其数。自此之后，XT中心不断跟进这一问题，深刻揭露深藏于各处的烟草广告冠名的希望小学。此后，烟草是否能够冠名学校的问题在数十家新闻媒体和网络平台上引起了广泛讨论。"与烟草广告为敌"的广告策略对引起"公众议程"有由点带面、一箭三雕的效果。王绍光把"公众议程"定义为"引起社会大众广泛关注的问题"①。所谓一箭三雕，指的是一方面有效制止烟草广告传播；另一方面以"烟草广告"为反面教材起到教育、引导公众的效果；再者通过媒体传播引导社会舆论，最终产生影响政策环境的效果。

---

① 王绍光：《中国公共政策议程设置的模式》，《中国社会科学》2006年第5期。

(五）社会组织议程对政策环境的影响

从社会建构视角看，政策环境是影响政策过程的重要因素之一。具体到烟草广告立法，其政策环境因素主要包括公众意识、国际压力、议题排序、利益博弈等多种因素。虽然国家承认"吸烟有害健康"并把这一概念贯彻于多项政策之中，例如1994年制定的《广告法》，但烟草公司归根到底是国家所有企业，基于中国烟草专卖这一特殊的制度性安排，烟草企业捐赠、赞助、公款烟草消费的案例自然是屡见不鲜。这些结构性的环境因素使得中国的控制吸烟工作远远滞后，烟草销售量不断攀升，中国成了名副其实的烟草生产、销售和消费大国。从而使中国饱受"烟草之殇"——虽然表面上烟草业提供了巨额的财税，可是背后对人民健康的损害，以及随之产生的经济负担远远大于财税收入。① 由此，如何改变结构性的政策环境，有效降低烟草广告、促销和赞助成了控烟社会组织必须解决的问题。实际上，中国KY协会和XT中心围绕改变政策环境进行了不断努力。如之前所述把社会问题转化为政策概念的各种行动，同时也起到了改变政策环境的作用。中国KY协会和XT中心都注重先从媒体着手，有效组织了"传媒议程"的作用，使之成为社会组织议程的重要内容，使烟草广告问题变为"大众传媒频频报道和讨论的问题"。对于中国KY协会和XT中心而言，新闻媒体不仅仅是传播工具，他们还注重对媒体进行培训，使之成为助推控烟工作的社会组织议程。

四 社会组织参与政策议程设置的路径

社会问题是如何进入政府议程设置的，这是学者们常常关注的问题。②

---

① 齐林：《烟草经济：一场利益与健康的博弈》，《中国新时代》2013年第2期。
② Cobb, R., J, K. Ross and M, H. Ross, "Agenda Building as A Comparative Political Process", *American Political Science Review*, Vol. 70, No. 1, 1976；陈振明：《政策科学》，中国人民大学出版社1998年版；[美] 戴伊：《理解公共政策》，彭勃译，华夏出版社2004年版；[美] 金登：《议程、备选方案与公共政策》，丁煌、方兴译，中国人民大学出版社2004年版；王绍光：《中国公共政策议程设置的模式》，《中国社会科学》2006年第5期。

随着互联网的发展，中国传统的议程设置模式也发生了很大变化，传统"自上而下"的议程设置逐渐多元化，① 受到多种知识来源影响，② 并且在国家议程设置中存在三种路径，即官僚路径、协商路径和上书路径。③ 但对于民间参与者而言，其参与议程设置主要有两种模式："外压模式"和"上书模式"。王绍光所指的外压模式是指议程的提出者通过"诉诸舆论、争取民意"的方式，对决策者形成压力，迫使他们改变旧议程，接受新议程。④

在议程设置中，受组织目标、外力推动及资源与技术等因素的驱动，社会组织总是利用其所能够利用的各种资源、网络、技术等元素与决策者进行互动，以期使得嵌入在社会结构中的资源被获取或者被动员起来影响事情的发生，⑤ 进而在互动过程中影响涉及的社会规则和资源，⑥ 实现改变议程设置的目的。

社会组织参与中国议程设置的方式呈现多元化、专业化，甚至职业化的特征，有的是直接参与，有的是间接参与。基于此现象分析，本书发现了社会组织参与议程设置总体可分为三条主干路径：决策主体路径、"两会"代表和委员的议案/提案路径、社会路径。

（一）高层共识路径：中国 KY 协会寻求党中央支持

决策主体路径参与是指根据行动目标，社会组织与政策决策体系内各主体，包括最高领导层、全国人大、政府行政部门直接互动，进而实现推动形成最高领导层路径、全国人大路径、政府行政部门路径。政府职能部门是设置政策议程的主要决策主体之一。

---

① 陈姣娥、王国华：《网络时代政策议程设置机制研究》，《中国行政管理》2013 年第 1 期。
② 朱旭峰、田君：《知识与中国公共政策的议程设置：一个实证研究》，《中国行政管理》2008 年第 6 期。
③ 徐晓新：《社会政策过程：新农合中的央地互动》，中国社会科学出版社 2018 年版。
④ 王绍光：《中国公共政策议程设置的模式》，《中国社会科学》2006 年第 5 期。
⑤ [美]林南：《社会资本：关于社会结构与行动的理论》，张磊译，上海人民出版社 2004 年版。
⑥ [英]吉登斯：《社会的构成：结构化理论大纲》，李康、李猛译，生活·读书·新知三联书店 1998 年版。

党中央最高领导层路径（简称"高层共识路径"）对政策决策有决定性影响。而能够影响高层共识的途径是多元的，但是最基本的是需要通向高层的渠道。在《广告法》立法过程中，中国 KY 协会有两种途径通向最高领导人：一是，通过名誉会长吴阶平、韩启德、何鲁丽等民主党派领导人与党中央的特殊关系；二是，通过内参途径。韩启德、何鲁丽一向非常支持烟草控制工作，虽然不知他们是否在《广告法》修订过程中直接向党中央提了建议和意见，但是身兼全国人大委员会副委员长身份的他们，必定对立法产生了影响。

内参途径是通向高层共识的另外一条途径，也是中国政治体制内的一条能够影响决策的重要途径。有学者认为这条途径是能够接近最高领导层的人通过非正常程序递交的秘札或进谏实现的。① 实际上，领导人还有专门获取内参的正式途径——《新华社内参》《人民日报社内参》《思想理论内参》，分别是由新华社、人民日报社、中央党校主办的专门向中央和地方各级领导提供重要信息的内部刊物。新华社和人民日报社均专门设有内参部。而通过"内参"方式获得领导人批示的政策建议也常常见诸报端。习近平总书记就非常重视内参的信息。2016 年 2 月 19 日，习近平在北京主持召开了党的新闻舆论工作座谈会，专门调研了负责采编内参稿件的新华社参编部，强调说，"内参工作非常重要，做好内参工作要客观真实，要有高度责任心、使命感。我在地方工作时就比较重视内参工作，到中央工作后尤其重视，希望大家再接再厉"②。由此观之，"内参"或是影响议程设置的一个途径。当然，由于内参信息量也非常丰富，涉及各个领域，所以也并不是所有的"内参"信息都能获得领导人的关注。

中国 KY 协会为了让国家领导人关注中国控烟，也曾通过新华"内参"发表文章。为了撰写高质量的文章，中国 KY 协会联合相关机构，

---

① 王绍光：《中国公共政策议程设置的模式》，《中国社会科学》2006 年第 5 期。
② 《习近平总书记主持召开党的新闻舆论工作座谈会并到人民日报社、新华社、中央电视台调研侧记》，新华网：http：//news.xinhuanet.com/politics/2016-02/20/c_1118106530.htm，2017 年 4 月 8 日访问。

邀请政府相关部门的官员、专家学者等共商国是。例如2013年6月，中国KY协会联合多家单位举办了"中国控烟与健康可持续发展高层论坛"。邀请官员、经济学家、法学家、控烟专家、公共卫生专家和民间控烟组织的代表90余人参与了会议。会议形成了向中央主要领导人撰写控烟的意见和建议报告，并通过新华"内参"分析了控烟履约机制困境。

由此，"内参"路径已经成了社会组织提交关于控制烟草的建议和意见的一条正常途径。这条路径的要求是能够写出高质量的文章，以通过"内参"编辑的审核。

（二）政府行政体系路径：社会组织参与逻辑迥异

1. 中层决策路径：与政府职能部门的互动

政府职能部门一般是议程设置的主导者之一，主要负责立法前期调研、法案起草等工作，与政府职能部门的互动是影响议程设置的主要途径。在推动有关烟草广告的议程设置过程中，中国KY协会的参与主要表现在与政府职能部门（主要是国家工商总局）深度合作、与相关官员"底下沟通"、递送官方信函等方式；而XT中心也采取了与官员"底下沟通"和致函的方式，来影响政府职能部门对议程的设置。

其一，中国KY协会与政府职能部门深度合作路径。

与职能部门深度合作主要是协助相关部门法案的起草工作，包括提供技术咨询、调研、协助起草相关内容等工作。在议程设置中，政府部门往往需要相关专业领域的技术支持。尤其是关于烟草广告的议程，不仅事关烟草广告本身，而且还涉及中国政府签订的《烟草控制框架公约》等重大问题。中国KY协会凭借与国家工商总局的良好关系及其自身的专业知识协助完成了广告法草案有关烟草广告条款的起草工作。实际上，中国KY协会和国家工商总局有就烟草广告立法的良好合作基础，且不说它们曾经共同开展"无烟影视""全国无烟城市"等活动，彼时它们恰在合作制定有关烟草广告的部门法规——《烟草广告管理暂行办法》。① 2013 年 5 月,《广告法》修订程序启动后,中国 KY 协会即协助国家工商总局完成了法案有关烟草广告条款内容。

其二,与决策层内相关部门正式沟通。

除了政府职能部门,决策层内相关部门,包括国务院法制办,及其他相关政府部委,也都能够直接影响议程设置。为了获得它们的支持,最大限度地影响议程的设置,中国 KY 协会向这些部门递送了书面建议和意见。2013 年 6 月,中国 KY 协会邀请 20 多名控烟专家、法学专家商讨完成了"《广告法》有关烟草广告的条款修订意见",同时形成《关于报送〈广告法〉修改建议的函》递送给了国家工商总局、国务院法制办、全国人大常委会法制工作委员会(简称"全国人大法工委")、卫生部,建议按照《公约》要求,全面禁止烟草广告及与广告相关的烟草促销、赞助活动。同年 11 月,时任中国 KY 协会副会长兼秘书长专门向时任国家工商总局广告监管司司长、处长和有关人员汇报了相关内容,详细阐述了《公约》对全面禁止烟草企业捐赠、赞助问题的要求,以及我国烟草广告、变相烟草广告的状况。中国 KY 协会负责人表示,"那次沟通得非常好,他们都非常支持全面禁止所有烟草广告"②。

其三,非正式"底下沟通"路径。

"底下沟通"路径是社会组织把政府官员请出来,对关心的问题进行沟通的方式。通常为了达到沟通效果,需要有沟通的"道场"。相关领域的专家、知名学者等权威人士能够起到助场作用,或者联合政府相关机构、事业单位共同举办,以增加行政资本效应。有官员、专家组成的研讨会或论坛常常是最好的"道场"形式。"底下沟通"也是双向交流,社会组织可以借机了解政府内部信息,政府官员也可以私底下深入了解相关社会信息。中国 KY 协会的官办身份有助于其组织和官员"底下沟通"的平台。时任中国 KY 协会名誉会长、会长、多名副会长、顾问均曾任或现任政府高级职务。例如,中国 KY 协会会长曾同时担任全

---

① 中国 KY 协会原办公室主任访谈,2017 年 3 月 26 日。
② 中国 KY 协会原秘书长访谈,2016 年 11 月 14 日。

国政协科教文卫体委员会副主任、原卫生部副部长。总之，中国 KY 协会的官办身份是它能够把官员"请出来"的关键因素。

在《广告法》有关烟草广告条款的议程设置阶段，中国 KY 协会组织了多场相关议题的研讨会，邀请了相关部门官员出席。其中最典型的是 2013 年 6 月 30 日举办的"中国控烟与健康可持续发展高层论坛"。中国 KY 协会联合国家行政学院、中国疾控中心和北京协和医学院等单位举办了这次论坛。论坛邀请到了国家卫生计生委副主任，全国人大法工委主任，国家行政学院副院长，全国政协科教文卫委员会办公室主任，中央党校办公厅主任，以及外交部等部门的政府官员。同时到会的还有世卫组织驻华代表处、中国疾控中心、中国社会科学院、国务院发展研究中心、中央机构编制委员会办公室、财政部财税所、中国行政体制改革研究会、国家创新与发展战略研究会、中国政法大学、北京师范大学等单位的专家学者。

其四，致函路径。

致函路径是指社会组织通过正式信函的方式，向政府相关部门揭发违反相关法律法规的问题，以期这些部门能够采纳他们的观点或建议。针对烟草广告、烟草泛滥等问题，中国 KY 协会和 XT 中心多次致函国家工商总局、卫生部等相关部门促请制定相关政策。

这里的"致函路径"同学者们"上书"模式的相似之处在于均是采用写信的方式，但是社会组织的致函路径同"上书模式"有很大区别。王绍光的"上书模式"是指，"给决策者写信，提出政策建议"，并强调"建言人不是专职的政府智囊"，而是"有知识优势和社会地位的人"（这里暂且称为"社会精英"），而且上书模式"很少出现"，但预测可能成为影响中国议程设置的一个主要模式。[1] 而徐晓新的"上书路径"强调的是"高级官员利用与最高领导人的私人关系"，将专家的研究成果以私人信件方式寄送给最高领导人。[2] 从中可以看出，此二者

---

[1] 王绍光：《中国公共政策议程设置的模式》，《中国社会科学》2006 年第 5 期。
[2] 徐晓新：《社会政策过程：新农合中的央地互动》，中国社会科学出版社 2018 年版。

所讲的"上书"既有差别，也有相同之处。主要差别包括：其一，上书给决策者和上书给最高领导人是两个不同的概念；其二，上书人的身份前者是指民间人士，后者指的是高级官员；相同之处在于上书均出自民间精英人士，这是因为这些人可以接触到高级官员，或者决策者。尽管学者们对"上书"的定义有所不同，但它是中国政策变迁过程中的一种方式。王绍光所讲的"上书"者往往是社会精英，是有"知识优势、社会地位的人"，而且他们有能够上书的"管道"，但也不能保证他们的谏言能够被采纳；①徐晓新观察的"上书"实际上是政府内部的沟通方式，是高级官员向最高领导人"上书"②。

既不同于社会精英向决策者的上书，又不同于政府内部低级官员向高级官员的上书，控烟社会组织常常致函给卫生部、国家工商总局等政府相关部门。致函是他们常用的方式，而且多会得到政府有关部门的正式复函，但是这种方式的象征意义更强。政府公务繁忙，常常收到大量各种各样的信函，并不是所有的信件都能引起决策者的注意。

2. 底层间接路径：XT中心与地方政府互动

与地方政府互动，并通过媒体放大互动过程，是XT中心对影响政策议程的实践探索。与地方政府的互动，主要包括投诉烟草企业赞助、投诉违法烟草广告等行为，并同步把相关情况通过媒体进行传播。实际上，自2009年通过与地方政府互动，抵制烟草企业冠名"希望小学"以来，针对各地烟草广告问题，XT中心不断与各相关地方政府进行互动。有成功的案例，也有失败的案例，但无论投诉本身成败，都发挥了引起社会关注烟草广告问题的作用。最为典型的有以下几个案例：

> 2012年，在公益律师的协助下，XT中心多次致函四川省教育厅、相关工商局等单位促请清理四川烟草希望学校的烟草广告，得到了四川省相关工商行政管理局和地方政府的支持。2012年9月

---

① 王绍光：《中国公共政策议程设置的模式》，《中国社会科学》2006年第5期。
② 徐晓新：《社会政策过程：新农合中的央地互动》，中国社会科学出版社2018年版。

20日举办了"还孩子一个没有烟草广告的良好校园环境"新闻发布会。之后又于2012年10月15日向教育部提交了"关于撤销和禁止用烟草品牌冠名希望小学的建议",建议撤销所有以烟草或烟草品牌冠名的"希望小学";并通告各地所有学校应拒绝参与任何与烟草广告、促销和赞助有关的活动。

XT中心还向北京市、天津市、辽宁省、山东省、云南省等省市工商行政管理局成功投诉"2010中南海一份爱心传递行动——蓝色风尚为爱起跑"大型烟草广告活动。这是一个由北京卷烟厂与北京青少年发展基金会希望工程共同主办的大型活动,采用青少年喜爱的"跑酷"形式,在北京、天津、大连、青岛等5个城市连锁进行,每个城市选拔十名"跑酷"优胜者,予以奖励。XT中心向北京市、天津市、辽宁省、山东省、云南省工商局投诉。2010年11月20日北京市工商局回复:"已对烟草广告负责人做出行政处罚决定。确认'蓝色风尚'为爱起跑活动的启动会场明显违反有关烟草广告的规定,属于违法广告,并给予发布烟草广告责任人——北京开创世纪广告有限公司10000元的处罚。"[①] 其他省市工商局也分别做出了回应。

(三)"两会"议案/提案路径:社会组织合作推动

在社会组织议程中,"两会"代表和委员的议案和提案路径已经是中国KY协会和XT中心常用的路径。有了这个基础,在推动议程设置时,他们又提升了使用这一路径的技能和方式:发挥社会网络作用,联络更多代表和委员,并做了更多、更细的筹备工作。

2010年"两会"召开之前,中国KY协会和XT中心分别协助它们的代表和委员草拟议案和提案,关注《广告法》中有关烟草广告内容的修订,建议全面禁止烟草广告、促销和赞助等。同时,为了能够让更多的代表和委员支持这一内容,社会组织加强了"两会"期间对控烟

---

① XT中心内部资料,XTAL2010LSFS。

知识的宣传。例如，2010—2012年，XT中心与中国新闻周刊等单位合作编写"'两会'特刊——控烟工作专辑"，并直接送达"两会"代表手中。

此外，中国KY协会和XT中心共同举办"两会"代表座谈会，邀请各自熟悉的"两会"代表和委员共同商讨提交影响烟草控制，包括烟草广告立法相关内容的议案/提案策略。

（四）社会路径

推动专家学者、新闻媒体、社会公众等社会各群体参与影响政策议程的设置是控烟社会组织工作的重要路径。相同的价值观是维系他们互动的关键纽带。他们之间的互动是嵌入式的，所有群体各具角色，在对议程设置的影响上各具所长，互动后对政策制定产生倡导、呼吁、施压等作用。为此，社会组织通过举办专家研讨会及媒体发布等方式来完成控烟倡导。在社会路径上，中国KY协会和XT中心既有合作，也有分工。

1. 公众倡导路径

倡导路径是社会组织常用的旨在改变社会问题的方式。① 倡导的形式除了直接公开呼吁或倡议，也可以是隐含式的引导。倡导也是对公众教育的一种方式。社会组织常常会选择一定时机发出倡导。每年5月31日的世界无烟日，是控烟社会组织必定利用的机会，2013年5月31日适逢主题为"禁止烟草广告、促销和赞助"的世界无烟日。中国KY协会和XT中心借机策划一系列活动，倡导公众支持全面禁止烟草广告立法。

为了能够让烟草广告及早进入政策议程，中国KY协会和XT中心自中国签订《公约》以来便开始了相关倡导工作。例如，前面提到的利用"焦点事件""组织大型赛事烟草广告"等突出烟草广告，引导公

---

① Coe, J. and Majot, J., "Monitoring, Evaluation and Learning in NGO Advocacy- Findings from Comparative Policy Advocacy MEL Review Project", *Oxfam America*, Vol. 2, 2013; Kinlen, L., *Advocacy & Agenda Setting: A Report On NGO Attempts to Influence Policy Making On the Reception of Asylum Seeing Children and Families in Ireland*, Galway: Child and Family Research Centre, 2013.

众关注。尤其是在政府把《广告法》修订提上日程后,为了影响相关议程,中国 KY 协会和 XT 中心分别作了针对性的倡导工作。中国 KY 协会和 XT 中心的倡导路径不胜枚举,在此各举一例:

> 2013 年初,为了引导公众关注烟草广告,中国 KY 协会组织了烟草广告、促销和赞助随手拍活动,为网民设置了参与控烟的途径和平台。2013 年 5 月 29 日,中国 KY 协会专门召开"烟草广告、促销和赞助监测结果与烟草广告随手拍活动总结表彰发布会",邀请了控烟专家和多家媒体,以期产生更大的社会影响力。中国 KY 协会网络监测发现,网络销售烟草制品现象普遍,而且符合青少年购物习惯和潮流。2013 年 7 月 31 日,中国 KY 协会专门举办了"网络营销卷烟危害青少年和社会"新闻发布会,"呼吁应尽快依法禁止网络营销卷烟",禁止一切形式的烟草广告和促销,包括人民网、国际在线、《中国经济时报》《北京青年报》《新京报》《健康报》、搜狐网等多家新闻媒体和网络平台对发布会进行了报道。
>
> 2013 年 3 月 21 日,XT 中心在北京召开了"烟草营销中的瞒和骗解析会",揭露烟草广告在烟草营销中的隐蔽性,从而揭示了烟草营销中的各种广告,倡导新闻媒体、社会各界要共同关注烟草消费,呼吁"立法部门要加强对保护消费者权益法律体系的完善提升,打牢消费维权基础,尽快修订《广告法》,全面禁止烟草广告促销和赞助"①。

2. 施压路径

与倡导路径相同的是,施压路径也通常是通过公开摆事实、讲道理的方式让某种社会问题被政策制定者提上日程。但是,施压路径更注重通过社会舆论、公众支持或政治压力的方式,"迫使"政

---

① XT 中心内部资料,XTMT2013HD。

府对相关问题做出回应。在社会组织对烟草广告相关立法过程中，施压策略频频不断，对相关议程设置逐步增压。中国 KY 协会频繁与媒体互动，尤其是与国际媒体的互动策略在一定程度上能够"迫使"政策制定者重视起关注的议题。这是因为中国政府签订的《公约》赋予了施压路径合法性。

2011 年全年，中国 KY 协会接受媒体采访超过 110 次，平均每三天左右就有一次。对于一个社会组织而言，这么高频率地与媒体互动，在某种程度上对政策制定者形成了一定的压力。尤其他们还接受了哥伦比亚广播公司、俄罗斯电视台、俄罗斯通讯社、亚洲电视台等国际媒体的采访。

3. 专家推动路径

知识早已被政策科学视为政策的动力，以实现政策目的。① 专家研讨不但能够生产出具有传播性、并对政策制定具有影响力的知识，而且专家研讨本身也容易引起社会公众、媒体和决策者的注意。控烟社会组织也会择机而动，安排专家研讨。

中国 KY 协会多次举办"全国控制吸烟学术研讨会"。2009 年、2011 年举办的 200 人以上参会人员规模的"第 14 届全国控制吸烟学术研讨会""第 15 届全国控制吸烟学术研讨会"共产出烟草广告相关论文 4 篇：《中国城市青少年烟草广告暴露研究》②、《深圳市创建"无烟草广告城市"的做法》③、《应全面禁止烟草广告、促销和赞助》④、《国

---

① Kline, S. J., & Rosenberg, N., "An Overview of Innovation, the Positive Sum Strategy: Harnessing Technology for Economic Growth", *The National Academy of Science*, USA, Vol. 14, 1986, p. 640; Weiss, C. H., "The Many Meanings of Research Utilization", *Public Administration Review*, Vol. 39, No. 5, 1979; Yin, R. K. and Moore, G. B., "Lessons On the Utilization of Research from Nine Case Experiences in the Natural Hazards Field", *Knowledge in Society*, Vol. 1, No. 3, 1988.

② 肖琳、姜垣、张岩波、李凌、俞峰：《中国三城市青少年烟草广告暴露研究》，《中国慢性病预防与控制》2011 年第 2 期。

③ 杨国安、韩铁光、朱敏贞、何双：《深圳市创建"无烟草广告城市"的做法》，第 15 届全国控制吸烟学术研讨会会议论文，2011 年。

④ 刘汉池：《应全面禁止烟草广告、促销和赞助》，第 15 届全国控制吸烟学术研讨会会议论文，2011 年。

外部分国家禁止烟草广告概述》》①。

XT 中心举办了多场烟草广告相关研讨会，例如，2012 年 8 月 21 举办的"烟草博物馆在传递什么信息——'烟草文化'解析研讨会"。2013 年 9 月 29 日召开的"揭示'大红鹰玫瑰婚典'活动的营销本质"研讨会等活动都是围绕烟草广告相关立法举办的知识生产活动，以便实现为立法过程参与制造能量的目的。

五　社会组织在议程设置中的重要作用

本章系统观察了作为行动者的中国 KY 协会、XT 中心及国际社会组织等控烟社会组织在结构化的社会网络中参与《广告法》有关烟草广告条款政策议程设置的动机、策略及路径。控制烟草、促进健康是这些组织的共同目标，也是其政策参与的原动力及开展相关活动的纽带。对于控烟社会组织而言，政策参与过程亦是其成长、发展的过程。在这一过程中，它们使用原有的社会资本，又开发了新的、潜在的社会资本，并使之助力于在政策过程中的参与。《公约》赋予了控烟社会组织在结构化的社会系统中行动的合法性，其中潜在前提条件是政府和公众对国际形象和负责任大国理念的重视。

然而，在针对烟草广告的相关行动过程中，不同的社会组织表现出了不同的行为逻辑。中国 KY 协会作为官办社会组织有丰富的体制内行政资源——中国场域下最为重要的社会资本；同时，中国 KY 协会拥有特殊的政治资源——全国人大、全国政协、民主党派领导人担任该组织名誉职务，使得它具有寻求高层共识的渠道。丰富的政治和行政资源还保障了中国 KY 协会可以同政府相关部门进行深度合作并同相关官员进行深度沟通，而且带来了更多的"资本效应"——物质资源和非物质资源，从而构成了中国 KY 协会的"社会资产"。相对而言，XT 中心的

---

① 于秀艳：《国外部分国家禁止烟草广告概述》，《履约、控烟、创建无烟环境——第 14 届全国控制吸烟学术研讨会暨中国控烟高级研讨班》会议论文，2009 年。

行政资源相对缺乏，组织成立较晚，社会资产相对薄弱，因而可用于投入的社会资本也相对较低。但是它能够找到可以使自身社会资本最大效益化的路径——同地方政府互动，引起决策者和公众的关注。

虽然中国 KY 协会和 XT 中心有不同的内在逻辑和社会网络资源，但是它们在参与《广告法》有关烟草广告条款修订过程中又有相同的工作目标和相同来源的物资资源，决定了他们有些行为方式的一致性，这也是在推动政策概念显性化和议程设置的行动中，它们选择了相同或相似的"两会"路径和社会路径的原因。

第六章　政策制定中的社会组织参与

伴随着中国 KY 协会、XT 中心等社会组织的直接和间接参与，修订《广告法》有关烟草广告条款的议程设置在国家工商总局完成。自此，《广告法》修订进入了实质性的政策制定过程——"政策过程的核心阶段"[1]，这一阶段主要包括政策方案规划和方案合法化过程。

在政策方案规划阶段，中国 KY 协会通过正式途径直接参与了方案起草之中。这是基于它同政策方案起草部门——国家工商总局的长期、良好的合作基础，加之其官办社会组织的身份，以及庞大的专家网络资源，自然成了烟草广告相关专业条款内容"立法协商"的征求意见对象。而在《广告法》修订的方案规划之初征求意见时，中国 KY 协会秉持《公约》精神、从专业的角度为法案方案中有关烟草广告内容的起草提供了严格禁止所有烟草广告的建议。但是中国 KY 协会建议的相关内容和国务院公布的法案草案征求意见稿有显著差距。[2] 为了缩小这一差距，中国 KY 协会和 XT 中心向国务院致函表达了建议和意见。

政策方案合法化过程是政策目标和政策方向确立后，关于方案抉择的活动，直接参与者逐渐聚焦于立法机关。实际上是政策内容细化、抉择的过程，被称为公共政策制定过程中最具有实质意义的阶段。[3] 对社会组织而言，在这一阶段，竭尽所能影响"最直接的决策者"，谋求共

---

[1] 宁骚：《公共政策学》，高等教育出版社 2011 年版。
[2] 中国 KY 协会原秘书长访谈，2016 年 11 月 14 日。
[3] 宁骚：《公共政策学》，高等教育出版社 2011 年版。

识,是实现行动目标的关键。所以,中国 KY 协会和 XT 中心通过正式和非正式途径直接或者间接影响决策者。

中国 KY 协会和 XT 中心在政策制定阶段参与两个主要阶段分别是:其一,政策方案规划阶段的参与,即从 2013 年 11 月《广告法(修订草案)(送审稿)》报送至国务院,至 2014 年 6 月国务院法制办公室将法案草案提交至全国人大常委会;其二,政策方案合法化过程的参与,即在全国人大三次审议中的参与。

因此,本章将围绕《广告法》有关烟草广告条款修订过程中的政策方案规划、政策方案合法化两个阶段中社会组织与决策主体的互动逻辑进行展开,探讨社会组织参与的策略和途径。

一 环境变迁对社会组织参与政策制定的影响

制度环境对组织行为有决定性作用,[①] 政治制度是中国社会组织发展最重要的制度环境。尽管自改革开放以来,中国政府开始了不同程度的控烟工作,也不断出台相关文件,但是这些措施没有阻止中国吸烟人数逐年上升的事实。有关中国烟草专卖的制度性特征,很多人认为如果烟草销售是国家行为,那么控制吸烟就是"倒行逆施",正是这一理念的影响,导致了专门明确控制吸烟的法律法规迟迟没有出台。因此,控烟议题在法律上和政治上都不占优势。然而,国家治理政策环境和最高领导层对控制烟草的态度的变化改变了这一局面。

(一) 社会组织参与国家治理政策的变迁

十八大以来,国家治理更加强调法制的理念,并推出了具体政策来阐释和完善立法机制,而社会组织被明确为这一机制的要素之一。2014年 10 月,党的十八届四中全会发布了历史上第一个专门针对加强法治

[①] Meyer, J. W. and Rowan, B., "Institutionalized Organizations: Formal Structure as Myth and Ceremony", *American Journal of Sociology*, Vol. 83, No. 2, 1997.

建设的文件——《中共中央关于全面推进依法治国若干重大问题的决定》(简称《决定》),明确指出"加强和改进政府立法制度建设,完善行政法规、规章制定程序,完善公众参与政府立法机制"。以便"深入推进科学立法、民主立法",同时还要"健全立法机关和社会公众沟通机制","开展立法协商,充分发挥政协委员、民主党派、工商联、无党派人士、人民团体、社会组织在立法协商中的作用"[①]。《决定》的出台对于社会组织参与立法意义重大。

(二) 党中央控制吸烟态度渐明朗

2013年底,党中央控制吸烟态度更加明确,更是罕见地在四十日内发布了三个有利于烟草控制工作的政治文件:第一个文件是2013年11月22日中纪委发出的《关于严禁元旦春节期间公款购买赠送烟花爆竹等年货节礼的通知》,其中明确指出严禁公款购买、赠送烟酒等;第二个文件是2013年12月8日中共中央办公厅、国务院办公厅下发的《党政机关国内公务接待管理规定》。规定要求工作餐"不得提供香烟";第三个文件是2013年12月29日中共中央办公厅、国务院办公厅下发了《关于领导干部带头遵守在公共场所禁止吸烟等有关规定的通知》(简称"两办《通知》")。

如果说上述两个文件仅要求不能赠送和配备卷烟,不够强烈地显示中央对控制吸烟的态度。第三个文件则可谓专门为"禁烟"而发,其中14次明确提到"禁烟"或"禁止吸烟",以"通知"的形式——这一最快、最直接的方式表明党和国家最高领导人支持控制吸烟的态度,这在中国历史上还是首次,表明了十八大后新一届中央领导集体从规范自身行为开始,"打铁还需自身硬",明确了要加强烟草控制工作的态度。两办《通知》"去烟化"精神明显,明确了公共场所吸烟是"危害公共环境和公众健康",强调了公共场所禁烟的意义,更是把在公共场

---

① 中共中央:《中共中央关于全面推进依法治国若干重大问题的决定》,2014年10月23日。

所吸烟同"党政机关和领导干部形象"相挂钩,要求领导干部"要积极做好禁烟控烟宣传教育和引导工作"。同时,《通知》要求把"各级党政机关建成无烟机关",机关内部"禁止烟草广告","各级党政机关要动员本单位职工控烟,鼓励吸烟职工戒烟"。"卫生、宣传等有关部门和单位要广泛动员各方力量,深入开展形式多样的禁烟控烟宣传教育活动,在全社会形成禁烟控烟的良好氛围。"最高领导层发布《通知》的形式某种意义上赋予了控烟工作"政治正确"的地位。从此翻开了中国控烟历史的新篇章,尤其是开启了政府官方烟草控制工作的新基调。2014年1月20日,卫生计生委举办"贯彻落实中办国办《通知》精神暨中国烟草控制大众传播活动2014年启动会"。

《通知》赋予了控烟社会组织政治资源。为了把这一资源转化为社会资本,中国KY协会在《通知》发布第二日(2013年12月30日)就联合多家单位举办了学习宣传两办《通知》的座谈会。来自医学、法学、社会学、经济学等领域知名学者专家、控烟组织工作人员、媒体记者等80余人参加了座谈会,其中包括全国人大教科文卫委员会副主任,全国政协科教文卫委副主任兼中国KY协会会长,中国疾病预防中心副主任兼控烟办主任等,他们之中有中国工程院院士、协和医科大学教授等知名专家。两办《通知》不但对中国控烟履约有重要的价值和意义,更是直接为控烟社会组织提供了政治资本。中国KY协会对《通知》的呼应,除了举办座谈会,还包括协助国家行政学院完成了控烟教材——《走向健康发展的战略选择——领导干部不可不知的控烟常识》的撰写。

二 方案选择过程:社会组织"外围式"参与

(一)政策方案的封闭协商:社会组织参与被阻

尽管随着社会的发展,中国政策过程超越了李侃如和奥克森伯格所言的"碎片化威权主义"式的封闭政策过程系统,①"决策者在制定政策的过程中与外部公众有了交流与互动",但是"中国式共识型决策"中的"封闭协商"依旧影响着政策方案的最终选择。②《广告法》有关烟草广告条款方案内容修订的协商主要发生在中国履行《公约》的多个国务院职能部门,它们对烟草广告立法的诉求不同,甚至呈相反立场。比如,国家卫生和计划生育委员会③与烟草专卖局的立场必然不同。这些部门之间"不具有相互否决的权力,他们别无选择,只能以协商的方式来缩小分歧、化解冲突"④ 以达成共识。共识的达成本质就是不同部门之间反复"讨价还价"的过程。⑤

值得注意的是,起草立法方案的国家工商总局也是《公约》履约执行部门之一。而时任国家工商总局局长曾任卫生部党组书记、副部长。他从卫生部转任国家工商总局后,恰逢《广告法》修订工作正式开启。相对其他条款内容,在卫生部的任职经历,或许会使他对法案中有关卫生健康的内容,包括烟草广告条款内容的认识更加深刻。此外,国家工商总局非常重视全国人大代表议案,⑥包括烟草广告立法的议案。这些因素有助于控烟社会组织的诉求。

从方案结果来看,2014 年 2 月 21 日国务院法制办公室在网上公布

---

① Lieberthal, K., Oksenberg, M., *Policy Making in China: Leaders, Structures, and Processes*, Princeton, N. J.: Princeton University, 1988.
② 王绍光、樊鹏:《中国式共识型决策:"开门"与"磨合"》,中国人民大学出版社 2013 年版。
③ 2013 年,根据第十二届全国人民代表大会第一次会议批准的《国务院机构改革和职能转变方案》和《国务院关于机构设置的通知》(国发〔2013〕14 号),设立国家卫生和计划生育委员会,将卫生部和国家人口和计划生育委员会进行整合,组建国家卫生和计划生育委员会,为国务院组成部门。
④ 王绍光、樊鹏:《中国式共识型决策:"开门"与"磨合"》,中国人民大学出版社 2013 年版。
⑤ Lampton, D. M., *A Plum for A Peach: Bargaining, Interest, and Bureaucratic Politics in China*, in K. G. Lieberthal and D. M. Lampton (Ed.), *Bureaucracy, Politics, and Decision Making in Post-Mao China*, Berkeley: University of California Press, 1992; Lieberthal, K., Oksenberg, M., *Policy Making in China: Leaders, Structures, and Processes*, Princeton, N. J.: Princeton University, 1988.
⑥ 《工商总局正积极推动修改广告法》,央视网:http://news.cntv.cn/20120206/107076.shtml, 2017 年 4 月 8 日访问。

的《广告法（修订草案）（征求意见稿）》（"国务院征求意见稿"）中有关烟草广告条款内容与"国家工商总局提交的草案相差很多"[①]。《广告法（修订草案）（征求意见稿）》中有关烟草广告的条款有：

> 第二十条 禁止利用广播、电影、电视、报纸、期刊、图书、音像制品、电子出版物、移动通信网络、互联网等媒介和形式发布或者变相发布烟草广告。
> 禁止在各类等候室、影剧院、会议厅堂、体育比赛场馆、图书馆、文化馆、博物馆、公园等公共场所以及医院和学校的建筑控制地带、公共交通工具设置烟草广告。
> 在前两款规定以外的其他媒介、场所发布烟草广告，应当经工商行政管理部门批准。经批准发布的烟草广告中必须标明"吸烟有害健康"。
> 第二十一条 烟草、酒类广告不得有下列情形：
> （一）出现吸烟、饮酒形象的；
> （二）使用未成年人名义、形象的；
> （三）诱导、怂恿吸烟、饮酒，或者宣传无节制饮酒的；
> （四）明示或者暗示吸烟有利于人体健康、解除疲劳、缓解精神紧张，饮酒可以消除紧张和焦虑、增加体力的。

由于方案的协商是国务院的多个相关部门在封闭状态下进行的，社会组织无法直接参与。

（二）方案选择过程中：社会组织"外围式"参与

按照立法程序，国务院向全国人大提交草案之前，一般应向公众公开征求意见，直至方案确认。但是由于受征求意见形式、期限及其他因素的限制，外界参与的程度被大大降低。就国务院征求意见稿而言，公

[①] 中国 KY 协会原秘书长访谈，2016 年 11 月 14 日，称"国家工商总局提交的草案中有关烟草广告"内容对烟草广告限制相当严格。

开征求意见的期限仅一个月左右（2014年2月21日至3月24日），限制了社会组织的参与程度。此外，相对职能部门负责设置政策议程，方案的最终选择权在国务院层面——与社会组织关系最薄弱的立法主体。由此，在这一阶段，社会组织只能在国务院决策层的外围进行参与，参与形式包括致函、安排个别官员在"外围"听取意见、动员专家和公众进行"外围"呼吁和施压等方式。

1. 致函国务院法制办

规则和程序指导行动者应该如何行动和互动。[①]"致函"是社会组织按照程序向政府相关部门表达意见和建议的一种方式，也是中国KY协会和XT中心常用的方式。

国务院公布征求意见稿后，中国KY协会和XT中心于2014年3月17日、21日，分别向国务院法制办提交了《广告法（修订草案）（征求意见稿）的修改意见》和《关于对〈广告法（修订草案）（征求意见稿）〉的意见和建议》，表达了对草案中有关烟草广告内容的意见，并建议按照《公约》要求"全面禁止所有烟草广告"。但是，社会组织的致函并未得到国务院法制办的回复，因此无法确认这些信函的实质性作用。[②]

2. "听取意见"的社会安排

制度是组织互动的原则，制度场域下行动者"认可、体现和共享着仪式和行为"[③]。在中国政策制定过程中，有明确的"制度安排"，其中一项包括"广泛听取意见"。据《立法法》第五十八条规定，"行政法规在起草的过程中，应当广泛听取有关机关、组织和公民的意见"。"听取意见"一般由政府主动安排。然而，为了应对国务院征求意见稿，中国KY协会对"听取意见"进行了"外围安排"，通过研讨会等形式把官员请出来"听取意见"。

---

① ［美］林南：《社会资本：关于社会结构与行动的理论》，张磊译，上海人民出版社2004年版。

② 访谈中国KY协会原办公室主任，2017年4月9日。

③ ［美］林南：《社会资本：关于社会结构与行动的理论》，张磊译，上海人民出版社2004年版。

2014年3月14日，中国KY协会举办了"修订《广告法》禁止烟草广告条款专家研讨会"。邀请到了国务院法制办工交商事法制司、卫计委宣传司、国家工商总局广告监督管理司及其下属广告监督与案件指导处等相关修订《广告法》烟草广告起草的司局级和处级政府官员。为了让非履约机制内的官员了解《公约》的意义，中国KY协会专门邀请了控烟专家、法律专家以及世卫组织官员系统探讨了相关内容，包括：《公约》与"全面禁止烟草广告、促销和赞助"；烟草广告监管与相关法规规定；中国烟草业捐赠、赞助和促销活动现状；烟草广告的作用及对青少年影响的研究；国外有关国家禁止烟草广告法规和监管情况；香港禁止烟草广告法规和监管情况等。中国KY协会为每项内容都做了充分准备，提供了许多事实证据和情景展示，包括烟企捐赠、赞助和促销活动情况调查，青少年与烟草广告的可及性调查等。充足证据不但可以有效展示中国烟草广告问题，而且能够让与会官员"感知"烟草广告危害，以便争取他们的同情与支持。实际上，一些官员表示或者公开表示支持严格禁止烟草广告的态度。国家工商总局广告监管司司长表示，"我本人不吸烟，有时还是'二手烟'受害者，因此，我本人坚决支持修订后的《广告法》更广泛地禁止烟草广告"①。

3. 组织"专家联盟"，外围呼吁

据社会资本的"声望假设"，受欢迎的互动参与者是那些占据稍高社会地位的人。② 专家作为具有相当社会地位的人，是政策过程中特殊的参与者。他们通过拥有的专业知识、资源，甚至社会地位去影响决策。有学者专门研究了专家在政策变迁中的参与，发现"专家们如果和司局级官员保持良好的关系，更有助于专家对政府决策产生实质性的影响力"③。只不过在朱旭峰的研究中"专家"被视为"对政策变迁具

---

① 《68专家联名吁全面禁烟广告 所谓捐赠赞助也应禁止》，人民网：http://finance.people.com.cn/n/2014/0315/c1004-24642779.html，2017年4月8日访问。

② [美]林南：《社会资本：关于社会结构与行动的理论》，张磊译，上海人民出版社2004年版。

③ Zhu, X., "Bureau Chiefs and Policy Experts in the Chinese Policy Decision-Making Process: Making Guanxi More Influential", *China Review-An Interdisciplinary Journal On Greater China*, Vol. 9, No. 2, 2009；朱旭峰：《政策变迁中的专家参与》，中国人民大学出版社2012年版。

有利益中立性的政策参与者"①。而本书中的"专家"不一定是利益的中立者,或可能是利益相关者。例如,公共卫生领域和医学领域专家积极参与《广告法》有关烟草广告修订的政策过程,是为了争取有利于公共卫生领域的利益,只不过他们不是为了个人利益,而是出于公共利益的大局。实际上,专家对于控烟社会组织而言贡献的不仅仅是专业知识,还有其声望效应、社会网络关系。

各领域的专家都或因不同的原因支持全面禁止烟草广告。但是若没有控烟社会组织组建的参与平台,他们未必能够产生主动行动意识或行为以影响政策制定,当然这其中有诸多缘由,或是无暇顾及,或是没有现成的渠道,或是根本没有意识到,或是动力不足,抑或是没有被邀请等原因。中国KY协会通过举办"修订《广告法》禁止烟草广告条款专家研讨会"把专家联合起来,共同支持全面禁止烟草广告。会议期间,中国KY协会起草了"关于《广告法》修订稿应该全面禁止烟草广告、促销和赞助的建议",并且组织了68名公共卫生、医学、控烟,以及法学专家署名,从而形成了"专家联盟"效应。68名专家的联名信提交国务院法制办,呼吁新修订的《广告法》应明确"全面禁止烟草广告及与广告相关的烟草促销、赞助活动"②。

4. 组织公众参与,外围施压

公众压力是政策决策的重要影响因素。为了能够让决策者看到"民意",中国KY协会和XT中心分别采用多种方式动员公众和志愿者参与。

2014年初,中国KY协会再次开展"监测烟草广告、促销和赞助活动"。他们通过新浪微博设立"@烟草广告随手拍—CATC专号",通过网民随手拍的方式征集烟草广告,同时通过网络检测烟草企业的促销和赞助活动。"活动"受到了15个省市25万多人的关注。通过网民参与,中国KY协会发现除了户外、报纸、杂志、影视等传统媒体,互联

---

① 朱旭峰:《政策变迁中的专家参与》,中国人民大学出版社2012年版。
② 《68专家联名呼全面禁烟广告　所谓捐赠赞助也应禁止》,人民网:http://finance.people.com.cn/n/2014/0315/c1004-24642779.html,2017年4月8日访问。

网、微博、微信等新媒体已成为烟草广告的新工具；并检测到烟草企业促销、赞助活动百余起，其中政府参与表彰的2起；发现赞助形式有扶贫助困救灾、捐资助学、参与社会活动与社会建设等。针对这些发现，2014年6月，中国KY协会邀请了控烟专家、媒体，召开新闻发布会，发布了"烟草广告、促销和赞助监测结果"，人民网、新华社、搜狐、中国日报网、光明网等十二家媒体进行了原发报道，加上无数媒体的转载，形成了强烈的社会反响。

XT中心动员其遍及全国的10支控烟志愿者队伍，他们来自退休工人、青年学生、在职干部、医生、工人等不同群体。他们利用自己的资源和网络延伸了XT中心的控烟工作，除了协助XT中心发布控烟新闻和信息，讲解吸烟的危害，劝诫公众场所禁烟之外，还帮助XT中心随地取证违法的烟草广告。2014年初，XT中心又特别动员其全国的控烟志愿者和高校学生开展"烟草广告、促销和赞助的'返乡随手拍'活动"。活动开始前，XT中心专门联合高校的中国KY协会开展了培训。鼓励高校师生在寒假放假回家期间寻找不同场所及不同媒介上的各类烟草广告，并详细拍摄下来。这一活动也引起了各大媒体的关注。

三 方案合法化过程：社会组织递进式"内外齐推"参与

控烟社会组织在全国人大对法案草案三次审议过程中的参与呈递进式"内外齐推"模式。"递进式"是指每次审议结果都更加接近社会组织行动的目标，"三审"之后出台的相关法律内容与它们的行动目标高度一致。"内外齐推"是指在全国人大三次审议过程中中国KY协会和XT中心分别从决策主体内部和外部相关群体推动影响每次审议。

审议法律草案是政策方案合法化的过程，也是一个相对开放、分阶段进行的过程，根据《立法法》，一般情况先由全国人大会公布草案，公开征求意见。"列入常务委员会会议议程的法律案，一般应当经三次常务委员会会议审议后再交付表决。"①"公开"也是立法法律程序的一个重要原则,它能够使程序参与者获得旨在实现有效参与的必要信息。②

根据国务院征求意见稿,中国 KY 协会和 XT 中心预测全国人大《广告法(修订草案)》(简称"法案草案")的"一审"征求意见稿将不会达到它们的行动目标。③ 所以它们提前展开了应对"一审"的行动,动员所能够动员的社会资源,以便增进目的性行动的效果。为了影响审议结果,中国 KY 协会和 XT 中心根据各自的资源优势,分别与内部决策主体和外部相关群体进行了互动。

(一)人大"一审"中的参与(2014 年 6—8 月)

为了影响法案草案在人大"一审"之时有关烟草广告的修订,中国 KY 协会和 XT 中心等控烟组织分别展开了行动,直至 2014 年 8 月 30 日,第十二届全国人大常委会第十次会议完成了草案的第一次审议。

1. 注重专家影响力,分别组织"专家联盟"

"专家联盟"是中国 KY 协会用来影响决策的重要工具。为了尽可能地影响"一审",中国 KY 协会又升级了"专家联盟",联名致函"一审"直接决策者。"专家联盟"升级是指在人数上和专家的社会地位上都有明显提高。这次中国 KY 协会邀请到了 132 位专家,联名致函全国人大内部的决策者,此次"专家联盟"是"联盟"致函国务院人数(68 人)的近两倍,更重要的是,这一次专家中吸纳了中国工程院院士钟南山,中国工程院院士、中国军事医学科学院原院长秦伯益,北京大学人民医院著名心血管专家胡大一,中国社会科学院国际法研究所研究员赵建文,中国社会科学院法学研究所副研究员黄金荣,中国疾控中心流行病首席科学家曾光,中国协和医科大学教授杨功焕等知名专

---

① 全国人民代表大会:《中华人民共和国立法法》,2000 年颁布。
② 应松年:《行政程序法立法研究》,中国法制出版社 2001 年版。
③ 中国 KY 协会原秘书长访谈,2016 年 11 月 14 日;XT 中心负责人访谈,2016 年 11 月 16 日。

家。这次专家的地位强度和上次68位专家的地位强度虽然不能用倍数关系来比较，但是根据社会资本的地位强度理论和声望原则，他们正向影响社会资本的回报。① 著名院士领衔，超过百名知名专家学者共同署名产生的"专家联盟"效应强度更大。为了区分"专家联盟"效应强度，本书把它分为四个维度：含两院院士，专家人数超过一百位为最强；含两院院士，专家人数未超过一百为超强；不含两院院士，超过百名专家为强；不含两院院士，人数不超过一百为一般弱（见表6-1）。据悉，2014年8月，第十二届全国人大常委会第十次会议对法案草案进行了第一次审议期间，很多全国人大常委会组成人员纷纷发言，要求全面禁止烟草广告，不要给烟草企业留空间。②

表6-1　　　　　　　　　"专家联盟"效应强度示意

地位声望＼人数	百人以内	超过百人
专家并含两院院士	超强	最强
一般专家	弱	强

XT中心也采取了通过"专家联盟"向全国人大法工委表达意见的方式。2014年6月10日组织了53位专家联名致函，名称为"为《广告法》修订稿中关于烟草广告条款致全国人大法工委函"，详细阐释了全面禁止烟草广告的原因和意义。信函中明确指出，国务院法制办《广告法（修订草案）（征求意见稿）》虽有进步，"但完全没有体现《公约》禁止'所有'烟草广告、促销和赞助的明确要求"。还指出，法律条款采用列举法，"永远不可能列举所有烟草广告载体，譬如烟草业已经开始采用的烟品品吸会、评选会、颁奖会、烟友俱乐部等花样翻

---

① ［美］林南：《社会资本：关于社会结构与行动的理论》，张磊译，上海人民出版社2004年版。

② 中国KY协会原秘书长访谈，2016年11月14日；XT中心负责人访谈，2016年11月16日。

新广告、促销与赞助载体。当今世界,新的传播媒介层出不穷,传播手段日新月异,修订后的《广告法》,如果采取这种列举法,很快便会被各种新形式烟草广告所突破"。同时,也反对烟草广告场所采用列举法。建议"明确'全面禁止所有的烟草广告、促销和赞助'。如要列举,须在列举各项之前加入'包括但不仅限于以下款项:'字样"①。

综上所述,中国 KY 协会和 XT 中心都采用了"专家联盟"的策略,只是"专家联盟"的强度有所不同。中国 KY 协会的身份和与政府的关系能够组建更强的"专家联盟"。

2. 中国 KY 协会开拓内部路径,深度沟通决策者

中国 KY 协会认识到,若要影响人大对修订草案的审议,争取全国人大财经委、法工委等全国人大具体立法工作执行部门的支持非常重要。但是,中国 KY 协会并不熟悉这两个部门、也从未有过交流。如何开发这一新的立法主体内部资源,成了中国 KY 协会必须解决的问题。为了能够和全国人大财经委相关负责人进行沟通,中国 KY 协会请到了支持控烟工作的国家行政学院一位教授出面。② 这位教授曾先后参加过《预算法》《义务教育法》等多部法律的起草和修改工作,也曾多次向党中央、国务院及有关部委提出政策建议,非常熟悉人大工作并有良好的关系。他起到了林南所称的"社会桥"的作用,③ 链接了中国 KY 协会和全国人大财经委。2014 年 6 月 11 日,通过私人网络关系,时任中国 KY 协会常务副会长兼秘书长得以同全国人大财经委相关负责人进行当面沟通,详细陈述了全面禁止烟草广告的理由和意见。据这位常务副会长兼秘书长所言,"这次沟通取得了良好的效果,中国 KY 协会的立场得到了同情和鼓励。并且让烟草广告的内容在整个法案内容中更加突出"④。实际上,中国 KY 协会的官方身份和决策主体相关的网络资源是

---

① 2014 年 6 月 9 日,XT 中心致函全国人大法工委的信函:"为《广告法》修订稿中关于烟草广告条款致人大法工委函。"

② 中国 KY 协会原秘书长访谈,2016 年 11 月 14 日。

③ [美] 林南:《社会资本:关于社会结构与行动的理论》,张磊译,上海人民出版社 2004 年版。

④ 中国 KY 协会原秘书长访谈,2016 年 11 月 14 日。

促成这次交流的前提条件。这次交流行动开发了"隐藏的能量",这是因为,一方面,维护法律权威和尊严,制定出高质量的法律是全国人大财经委的职责所在;另一方面,该负责人个人也非常赞成控烟工作,表示愿意为中国KY协会提供力所能及的帮助。

得到了全国人大财经委相关负责人的鼓励和支持,中国KY协会迅速展开了行动,2014年7月25日,分别向全国人大常委组成人员、法律委员会、财经委、教科文卫委员会,以及全国人大法工委等相关部门致函并提交了有关烟草广告的详细资料。值得注意的是此次致函同以前致函政府相关部门不同的是,此次除了致函给相关部门,还特别致函给了全国人大常委会157名委员(包括12名副委员长)。特别致函给这么多委员个人,是为了获取委员个人情感上的支持,因为"关系越强,获取的社会资本越可能对表达性行动的成功有正向的影响"①。若非拥有体制内资源,或者利用体制内资源的途径,中国KY协会就不可能获得为全国人大常委会副委员长和委员递送信函和资料的途径。

当然,在此之前中国KY协会做了充分准备:首先,精心印制了《全面禁止烟草广告、促销和赞助》宣传册,组织专家研讨、撰写了"禁止烟草广告、促销和赞助——《广告法》烟草条款修改意见"和"关于新修订《广告法》应全面禁止烟草广告的呼吁书"。"呼吁书"内容详尽长达26页,并附有真实图片,内容包括介绍《公约》关于禁止烟草广告、促销和赞助的要求及国际经验,分析了烟草危害和烟草广告产生的影响,并列举了中国烟草广告、促销和赞助乱象的种种案例,同时也点明了烟草业在此次立法中对制定禁止烟草广告法律的干扰。呼吁在新修订的《广告法》中,"应明确写进'全面禁止烟草广告、促销和赞助'条款","也可表述为'广泛禁止所有的烟草广告和广告相关的烟草促销和赞助活动'"。在"呼吁书"中,中国KY协会表示,法律条文如需要列举,则应注明"全面禁止所有的烟草广告、促销和赞

---

① [美]林南:《社会资本:关于社会结构与行动的理论》,张磊译,上海人民出版社2004年版。

助,包括但不限于所列举的条款,预防出现新形式的烟草广告"。同时列举了9条"禁止"内容,几乎涵盖了所有能够刊登烟草广告的场所和途径,尤其将"禁止户外设置烟草广告"列为独立一项内容,详细阐明了当时户外烟草广告泛滥的情况。①

3. XT中心组建"媒体联盟",加强社会路径

"媒体联盟"是指媒体的参与超越了新闻机构的"独立性"和"中立性",而对报道内容进行了有价值观倾向的"加工",甚至为特定利益相关方出谋划策。在烟草广告立法上,XT中心有策略地让媒体发挥更大支持禁止烟草广告的作用。网络媒体的出现使得社会网络电子化,并带来了新的社会资本,使得社会资本发生了革命性上升,② 深刻改变了公众的政治参与。政府不仅通过自身开设的网络通道了解民意,也会通过关注引起公众关注的媒体信息。基于此,XT中心在充分利用媒体之余,还让它们发挥"联盟"作用,成为彰显民意、突出民意、引领民意的工具,以实现对政策决策者表达诉求、或者施压的目的。若决策者正视这些参与,就能产生积极的效果。全国人大非常重视媒体相关信息。全国人大的《广告法》修订网络专栏中专门刊登了相关新闻——"学者呼吁广告法'禁止所有的烟草广告、促销和赞助'"③,这条新闻就源自XT中心。

2014年6月9日,XT中心组织召开的"禁止所有的烟草广告、促销和赞助"信息交流会。从内容和形式上来看,社会组织进行了根据相关立法节奏和进展,进行了策略性的安排。从会议时间来看,此次会议在国务院召开常务会议讨论通过了《中华人民共和国广告法(修订草案)》(2014年6月4日)之后不到一周的时间召开,并且邀请到了包括新华社、人民网在内的十多家新闻媒体。会议形成一致意见,"最

---

① 自2014年7月,钟南山等132位专家提交全国人大常委会的"关于新修订《广告法》应全面禁止烟草广告的呼吁书"。

② [美]林南:《社会资本:关于社会结构与行动的理论》,张磊译,上海人民出版社2004年版。

③ 《学者呼吁广告法"禁止所有的烟草广告、促销和赞助"》,搜狐滚动:http://roll.sohu.com/20140610/n400624631.shtml,2017年4月8日访问。

好的方式是通过传统媒体来发声,制造社会舆论,给予相关修法部门一定的社会压力;同时,应该有的放矢,要说服和影响能够对立法有发言权与投票权的相关人士支持我们的想法和建议"①。从讨论的内容来看,与会媒体不是研讨会的旁观者和见证者,而是切切实实参与到研讨之中、并出谋划策。可想而知,加入了新闻记者专业的力量,定会增加新闻传播效果,能够让记者作为参与者"有感而发",加工出质量更高的传播信息。这一策略效果很快就得到了验证。XT中心举办的"禁止所有的烟草广告、促销和赞助"信息交流会召开的第二天(2014年6月10日),各大媒体广泛报道了《广告法》有关烟草广告条款的修订情况:人民网发布了"修订《广告法》,别让烟草钻空子",《第一财经日报》刊登了"争议修订后《广告法》:烟草广告尚有空间?";《京华时报》报道了"《广告法》不应给烟草广告留后门"等。由此观之,XT中心深化了媒体传播的功能,挖掘了新闻媒体更深的资源。"《广告法》不应给烟草广告留后门"成为后来公众讨论烟草广告的口号,也成了媒体界对于《广告法》呼吁的统一口号。

　　实际上,为了从不同视角呼吁"《广告法》修订全面禁止烟草广告、促销和赞助",XT中心先后举办了多次媒体交流会。2014年媒体对XT中心控烟倡导活动的原发报道达151篇,转载量数以千计。早期同新闻媒体建立的良好互动关系(第四章已详细介绍了多起XT中心与媒体互动的实例)与XT中心媒体策略,及之后的互动形成了良性循环。基本上XT中心的每一次有关控烟或者反对烟草广告的行动都能从新闻中找到其身影,XT中心同国内70多家广播、电视、杂志、网络的媒体保持合作关系,其中包括新华社、人民网、中央电视台等政府体制内新闻媒体,还有凤凰网、搜狐网、新浪网等大型新闻门户网站。此外,还建立了信息资源中心网站、博客、微博、微信公众号等各种新媒体和自媒体平台,最大限度地发动了公众参与。例如,XT中心在新浪微博开设的#烟草广告害死人#的话题,受到超过600万人的关注;发起

---

① XT中心内部资料,XTHD2014HY。

民意投票活动"禁止所有的烟草广告、促销和赞助,我们需要您的支持!"得到近4000人的实名制投票支持;果壳网网络专访——"WYQ教授:和烟草广告死磕到底"。总之,从与媒体合作的频率、数量、质量和效果来看,都超越了单一、碎片化的模式,而且还形成了持续的、内容多样、数据丰富、视角齐全的"媒体联盟"效应。

综合来看,XT中心参与《广告法》有关烟草广告修订的行为,有一套完整的行为逻辑和步骤:首先,以调研烟草广告事件、自身参加的干预烟草广告事件或者烟草广告相关焦点事件为基础,然后组织专家(包括媒体记者)进行深度研讨,进而生产传播素材,交给媒体进行传播,最终实现产生更大社会影响的目的。实际上,这一套媒体策略形成了知识的"涟漪式"扩散效应(见图6-1)。

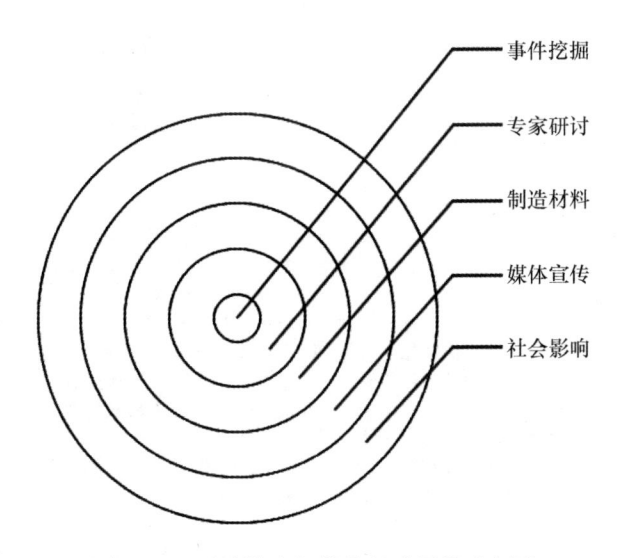

图6-1 "涟漪式"扩散行动逻辑示意图

4. "一审"递进:列举了"禁止设置户外烟草广告"

中国KY协会和XT中心针对"一审"除了动员专家的力量,还分别从决策内部和外部展开行动。实际上,有些"专家"在全国人大决策体系中具有双重身份——内部决策者和外部参与者。控烟社会组织

"专家联盟"的成员中,有多位全国人大代表,包括钟南山院士等精英人士。他们的参与对政策决策产生"内、外"双重影响;再者,中国KY协会和XT中心在应对"一审"的行动上采取了"内""外"齐推方式。中国KY协会和XT中心优势互补,分别在行动中侧重内、外部路径。

从"一审"的结果来看,相比国务院征求意见稿,全国人大一审《广告法(修订草案征求意见稿)》("一审征求意见稿")增加了"禁止设置户外烟草广告"的内容(见表6-2)。据全国人大法律委员会关于草案修改情况的汇报,在全国人大常委会第十次会议对草案初次审

表6-2 国务院和全国人大"一审"征求意见稿烟草广告相关内容对比

《广告法(修订草案)》 (征求意见稿) 国务院法制办公室 2014年2月21日	《广告法(修订草案)》 (征求意见稿) 第十二届全国人大常委会第十次会议初次审议 2014年8月31日
第二十条 禁止利用广播、电影、电视、报纸、期刊、图书、音像制品、电子出版物、移动通信网络、互联网等媒介和形式发布或者变相发布烟草广告。 禁止在各类等候室、影剧院、会议厅堂、体育比赛场馆、图书馆、文化馆、博物馆、公园等公共场所以及医院和学校的建筑控制地带、公共交通工具设置烟草广告。 在前两款规定以外的其他媒介、场所发布烟草广告,应当经工商行政管理部门批准。经批准发布的烟草广告中必须标明"吸烟有害健康"。 第二十一条 烟草、酒类广告不得有下列情形: (一)出现吸烟、饮酒形象的; (二)使用未成年人名义、形象的; (三)诱导、怂恿吸烟、饮酒,或者宣传无节制饮酒的; (四)明示或者暗示吸烟有利于人体健康、解除疲劳、缓解精神紧张,饮酒可以消除紧张和焦虑、增加体力的。	第二十条 禁止利用广播、电影、电视、报纸、期刊、图书、音像制品、电子出版物、移动通信网络、互联网等大众传播媒介和形式发布或者变相发布烟草广告。 禁止在各类等候室、影剧院、会议厅堂、体育比赛场馆、图书馆、文化馆、博物馆、公园等公共场所以及医院和学校的建筑控制地带、公共交通工具设置烟草广告。**禁止设置户外烟草广告。** 第二十一条 烟草、酒类广告应当符合下列要求: (一)不得出现吸烟、饮酒形象; (二)不得使用未成年人的名义或者形象; (三)不得诱导、怂恿吸烟、饮酒或者宣传无节制饮酒; (四)不得明示或者暗示吸烟、饮酒有消除紧张和焦虑、增加体力等功效。 发布烟草广告,应当经县级以上地方工商行政管理部门批准。经批准发布的烟草广告中应当标明"吸烟有害健康"字样。

议和"征求意见中,对烟草广告问题有两种不同意见:一种意见认为,为了保护人民健康、预防青少年吸烟,应当完全禁止烟草广告;另一种意见认为,修订草案的规定已经由国务院有关方面反复研究论证,不宜完全禁止"①。这是烟草广告修订存在"博弈"的事实。②

对控烟社会组织而言,"一审"稿的进步虽尚未实现他们的终极目标,却也带来了很大鼓励。它们认为,过去长期为"禁止户外烟草广告"而付出的努力得到了回应,这也给了他们新的希望,能更大限度地影响二审。

(二)人大"二审"中的参与(2014年8—12月)

对于控烟社会组织而言,相比国务院征求意见稿,全国人大"一审"征求意见稿朝着它们的行动目标又有进步,增加了"禁止设置户外烟草广告"等内容,但是仍未达到其目标。中国KY协会和XT中心继续沿着各自的路径行动,直至2014年12月30日全国人大对草案第二次审议。

1. 中国KY协会内部路径:持续与相关决策者互动

争取内部决策者的支持是中国KY协会参与立法过程的核心战略。"一审"的结果虽没有实现全部行动目标,但是时任中国KY协会负责人认为,"我们的行动是有效果的,至少明确了'禁止户外烟草广告'"。这一认识鼓励了中国KY协会继续加深影响决策者的策略。

"一审"之后,为了更大程度地影响"二审",2014年9月,中国KY协会再次组织了公共卫生、医学、法律和政府官员进行详细、具体的内部讨论。根据专家和官员的建议,中国KY协会向全国人大有关领导和委员们又提交了"关于《广告法(修订稿)》烟草广告条款的补充意见"(简称"补充意见")和"全面禁止烟草广告、促销和赞助的补充材料"。在材料中,中国KY协会列举了"一审"稿的不足之处,例如缩小了禁止媒介广告的范围,排除了散发的印刷制品等烟草广告传播

---

① 全国人民代表大会:全国人民代表大会法律委员会关于《中华人民共和国广告法(修订草案)》修改情况的汇报,2014年12月30日。
② 王萍:《广告法首修:在博弈中完善》,《中国人大杂志》2014年第19期。

方式；公共场所禁止烟草广告及变相广告内容模糊等。中国 KY 协会给出了详细的修改意见（见表 6-3 "一审"征求意见稿与中国 KY 协会建议相关内容对比表），并且每条意见都有已调研的现实案例和图片作为证据，以增加说服力。中国 KY 协会在"补充意见"附上了它们调研的烟草广告问题案例，包括：广泛存在的印刷品烟草广告；表演活动形式的烟草广告；商场、娱乐场所、宾馆、餐饮、住宿场所普遍存在烟草广告；烟草销售点烟草广告普遍；利用中草药、保健、低焦油、低危害宣传促销；烟草品牌延伸和品牌共享；以及社会公益活动中的烟草广告和赞助等现象。

表 6-3 "一审"征求意见稿与中国 KY 协会建议相关内容对比表

《广告法（修订草案）》（征求意见稿）第十二届全国人大常委会第十次会议初次审议 2014 年 8 月 31 日	中国 KY 协会对"一审"后征求意见的建议 2014 年 9 月 24 日
第二十条　禁止利用广播、电影、电视、报纸、期刊、图书、音像制品、电子出版物、移动通信网络、互联网等大众传播媒介和形式发布或者变相发布烟草广告。 禁止在各类等候室、影剧院、会议厅堂、体育比赛场馆、图书馆、文化馆、博物馆、公园等公共场所以及医院和学校的建筑控制地带、公共交通工具设置烟草广告。禁止设置户外烟草广告。 第二十一条　烟草、酒类广告应当符合下列要求： （一）不得出现吸烟、饮酒形象； （二）不得使用未成年人的名义或者形象； （三）不得诱导、怂恿吸烟、饮酒或者宣传无节制饮酒； （四）不得明示或者暗示吸烟、饮酒有消除紧张和焦虑、增加体力等功效。 发布烟草广告，应当经县级以上地方工商行政管理部门批准。经批准发布的烟草广告中应当标明"吸烟有害健康"字样。	第二十条　禁止利用广播、电影、电视、报纸、期刊、图书、音像制品、电子出版物、移动通信网络、互联网等大众传播媒介和形式发布或者变相发布烟草广告。（建议增加：禁止在商场、娱乐场所、住宿服务场所、餐饮服务场所发布烟草广告或变相烟草广告。禁止设置户外变相烟草广告。） 禁止在各类等候室、影剧院、会议厅堂、体育比赛场馆、图书馆、文化馆、博物馆、公园等公共场所以及医院和学校的建筑控制地带、公共交通工具设置烟草广告。禁止设置户外烟草广告。（建议增加：禁止在商场、娱乐场所、住宿服务场所、餐饮服务场所发布烟草广告或变相烟草广告。禁止设置户外变相烟草广告。） （建议增加：禁止在销售烟草制品的场所发布和设置烟草广告、陈列烟草制品，禁止利用烟盒包装做广告，禁止促销烟草制品。 禁止采用任何虚假、误导、欺骗手段或可能对烟草制品特性、健康影响、危害或释放物信息产生错误印象的图文或方法，宣传、推销烟草制品。 禁止烟草企业利用品牌延伸和品牌共享手段直接或间接宣传、推销烟草制品。 禁止在各种社会活动中使用烟草业的名称、商标、服务标识或商业标识。）

2. XT 中心社会路径:"媒体联盟"翻新信息,凸显民意

信息翻新是指把之前的新闻信息再次通过不同的角度进行发布,使其产生影响力。为了应对相对急迫的第二次审议,XT 中心被迫采取这一策略,充分利用"媒体联盟"工具,让公众"重温"烟草广告的危害。为此,2014 年 11 月 26 日,XT 中心又专门举办了媒体信息交流会。"翻新"了 XT 中心曾经诉讼失败的烟草广告,包括:2014 年 7 月投诉的上海卷烟厂旁的爱我中华;2014 年 2 月投诉的北京西站红塔山广告;2014 年 4 月投诉的陕西中烟工业有限责任公司和宝鸡市卷烟厂在宝鸡部分烟店发布的烟草宣传印刷品。XT 中心认为这三个案例都是明显的烟草广告,可是他们却投诉失败。通过组织媒体信息交流会,进一步探讨这些案例,使《广告法》管不住的烟草广告在此"曝光"。

在此之前,为了实现扩大社会影响的传播效果,XT 中心在信息的制造上做了充分准备,系统调查了当时《广告法》有关烟草广告的缺陷,并回顾了他们在反对烟草广告行动中的经验,包括依据未修订的《广告法》投诉成功的案例和投诉失败的案例。并把这些鲜活的案例汇集成册——《我们决不放弃——禁止 TAPS 行动的回顾与解析》,作为信息传播材料,然后把合作媒体再次集聚一起,以更新的视角把这些信息传播出去,唤起公众的参与动力,以期对《广告法》有关烟草广告的二次审议施加压力。

3. "二审"递进:从"列举法"转向"排除法"

通过政府路径及社会施压路径,中国 KY 协会和 XT 中心分别采取了应对"二审"的行动。法案在修订过程中也不断朝着更加接近它们目标的方向前进,除了"一审"稿上的烟草广告传播的内容、形式和媒介,又增加了一些重要内容,尤其是在对场所的规定中使用了"禁止在公共场所"①,这实际上在立法逻辑上开始从"列举法"转向"排除法",据立法经验,列举法永无穷尽,终将会有无法限制的烟草广告

---

① 全国人民代表大会:全国人民代表大会法律委员会关于《中华人民共和国广告法(修订草案)》修改情况的汇报,2014 年 12 月 30 日。

在"规定"外出现。① 对于控烟社会组织而言这是一个巨大的转折,这是因为它改变了法律条文使用"列举法"限制场所的方式,具有重要意义。此外,还增加了"烟草制品生产者或者经营者发布的迁址、更名、招聘等启事中,不得含有烟草制品名称、商标、包装、装潢以及类似内容"。以及,"其他商品或者服务的广告、公益广告中,不得含有烟草制品名称、商标、包装、装潢以及类似内容"等内容(见表6-4)。

表6-4　"一审""二审"征求意见稿烟草广告相关内容比较

一审征求意见稿② (2014年8月31日)	二审征求意见稿③ (2014年12月30日)
第二十条　禁止利用广播、电影、电视、报纸、期刊、图书、音像制品、电子出版物、移动通信网络、互联网等大众传播媒介和形式发布或者变相发布烟草广告。 禁止在各类等候室、影剧院、会议厅堂、体育比赛场馆、图书馆、文化馆、博物馆、公园等公共场所以及医院和学校的建筑控制地带、公共交通工具设置烟草广告。禁止设置户外烟草广告。 第二十一条　烟草、酒类广告应当符合下列要求: (一)不得出现吸烟、饮酒形象; (二)不得使用未成年人的名义或者形象; (三)不得诱导、怂恿吸烟、饮酒或者宣传无节制饮酒; (四)不得明示或者暗示吸烟、饮酒有消除紧张和焦虑、增加体力等功效。 发布烟草广告,应当经县级以上地方工商行政管理部门批准。经批准发布的烟草广告中应当标明"吸烟有害健康"字样。	第十八条　禁止利用广播、电影、电视、报纸、期刊、图书、音像制品、电子出版物、移动通信网络、互联网等大众传播媒介和形式发布或者变相发布烟草广告。 禁止在<u>公共场所</u>、医院和学校的建筑控制地带、公共交通工具设置烟草广告。禁止设置户外烟草广告、<u>橱窗烟草广告</u>。 <u>烟草制品生产者或者经营者发布的迁址、更名、招聘等启事中,不得含有烟草制品名称、商标、包装、装潢以及类似内容。</u> <u>其他商品或者服务的广告、公益广告中,不得含有烟草制品名称、商标、包装、装潢以及类似内容。</u> 在本条第一款、第二款规定之外发布烟草广告的,应当经国务院工商行政管理部门批准,并符合下列要求: (一)不得出现吸烟形象; (二)不得诱导、怂恿吸烟; (三)不得明示或者暗示吸烟有利于人体健康、解除疲劳、缓解精神紧张; (四)不得使用低焦油含量、低危害等用语; (五)广告中应当显著标明"吸烟有害健康"。

---

①　XT中心内部资料,XTHD2014CD。
②　全国人民代表大会:《中华人民共和国广告法(修订草案一次审议稿)(2014年)》,2014年8月31日。
③　全国人民代表大会:《中华人民共和国广告法(修订草案二次审议稿)(2014年)》,2014年12月30日。

据 2014 年 12 月 30 日全国人大法律委员会副主任委员安建在"关于《中华人民共和国广告法（修订草案）》修改情况的汇报"中，针对烟草广告的修改，指出"除了在烟草制品专卖点的店堂室内可以采取张贴、陈列等形式发布经国务院工商行政管理部门批准的烟草广告，以及烟草制品生产者向烟草制品销售者内部发送的经国务院工商行政管理部门批准的烟草制品广告外，其他任何形式的烟草广告均被禁止。"①

显然，相对"一审"征求意见稿而言，"二审"征求意见稿中对烟草广告的限制更为严格，但是未提及隐含的"烟草制品销售终端"，并且许可获得"国务院工商行政管理部门"批准的烟草广告。控烟社会组织认为，这两个口子是巨大的烟草广告隐患。② 由此，消灭烟草广告最后的生存空间成了中国 KY 协会和 XT 中心继续参与立法决策、进而影响"三审"新的也是最后的行动机会。

（三）人大"三审"中的参与（2015 年 1—4 月）

"烟草制品专卖店"和"获得国务院工商行政管理部门批准"的烟草广告成了"二审"之后烟草广告"一明一暗"的生存空间。但是对控烟社会组织而言，这两个空间的存在就意味着他们行动失败——未实现组织目标、未完成《公约》要求的相关"任务"。"获得国务院工商行政管理部门批准"的烟草广告是"二审"稿明文内容，而此稿中还隐含着一个"隐蔽空间"——"烟草制品专卖店"。但是控烟专家的专业知识识破了这两个烟草广告隐患。他们认为，法律有此"口子"，禁止烟草广告的努力将功亏一篑。他们必须为"三审"做最后的努力，"不给烟草广告留后门"③。为此，采取了不同策略的行动路径。

---

① 全国人民代表大会：全国人民代表大会法律委员会关于《中华人民共和国广告法（修订草案）》修改情况的汇报，中国人大网：http://www.npc.gov.cn/npc/lfzt/rlys/2014-12/30/content_1892286.htm，2017 年 4 月 8 日访问；《广告法二审拟进一步限制"烟味儿"》，新华网：http://www.xinhuanet.com//politics/2014-12/22/c_1113736457.htm，2017 年 4 月 8 日访问。

② 中国 KY 协会原秘书长访谈，2016 年 11 月 14 日；XT 中心原负责人访谈，2016 年 11 月 16 日。

③ XT 中心负责人访谈，2016 年 11 月 16 日。

1. 中国KY协会持续加强与决策主体内部沟通

"三审"之前,中国KY协会分别致函全国人大法律委员会、全国人大常务委员会和"两会"代表,呈递了"关于在《广告法》中明确全面禁止烟草广告、促销和赞助的建议"。"建议"明言《广告法》有关烟草广告修订进入了关键时期,政府应把握可以通过立法"全面禁止所有的烟草广告、促销和赞助的机会"。在信函中,中国KY协会阐述了应严格禁止所有烟草广告、促销和赞助的理由,主要包括现实因素和政治因素两个方面。现实因素包括烟草危害人民健康、应注重保护青少年免于烟草危害,以及执行《中国烟草控制规划(2012—2015)》层面;政治因素包括中国履行《公约》的责任和义务、国际趋势、国际形象等。中国KY协会呼吁全国人大法律委员会和全国人大常委会,应"以保护人民健康为重,以不让烟草广告、促销和赞助成为吸引消费保持销量的手段为出发点,秉承《公约》要求修订《广告法》,全面禁止所有的烟草广告、促销和赞助"。和以往信函不同的是,此次致函,中国KY协会并没有采用"列举法",列举出更多的内容,而是建议,"明确将第十八条修改为:'禁止发布和变相发布任何形式的烟草广告、促销和赞助'"。

2. 利用"民意",消除烟草广告最后的空间

控烟社会组织认为,"最有效也最简洁的规定,就是《公约》明确提出的'禁止所有的烟草广告、促销和赞助',这是总结了世界各国控烟经验后提出的一项非常有效的控烟策略"①。在全国人大法律委员会副主任委员汇报"二审"修改情况时,提到了烟草制品专卖点的店堂室内可以出现烟草广告。控烟社会组织则认为,烟草制品专卖点是与消费者直接相关的烟草经营场所,包括烟草制品专卖店、形象店、示范店,也包括商场、超市、食杂店、便利店中的烟草制品专柜,这些都涉及公众(包括青少年儿童)经常出入的公共场所,不应出现烟草广告。为了突出民意,消除烟草广告最后的空间,中国KY协会和XT中心分

---

① XT中心内部资料,XTDA2014ZL。

别举办了民意调查发布会。

2015年4月16日,草案法案"三审"前一周,中国KY协会在北京举办了"烟草促销和赞助活动的监测结果发布会",发布会邀请到了众多新闻媒体。发布了从2014年11月2日至2015年2月10日100天内监测到的烟草业促销和赞助的活动情况。这是中国KY协会自2013年以来,第三次烟草广告、促销和赞助的监测活动。他们监测到,烟草广告、促销和赞助依然非常严重,在形式上不断更新,例如"品牌品鉴会"较2014年翻了三倍;烟草销售点成了发布烟草广告,推高烟草销售的重要阵地。① 基于此,中国KY协会强烈呼吁全国人大在《广告法》"三审"时,不能再为烟草业做广告留口子,要将全面禁止利用烟草销售点、印刷品广告促销,以及利用赞助做广告等写进《广告法》条款中,全面禁止烟草企业一切形式的烟草广告。中国KY协会通过新华社发出呼吁,"不能再为烟草业做广告留口子,要将全面禁止利用烟草销售点、印刷品、促销和赞助等方式做广告写进广告法条款中"②。

在"三审"之前,XT中心也举办了两次大型新闻媒体交流会:2014年12月23日,XT中心利用发布《中国控烟观察:民间视角》的机会,邀请了医疗和公共卫生领域的专家、医学专家、法学专家、经济专家、相关学会、协会以及多家新闻媒体100余人,进一步讨论应对"三审"的策略。在会上,WYQ教授指出法案草案"二审"稿仍然为烟草广告留了口子,指出了烟草销售终端这一"隐蔽"的烟草广告场所,呼吁"不能给终端营销留口子"。2015年2月12日,XT中心再次组织举办了"烟草广告'禁'还是'限'媒体信息交流会",揭露了草案有关烟草条款修订的本质之争。公共卫生、医学、法律以及控烟等领域的专家以及多家媒体记者共50余人出席了交流会。XT中心常务副主任WYQ教授认为,"如果仍把烟草广告的主体限定在'烟草生产者或

---

① 《专家为新版〈广告法〉禁止烟草广告点赞》,法制网:http://www.legaldaily.com.cn/index/content/2015-05/19/content_6089547.htm?node=20908,2017年4月8日访问。
② 《多方机构和专家呼吁中国广告法"全面禁烟"》,中国人大网:http://www.npc.gov.cn/npc/xinwen/lfgz/lfdt/2015-04/20/content_1933407.htm,2017年4月8日访问。

销售者',那么就意味着烟草商就可以利用其他主体发布烟草广告以逃避监管"①。此外,XT中心向媒体展示了在北京西站进行的"'山高人为峰'广告牌是不是烟草广告"?的第三方调查结果:90.3%的吸烟者、34.2%的非吸烟者,表示看到"山高人为峰",就联想到了"烟草"。通过"旧事重提",把《广告法》管不住的烟草广告,再次呈现给决策者和公众。此外,XT中心还发布了《灾难!如果允许540万烟草售烟点做广告!》画册向公众揭示了全国540多万个烟草销售点承担了烟草促销、赞助、冠名、宣传品等功能。而且烟草销售终端几乎无所不在。以北京市为例,每隔25米—80米,就有一户烟草销售终端。XT中心指出,540多万烟草销售点每天发10张烟草广告,一个月广告量就是16亿张流动广告,其影响力甚至超过户外广告。尤其是,很多烟草销售点遍布在中小学校周围。据XT中心的调查,在昆明市,88%的学校方圆100米内有烟店分布,56%的学校甚至在50米内有烟店。在北京市,随机测试的52处售烟点,84.6%的售烟点未拒绝未成年人购买烟草;调查涉及的中小学校周边100米范围内的517处售烟点中的63.8%未在醒目位置设置"不向未成年人售卖烟草"的标识。②

选择在"三审"之前举办民意调查发布会,目的就是引导媒体"聚焦"有关烟草广告条款修订,"放大""二审"稿中最后的烟草广告生产空间,从而引导公众关注,最终"施压"决策者。

3. 再启"两会"路径:内外齐推

争取更多人大代表的支持是控烟社会组织参与法案草案最后审议阶段的主要内部路径策略。2015年3月,召开的全国"两会"为控烟社会组织提供了最后的机会。中国KY协会除了发动所能够发动的人大代表/政协委员,还和XT中心合作开展"'两会'代表座谈会",动员更多全国人大代表/政协委员,推动人大代表从立法机关内部发挥作用。

---

① 《烟草广告"禁"还是"限"媒体交流会》,XT中心,http://www.healthtt.org.cn/Item/Show.asp?m=1&d=2790,2017年4月8日访问。

② XT中心内部资料。XTSJ2015DC。

2015 年 3 月的 "两会" 直接影响着《广告法》修订的最后修法工作。为了能使更多的代表支持 "全面禁止所有烟草广告" 的立场，也为了让这一立场引起更多 "两会" 代表和公众的支持。中国 KY 协会协助了多名 "两会" 代表/委员的相关议案或提案，呼吁 "一切参与修订的人，以人民的健康为念，以坚持国家《宪法》和《公约》原则、最有效地保护大众免遭烟草危害为念，修订出一部能最大限度禁止所有烟草广告、促销和赞助的新的《广告法》"。中国 KY 协会还举例，全国人大 "一审" 时，数十位代表和列席代表发言，支持 "全面禁止所有的烟草广告、促销和赞助"。支持制定严格禁止烟草广告的委员和代表们认为，《广告法》修订草案应该非常清楚地表达 "全面禁止所有的烟草广告、促销和赞助"；没有必要遮遮掩掩地允许烟草广告；不应给烟草广告留 "后门"。同时，中国 KY 协会协助的议案稿还从法律的权威和尊严角度阐明了法律代表国家行为，不能助推烟草消费。总之，此次 "两会" 相关议案或提案明确呼吁，修订后的《广告法》，必需明确提出 "全面禁止所有的烟草广告、促销和赞助"，不能给烟草业留有任何余地和空间，不能任其挥霍国有资金进行不利于公众健康、影响政府形象的活动。

2015 年 2 月 13 日， "两会" 召开之前，中国 KY 协会和 XT 中心再次举办了 " '两会' 代表座谈会"。多位 "两会" 代表/委员和控烟专家围绕即将 "三审" 的法案有关烟草广告内容的修订进行了商讨，会议达成一致意见，努力促进实现 "禁止所有的烟草广告、促销和赞助" 的目标。[①] 全国人大代表、中国工程院院士、中华预防医学会会长王陇德，全国人大代表、盐城疾病预防控制中心主任沈进进，全国政协委员、宣武医院神经外科主任凌峰等多位代表/委员出席了会议。

此外，数十名 "两会" 代表/委员曾明确支持全面禁止烟草广告，其中包括严以新、任茂东、杨卫、傅莹、刘德培、丛斌、孙宝树、吕祖

---

① 《2015 年两会代表委员控烟建议座谈会》，XT 中心，http://www.healthtt.org.cn/Item/Show.asp? m=1&d=2788，2017 年 4 月 8 日访问。

善、李玲蔚、王明雯、陈竺、杨邦杰、韦飞燕、奴健敏、温建民、彭森等。① 他们有意无意地助推了控烟社会组织的行动。

4. 参与结果：行动目标实现

从行动者的角度，中国 KY 协会和 XT 中心实现了行动目标：2015年4月24日，全国人大"三审"通过的修订后《广告法》有关烟草广告的条款与它们最初的行动目标高度一致。基本没有给烟草广告留下任何空间。

2015年5月19日，中国 KY 协会就新修订的《广告法》中有关禁止烟草条款举办专家解析座谈会。"专家表示新版《广告法》是史上审议通过的争议最大、表达意见最充分的法律，人大代表广泛听取意见和积极履行职责，政府控烟履约的决心，从而促成了全面禁止烟草条款的出台。"尤其是，修订后的《广告法》有关烟草广告的条款"几乎覆盖了方方面面，没有给烟草企业留下做烟草广告的任何空间"②。

四 社会组织在政策制定中的重要作用

本章重点探讨了随着环境的变化，社会组织在政策制定过程中的参与，即中国 KY 协会、XT 中心等控烟社会组织与决策主体、相关群体的互动。重点是在2014年2月21日国务院法制办公室网上公布了《广告法（修订草案）（征求意见稿）》之后，至该草案在全国人大立法机构经历的"三审"过程中，社会组织的参与活动。

本章首先剖析了政策环境的变化给社会组织参与政策制定的影响，尤其是十八大后，社会组织参与国家治理的法律地位不断提升。此外，就行业而言，党中央对于烟草控制的态度更加明确，发布了数个文件，尤其是2013年12月29日的"两办"《通知》更是把"公共场所禁止

---

① 《多方机构和专家呼吁中国广告法"全面禁烟"》，中国人大网：http://www.npc.gov.cn/npc/xinwen/lfgz/lfdt/2015-04-20/content_1933407.htm，2017年4月8日访问。

② 《专家为新版〈广告法〉禁止烟草广告点赞》，法制网：http://www.legaldaily.com.cn/index/content/2015-05/19/content_6089547.htm?node=20908，2017年4月8日访问。

吸烟"的理念首先贯彻于党和政府体系。

在这样的背景下,中国 KY 协会和 XT 中心开展了针对《广告法》有关烟草广告条款修订过程中的方案选择与合法化阶段的行动。在国务院职能部门提交政策方案阶段,由于国务院层面政策协商的封闭性和短暂性,除了把个别"官员"请出来"听取意见",控烟社会组织只能开展有限的"外围参与",通过专家、公众呼吁或施压决策者。

在整个过程中,中国 KY 协会和 XT 中心采取了不同的行动路径,中国 KY 协会注重内部路径——直接与决策者进行沟通、互动;XT 中心侧重外部路径——发挥"媒体联盟"作用,动员公众参与,以社会舆论来施压决策者。但是,中国 KY 协会和 XT 中心都注重发挥"专家联盟"的作用。专家联盟的强度取决于专家级别或专家影响力、专家数量以及专家同决策者的关系强度。而由于资源网络和社会资本的差异,较之 XT 中心,具有官办背景的中国 KY 协会能够组建较强的"专家联盟"。

从全国人大"一审"到"三审",中国 KY 协会和 XT 中心分别通过内部路径和外部路径与决策主体、相关群体互动,充分发挥了"专家联盟""媒体联盟"等行动策略和技巧,尤其是在"三审"之前,通过"两会"代表的力量助推人大内部决策,最终修订后的《广告法》有关烟草广告的条款与社会组织行动目标——《公约》规定"全面禁止所有烟草广告"。

其间,中国 KY 协会的表现可圈可点。

"征求意见稿"的缺陷为中国 KY 协会吹响了集结号。协会发现《广告法(修订草案)(征求意见稿)》与他们此前参与的工商总局提交的草案差距甚大,给烟草广告留了口子。这是在修订的冲刺阶段出现了大的障碍,这对协会起到吹响集结号的作用。协会立即行动起来,参与行为明显优化。

（一）向国务院法制办提交自己的修改意见

国务院公布国务院征求意见稿后，中国 KY 协会立即向国务院法制办提交"《广告法（修订草案）（征求意见稿）》的修改意见"和"关于对《广告法（修订草案）（征求意见稿）》的意见和建议"，表达自己的意见。

（二）多种方式推进共识

召开有重要机构官员在内的高端研讨会以谋求共识。如 3 月 14 日的"修订《广告法》禁止烟草广告条款专家研讨会"。邀请到了国务院法制办工交商事法制司、卫计委宣传司、国家工商总局广告监督管理司、国家工商总局广告监督与案件指导处等相关修订《广告法》烟草广告起草的司局级和处级政府官员，还有控烟专家、法律专家以及世卫官员。会议影响较大。

在重要政策意见上达的时间窗口召开会议。"两会"是这样的时间窗口。在"三审"阶段（2015 年 1—4 月），协会在该年的"两会"期间召开"两会"代表座谈会，谋求更大共识，并期待他们影响更多的"两会"参与者。

发动大规模专家署名致函相关机构。"一审"前，协会发动 68 名专家署名致函国务院法制办，申说全面禁止烟草广告的意见；又发动 132 名专家致函全国人大常委会 157 名委员（包括 12 名副委员长）、全国人大法工委、全国人大财经委、全国人大法律委员会等有关代表和部门，同时呈送了宣传册。

（三）精准布局媒体战略

通过连续三年检测烟草促销和赞助活动情况，并分别召开监测结果媒体报告会的方式实施媒体战略。媒体报告会分别于 2013 年 5 月、2014 年 6 月、2015 年 4 月 16 日召开。最后一次精准选择在草案征求意见稿"三审"前一周，这种发布会影响很大，收效显著。

结论　社会组织参与立法过程揭示民主新途径

一　不同类别的社会组织的立法参与逻辑各异

(一) 官办倡导型社会组织的优势与行为逻辑

中国 KY 协会这一官办倡导型社会组织，兼有官办和社会组织的双重优势，在参与修订《广告法》的立法进程中，这些优势得到很好的发挥。

1. 中国 KY 协会官办和社会组织的双重属性带来的优势

中国 KY 协会属于官办的政策倡导型社会组织，它具有"官办"和"社会组织"的双重属性，因之也具有双重的优势。

(1) 中国 KY 协会在政策倡导中的官办优势

政策倡导型社会组织目标的实现需要满足两个条件。政策倡导型社会组织，怀着明确的政策主张，以倡导这一政策的确立为己任，积极参与公共政策和立法的制定过程。因此，这一组织目标内在地要求该组织需要满足两个条件：第一，具有强大的政策联盟。由于社会组织是居于决策机构之外，这就决定了要想影响决策，必须有一定的能量。这不仅有赖于其自身的政治资源和智力资源，还需要有强大的政策联盟。这一联盟应当包括知识精英和政治精英。知识精英不但具有必需的专业知识，还要能够及时搜集和分析相关信息，从而能对政策主张的合理性和必要性进行强有力的论证；政治精英熟悉决策机构的工作机制，可以提出操作性建议。第二，具有通向决策机构的渠道。其中，由于这一渠道的稀缺性，就显得更为重要。对于身在决策机构之外的社会组织而言，谁具有这一渠道，谁就具有优势。显然，官办社会组织在这方面就具有明显的优势。

中国 KY 协会满足了这两个条件：中国 KY 协会是政策倡导型社会组织。与一般政策倡导型社会组织的不同之处在于它是官办的，且规格高，因而具有独有的资源优势。官办使其具有充足的合法性，高端使其具有强大的社会资本。二者叠加，构成了这一组织具有突出的政治资源优势。中国 KY 协会是由政治、行政、公共卫生领域精英组建的从事推动控制吸烟工作的国家一级协会，其历届名誉会长皆由国家级别、具有相当影响力的领导人担任，历届会长、副会长也都拥有丰富的行政和公共卫生管理经验，曾任会长的吴阶平还是第九届全国人大常委会副委员长。这一官办、高端的政治资源又派生出富含知识资源的优势，即有如此高端的会长和名誉会长，就吸引了诸多知识精英加入。而其顾问委员会、专家委员会和理事会成员也多是具有相当公众影响力的专业人士。这些成员有的自身就是全国人大代表或全国政协委员。他们拥有广大的人脉，包括决策机构成员，以及其间的感情纽带，这使得他们具有较大的影响力，乃至直接影响高层。

官办优势体现之一：营造强大的政策联盟

协会营造政策联盟的能力超强。其中，多次召开有重要成员参加的会议以谋求共识的做法很有效。例如 2013 年 6 月，中国 KY 协会联合多家单位举办了"中国控烟与健康可持续发展高层论坛"。邀请官员、经济学家、法学家、控烟专家、公共卫生专家和民间控烟组织的代表约 90 余人参与了会议。会议形成了向中央主要领导人撰写控烟面临问题的意见和建议报告。

官办优势体现之二：倡导渠道畅通

倡导渠道畅通在倡导型社会组织中是最为宝贵的资源。中国 KY 协会恰在这方面具有优势。

首先，中国 KY 协会具有上书高层的路径。协会通过安排多位国家级别领导人（全国人大常委会副委员长、全国政协副主席）/民主党派领导人先后担任名誉会长，从而为自己建立了能够向党中央高层领导"上书"的渠道。其次，有"两会"路径。中国 KY 协会的多位成员（包括名誉会长、会长、副会长、专家委员）是全国人大代表和全国政协委员，他们可以帮助中国 KY 协会拓展其他代表和委员网络。中国 KY 协会每年都组织和协助代表和委员在"两会"期间提交有关烟草广告立法的议案和提案。最后，这些具有政治资源的网络还具有多种内参的渠道，可以上传控烟方面的内参。

（2）中国 KY 协会作为社会组织的优势

优势之一：机动灵活

社会组织所受约束远弱于科层组织。科层组织有严格的规章制度，对现实问题的应对有很长的滞后期；社会组织机动灵活，应对灵敏，方法多样。中国 KY 协会充分发挥这一优势开展工作。例如中国 KY 协会负责人不用烦琐的行政程序和规定，可以径直找到人大财经委负责人进行深度沟通。又如，抢先在《广告法》修改草案三审前一周召开媒体参加的有关发布会。由于二审稿仍对烟草广告留有口子，时间紧迫，协会在 2015 年 4 月 16 日草案修订稿三审的前一周，在北京召开了"烟草促销和赞助活动的监测结果发布会"，发布会邀请到了众多新闻媒体，会后还通过新华社发出呼吁。

优势之二：超强的资源动员能力

一方面，多数社会组织在资源的总量或资源的结构均衡上不及体制内机构；另一方面，它们在资源动员方面的规制又比政府机关要弱得多。这样，它们既有动力又有手段，从而构成了擅长用多种方法动员资源的优势。反过来，是否具有资源动员能力又是其实现组织目标的要件。而对于倡导型社会组织而言，政治资源、知识资源、媒体资源的动员尤为重要。我们看到，中国 KY 协会在这方面表现出色。下面将要讲到的开拓意见上达有效途径、构建专家联盟和媒体联盟，均是明证。

2. 中国 KY 协会的行为逻辑

参与立法的目标：将"全面禁止烟草广告、促销和赞助"纳入修改后的《广告法》。

操作性目标：争取具有立法权者对此目标的认同，谋求共识。

实现途径有二，第一，充分利用现有意见表达途径，包括：写"内参"，上书，推动撰写"两会"议案/提案。

第二，开拓意见上达的有效渠道：首先，直接致函决策者。如一审阶段，中国 KY 协会分别向全国人大常委会委员、人大法工委、法律委员会、财政委员会、教科文卫委等相关部门，以及全国人大常委会 12 名副委员长和 158 名委员致函，并提交有关烟草广告的详细资料。

其次，直接与主要决策者沟通。如修改法律草案一审阶段，中国 KY 协会负责人通过许正中教授与人大财经委负责人深度沟通，效果很好。

再次，召开有官员参加的高端座谈会。例如 2013 年 6 月，中国 KY 协会联合多家单位举办了"中国控烟与健康可持续发展高层论坛"，会议邀请官员、经济学家、法学家、控烟专家、公共卫生专家和民间控烟组织的代表约 90 余人参与，对与会高官起到推进共识的作用。

最后，在政策意见上达的窗口期开会。"两会"期间召开有人大代表和政协委员参加的座谈会，会议声音便于直达上层。

构建强大的专家联盟有助于控烟目标的实现。其一，召开专家研讨会。协会自身的会长、名誉会长和顾问委员会、专家委员会、理事会成员本身多是声誉卓著的专家，在此基础上，协会又多次组织专家参加的研讨会，为协会活动提供知识支持。协会成员的高声望是构建强大专家联盟的资本。其二，发起多次大规模的专家署名致函决策机构，申说全面禁止烟草广告的必要。

构建媒体联盟有助于营造控烟的社会氛围。中国 KY 协会注意充分发挥舆情力量营造社会共识。他们不但在召开重要研讨会时都会邀请记者参加，以求会后予以报道，扩大社会影响，而且还进行媒体培训。汶川地震后，中国 KY 协会几乎每年都举办全国媒体控烟培训班、媒体工作总结会等，传播理念、凝聚共识，以使媒体更好地影响公众对烟草广告问题的认识。

结论　社会组织参与立法过程揭示民主新途径

（二）官办和非官办社会组织在社会网络资源和行为逻辑上的不同

通过本书中对于官办中国 KY 协会和民非 XT 中心健康促进研究中心两个不同性质社会组织参与立法过程的考察，可以清楚地看出，二者在社会网络资源和行为逻辑显示了不同的特点。一是充足的合法性和体制内行政资源是官办社会组织的根本社会资本和社会网络基础，这使得它占据了参与立法过程中的主导地位、产生了更大影响力。中国 KY 协会一是更善于走"政府路径"，二是依托体制内行政资源进而发挥强大的"社会资本效应"——可以带来更大的社会资本和社会网络，包括组建更强的"专家联盟""媒体联盟"等立法过程中的参与工具。

而作为非官办社会组织，XT 中心是通过充分利用"社会资源"以最大限度地发挥"社会影响力"。在这方面，其突出的做法有二。一是充分动员媒体资源。媒体是展示其社会影响力的主要工具。所以，XT 中心的所有活动都会请媒体参与，这有效扩大了它的影响力，在客观上也增加了其自身的透明度。二是通过某些事件"借力使力"，扩大影响。例如，它通过"叫板"大型赛事、知名捐助等焦点事件中的烟草广告，扩大社会影响力，最终实现影响相关政策的目标。

可以说，官办社会组织和非官办社会组织在立法过程中的参与各有侧重，各擅胜场，功能互补。

二　社会组织参与与立法过程互相促进

（一）社会组织在参与中的组织学习：参与精准度的提高

中国 KY 协会参与《广告法》的修订过程也是组织学习的过程。中国社会组织参与立法活动的经验很少，中国 KY 协会更是头一遭。因此，它在参与的过程中也经历学习的过程。这突出表现在，它会通过立法进程的推进来反思、调整自己的参与行为。我们看到，在参与后期，也是临门一脚的关键时期，协会的参与行为更为有效，参与能力大大提升。这集中表现在 2014 年后参与行为精准度的大幅度提高上。

2014年2月21日国务院法制办公室网上公布了《广告法（修订草案）（征求意见稿）》。中国KY协会发现，其中有关烟草广告的条款内容与国家工商总局提交的草案相差很多，主要是为烟草广告留了口子。由于该征求意见稿的协商是国务院多部门在封闭状态下进行的，社会组织无法直接参与。

这为中国KY协会敲起了警钟，也吹响了集结号。因为在这之后的一审、二审、三审，立法工作进程会紧锣密鼓，2015年《广告法》就要正式出台了。也即2014年是最为关键的一年，中国KY协会意识到，必须抓紧行动，提高活动的有效性。我们看到，就在这一年，中国KY协会的行为精准度大为提高。这集中表现在：

第一，活动目标精准。

首先，瞄准相关官员。立即召开有关决策部门官员参加的高端研讨会。《广告法（修订草案）（征求意见稿）》发布三周后，中国KY协会于3月14日召开了高端专家研讨会，除了邀请控烟专家、法律专家以及世卫官员参加，特别邀请了国务院法制办工交商事法制司、卫计委宣传司、国家工商总局广告监督管理司、国家工商总局广告监督与案件指导处等相关修订《广告法》烟草广告起草的司局级和处级政府官员。这是在关键时刻谋求关键人物和机构的共识。会议效果明显。

其次，瞄准关键人。在全国人大一审阶段刚开始就直接与人大财经委负责人沟通。2014年6月至8月30日是全国人大对《广告法》修订草案进行一审的时间。刚进入6月，经人牵线，中国KY协会常务副会长兼秘书长就直接与人大财经委负责人进行了深度沟通，取得了很好的效果。这是直接争取关键人物的认同。

第二，时机精准。

首先，利用"两会"。在三审的关键时期，充分利用"两会"的政策意见上达窗口期。《广告法（修订草案）（征求意见稿）》的三审期2015年1至4月，恰与"两会"召开时间重叠，而"两会"向来是政策意见上达的窗口期。中国KY协会抓紧这一窗口期，这一段的活动最为密集：

——致函。分别致函全国人民代表大会法律委员会、全国人大常委会和"两会"代表、委员，呈递了"关于在《广告法》中明确全面禁止烟草广告、促销和赞助的建议"。

——推动、支持"两会"代表、委员提交关于"将全面禁止烟草广告、促销和赞助"写进《广告法》修改稿的议案或提案。

——"两会"前召开有"两会"代表、委员参加的座谈会。2015年2月13日，"两会"开会前，中国KY协会和XT中心举办了"'两会'代表座谈会"，与代表、委员共同对《广告法（修订草案）（征求意见稿）》二审稿的烟草广告修订意见进行商讨，达成共识。

其次，抓紧在三审前开会再次呼吁：2015年4月16日，距草案征求意见稿"三审"仅有一周，中国KY协会在北京举办了"烟草促销和赞助活动的监测结果发布会"，发布会邀请到了众多新闻媒体。发布了烟草广告、促销和赞助依然非常严重的情况。中国KY协会通过新华社发出呼吁："要将全面禁止利用烟草销售点、印刷品、促销和赞助等方式做广告写进广告法条款中。"

后来的结果大家都看到了，修订后的《广告法》终于将"全面禁止烟草广告、促销和赞助"的内容纳入有关条款。

（二）社会组织参与揭示了中国式民主的一种途径

社会组织参与中国立法过程呈现了公民民主参与的一条途径，是中国式政治过程开放的表现。社会组织在立法过程中的参与盘活了"社会资本存量"。社会组织参与下，中国立法过程中社会各成员，包括社会公众、相关专家、新闻媒体等群体得以充分参与政策的议程设置、政策决策等立法环节。社会组织既是直接参与者，又是引导各群体参与的介质，社会各元素在社会组织的安排和引导下充分发挥各自作用，有序参与立法过程中的各个环节。这既提升了中国政策过程的开放度，又解决了媒体专业引导和有效监督的问题。此外，社会组织在立法过程中的参与实际上是盘活了"社会资本存量"——社会中各元素得以在行动中发挥作用，并且提升了立法过程相关领域的社会资本总量。

社会组织参与立法过程还化解了无组织的公民参与的难题。值得注意的是，社会组织引导下的专家参与有别于学者们高度关注的思想库式的专家参与，后者是职业化的政策参与者。而在社会组织引导下的"专家参与"中的专家，不一定是"政策科学专家"，但一定是相关领域的权威专家，例如本书中的公共卫生领域、医学领域、控烟领域、法律领域专家发挥了重要作用，他们贡献了专业知识和社会地位。

总之，社会组织参与立法过程是中国政治发展的可喜进展，对推进科学立法、民主立法、阳光立法，提高立法质量具有积极的意义。

三　创新之处

第一，研究问题具有创新性。学术界鲜有社会组织参与立法过程的研究。本书系统考察了社会组织，特别是官办社会组织参与《广告法》修订的过程，不仅提供了社会组织参与立法的完整案例，还可以窥见中国政治开放性的进程，选题具有开创性。

第二，基于第一手调查资料，在与 XT 中心这一民非组织的比较中，首次分析了官办倡导型社会组织中国 KY 协会的优势，并深度揭示了它的行为逻辑，在这一领域具有开创性。

第三，在对官办社会组织弊端的批评声中，本书肯定了它的优势，特别是在政策倡导方面的优势，从而为理解官办社会组织存在的合理性提供了一个认识维度。

第四，在研究方法上，本书把建构主义和实证主义范式相结合，从行动者、社会资本、社会网络、政策过程等理论视角出发建立了研究框架。在此框架下，系统分析了从政策环境变化到立法过程不同阶段的社会组织与社会公众、相关专家、新闻媒体等政策相关群体的互动，社会组织与政策决策者进行互动的关系，并尝试建立了它们之间的关系模型。基于此，抽象出官办倡导型社会组织的优势和行为逻辑。

四 政策建议

据本书发现和反思，为相关政策建议提出三策：

第一策，完善立法过程中社会组织参与机制，使之成为落实"科学决策、民主决策"的有效工具。

从中国KY协会、XT中心等社会组织参与《广告法》有关烟草广告的成功修订来看，社会组织探索出了自身参与立法过程的逻辑和路径。社会组织参与最基本的功能是组织化的公众参与、专家参与和媒体参与。其在立法过程中的成功参与，解决了中国公民民主参与立法的途径和方式，从而不但有助于制定出结果符合公民意愿的公共政策，而且加强了公众与政府沟通与交流，提升公众对政府的信任与支持，这些原因将有助于新制定政策的执行。此外，社会组织充分参与还有助于降低政策制定成本、提高政策质量。

然而，我国社会组织发展水平相对较低，在参与公共政策制定过程中难免出现这样和那样的问题，但不能用以偏概全，"一错全错"，或者"一对全对"眼光简单粗暴判断其行为，应该建立起有效引导、鼓励参与公共政策相关事务的有效机制，使之成为落实"科学决策、民主决策"的有效抓手，成为国家治理体系和治理能力现代化的有效工具。

第二策，建立社会组织资源供给机制，有效甄别外来资源之良莠。

参与《广告法》有关烟草广告修订的过程中，社会组织持续投入了庞大的社会资本和相当额度的物质资源。庞大的社会资本的运作离不开物质资源的支持，而物质资源在有效的社会资本运作中发挥作用，两者相辅相成。但是对于控烟社会组织而言，国内物质资源相当缺乏。为了实现组织目标，控烟社会组织会千方百计地寻找一切可以利用的资源。在此立法过程中，社会组织的重要相关活动物质资源多是国际资源。但"外来资源"往往是烟草业和烟草广告等既得利益者攻击控烟社会组织的借口。不可否认，"外来资源"一定有其目的性，但是其目的性若能为我所用，互惠互利。事实证明，所谓的借口虽然没能够阻挡站在健康道德立场上的控烟工作的推进。终究，"国际资源"这一概念，本身是中性词，但往往被曲解。加上，利益相关方的有意而为之，某种程度上形成了放大了"外来资源有毒"论。

实际上，若从中国经济发展经验来看外来资源，就是成功驾驭，为我所用。中国经济发展取得的举世瞩目的成就，得益于改革开放的国策。开放的目的就是要加强国际交流、大量引进外资，使其助力中国经济发展。近40年的经验证明，多数外来资金为中国的发展发挥了重要作用，当然也有不良资金对中国虎视眈眈，但是相关外资监管机制的建立对外来资金实行了有效的甄别和管控。外来资金在中国的投入也获取了丰厚的回报。中国自身经济领域成功经验也可应用到社会发展领域，用改革开放和长远发展的眼光处理社会事务。有效利用外来资源，发展社会服务领域。

同其他发展起来的国家一样，中国社会发展到今天遇到了这样那样的社会问题，需要动用更多的资源来应对这些问题，把社会问题交给社会来处理，政府需要做的是制定出有效管理政策。当然，担心外来资源也并非空穴来风。确实一些少数别有用心、居心叵测的所谓的国际社会组织打着各种旗号在中国开展非法活动，极大地损害了国家和人民的利益。但是，不能杯弓蛇影，以偏概全，让少数害群之马破坏有利于中国深化改革开放的大局。若在应对社会问题，也同应对经济问题一样足够自信，建立起有效机制，区分良莠资源，积极引进有益资源，将能够有效帮助解决中国社会组织发展的问题。建立有效机制既要鼓励外来有益资源，又要防范不利资源，两者都要兼顾。为了防范不利资源而阻止有益资源，或者为了引进更多资源而疏于管理不良外资的做法都不可取。

引进国际有益资源的目的并不等于不开发国内资源。相反，最大限度地开发可以用于社会领域的资源才能够真正解决中国的社会问题、推动中国社会发展。相对庞大的社会需求而言，国际资源只是杯水车薪、充满变数。所以，只有建立了有效的社会组织资源供给机制，实现自身造血功能，才能从根本上解决中国社会组织发展问题，从而使其真正发挥解决社会问题、服务社会发展的功能。

第三策，用国际视野发展中国社会组织，培养其同国际社会组织竞争的能力。

"仁者，以天下为己责也。"当中国重回世界舞台中心之时，国际舞台亦不应缺少中国社会组织的身影。虽然同中国企业相比，中国社会组织在国际上的影响还相形甚远。但是，中国社会组织已经开始探索"走出去"，也引起了学界的高度关注。

中国已今非昔比，综合国力和国际影响力不断提升，国家领导人高瞻远瞩，提出了许多致力于全球发展的理念和计划，"人类命运共同体"理念下，开展了"一带一路"的宏伟布局，开展了中国方案。若要让中国主张得到呼应，得到更多的认同，获得制定国际新规则的权力，就需要加强更多的国际交流、国际公关，这就对展现国家软实力提出了更高的要求。国际经验表明，社会组织在提升国家软实力上具有不可替代的作用，有时社会组织输出影响力比政府直接采取行动效果更好。

以国际的视野发展社会组织，需要采取几方面的措施：第一，拓宽社会组织参与途径。包括政府、企业、社会向社会组织购买服务的，从制度层面构建"政府—社会组织—企业"三联动关系，消除掣肘社会组织发展因素。社会组织如果不能够在国内做大做强，遑论让其在国际事务中发挥作用。第二，有计划培养一些能参与国际事务的顶级社会组织。使其能够占领国际社会事务的"市场"及相关领域的话语权、定规权，从而在有效输出"中国文化"的同时，又能够获得国际社会的理解和认同。第三，完善社会组织人才保障体系和资源供给机制。毋庸置疑，人才和资源是组织发展的核心要素。这两个问题解决好了，中国社会组织才能真正发展起来。

五　研究局限性及未来展望

本书受限于研究视角，虽然较全面地观察了社会组织在参与立法过程中相关行动，以及它们与政策官员、社会公众、专家学者和新闻媒体的互动，也通过访谈、交流和调查从一些社会组织负责人、相关专家学者、媒体记者及政府官员进一步印证了社会组织在整个过程中的行为，但是若能从政府内部进一步系统观察政府应对行为，或将有更多发现，抑或能够揭示社会组织参与对立法结果的影响程度。此外，鉴于研究伦理，本书中对于涉及相关决策者、国际社会组织等仅仅使用了公开资料，未曾使用那些"知道但不能说"内部相关资料，从某种程度上影响了研究的深度。

在研究方法上，虽然案例研究是政策过程研究普遍使用的方法，也是本书唯一可选的方法，但是对于质性研究而言，永远没有最好，只有更好。本书力求精益求精，但是受研究水平和时间所限，不足之处在所难免。此外，由于受研究时间限制，本书未能开展研究社会组织参与政策执行——政策过程的另一个重要阶段。尽管笔者也有在这方面的观察和反思，但是不得不忍痛割舍。社会组织参与政策过程的任何一个环节都是非常值得研究的领域。

中国 KY 协会、XT 中心等控烟社会组织在《广告法》有关烟草广告修订过程中的参与对于研究中国场域下社会组织的政治参与具有相当的学术价值。然而，对于《广告法》有关烟草广告的修订这一变量而言，有两点独特性：其一，这是一个修订性政策案例；其二，"烟草广告"只是这部法律中众多条款中的一个条款。因此，产生了两个问题，社会组织参与"创制性政策立法过程"是否会与参与"修订性政策立法过程"有所不同？参与整部法律的修订与参与一部法律中个别条款的修订是否有别？以及由此可联想到的其他问题非常值得后续研究。

总之，笔者希望能够借此研究抛砖引玉，为研究学术界更加深入探讨中国场域下社会组织政治参与、立法过程，以及两者之间的关系略尽绵薄之力。

参考文献

中文著作

包亚明：《布尔迪厄访谈录——文化资本与社会炼金术》，上海人民出版社1997年版。

陈振明：《政策科学》，中国人民大学出版社1998年版。

戴光中：《翁心植传》，宁波出版社2005年版。

何水：《社会组织参与服务型政府建设：作用、条件与路径》，中国社会科学出版社2015年版。

胡伟：《政府过程》，浙江人民出版社1998年版。

黄晓勇：《民间组织蓝皮书：中国民间组织报告（2014）》，社会科学文献出版社2014年版。

霍海燕：《当代中国政策过程中的社会参与》，人民出版社2014年版。

李汉林：《改革与单位制定的变迁》，李强编著：《中国社会变迁30年》，社会科学文献出版社2008年版。

卢迈：《中国农村改革的决策过程》，卢迈编著：《面对希望之野》，中国发展出版社2000年版。

罗家德：《社会网络讲义分析》，社会科学文献出版社2010年版。

宁骚：《公共政策学》，高等教育出版社2011年版。

尚晓援：《冲击与变革：对外开放中的中国公民社会组织》，中国社会科学出版社2007年版。

苏力：《规制与发展：第三部门的法律环境》，浙江人民出版社1999

年版。

王名:《社会组织论纲》,社会科学文献出版社2013年版。

王名、刘国翰、何健宇:《中国社团改革:从政府选择到社会选择》,社会科学文献出版社2001年版。

王名、刘培峰:《民间组织通论》,时事出版社2004年版。

王绍光、樊鹏:《中国式共识型决策:"开门"与"磨合"》,中国人民大学出版社2013年版。

王振海:《社会组织发展与国家治理现代化》,人民出版社2015年版。

徐晓新:《社会政策过程:新农合中的央地互动》,中国社会科学出版社2018年版。

燕继荣:《社会资本与国家治理》,北京大学出版社2015年版。

杨成虎:《政策过程研究》,知识产权出版社2012年版。

杨珂:《反家暴政策制定中社会组织参与模式研究》,中国社会科学出版社2017年版。

应松年:《行政程序法立法研究》,中国法制出版社2001年版。

于显洋:《组织社会学》,中国人民大学出版社2009年版。

张明新:《参与型政治的崛起:中国网民政治心理和行为的实证考察》,华中科技大学出版社2015年版。

赵宝煦:《政治学概论》,北京大学出版社1982年版。

中共中央宣传部:《习近平总书记系列重要讲话读本》,学习出版社、人民出版社2016年版。

中国大百科全书编委会:《中国大百科全书·政治学》,中国大百科全书出版社1992年版。

周旺生:《立法学》,法律出版社2009年版。

周雪光:《组织社会学十讲》,社会科学文献出版社2003年版。

朱光磊:《当代中国政府过程》,天津人民出版社2002年版。

朱力宇、叶传星:《立法学》,中国人民大学出版社2015年版。

朱旭峰:《政策变迁中的专家参与》,中国人民大学出版社2012年版。

朱有明、杨金石:《中国社会组织协同治理模式研究》,上海交通大学出版社 2016 年版。

［美］林南：《社会资本：关于社会结构与行动的理论》，张磊译，上海人民出版社 2004 年版。

［美］伯特：《结构洞：竞争的结构》，任敏等译，上海人民出版社 2008 年版。

［美］达夫特：《组织理论与设计》，王凤彬、张秀萍、刘松博等译，清华大学出版社 2016 年版。

［美］戴伊：《理解公共政策》，彭勃译，华夏出版社 2004 年版。

［美］格兰诺维特：《镶嵌：社会网与经济行动》，罗家德译，社会科学文献出版社 2015 年版。

［美］格斯顿：《公共政策的制定：程序和原理》，朱子文译，重庆出版社 2001 年版。

［美］金登：《议程、备选方案与公共政策》，丁煌、方兴译，中国人民大学出版社 2004 年版。

［美］卡斯特：《网络社会的崛起》，夏铸九译，社会科学文献出版社 2003 年版。

［美］科尔曼：《社会理论的基础》，邓方译，社会科学文献出版社 1999 年版。

［美］萨巴蒂尔：《政策过程理论》，彭宗超等译，生活·读书·新知三联书店 2004 年版。

［美］萨拉蒙：《全球公民社会：非营利部门视界》，贾西津、魏玉译，社会科学文献出版社 2007 年版。

［美］斯科特、戴维斯：《组织理论——理性、自然与开放系统的视角》，高俊山译，人民出版社 2015 年版。

［美］沃尔夫：《市场或政府——权衡两种不完善的选择》，谢旭译，中国发展出版社 1994 年版。

［美］殷：《案例研究方法的应用》，周海涛、夏欢欢译，重庆大学出版社 2014 年版。

［瑞典］伯恩斯等：《经济与社会变迁的结构化：行动者、制度与环

境》，周长城等译，社会科学文献出版社2010年版。

［英］黑尧：《现代国家的政策过程》，赵成根译，中国青年出版社2004年版。

［英］吉登斯：《社会的构成：结构化理论大纲》，李康、李猛译，生活·读书·新知三联书店1998年版。

［英］科尔巴奇：《政策》，张毅、韩志明译，吉林人民出版社2005年版。

中文论文

白德全、梁敬斋：《我国公共政策中的公民参与问题研究》，《河北师范大学学报》（哲学社会科学版）2008年第5期。

边燕杰、丘海雄：《企业的社会资本及其功效》，《中国社会科学》2000年第2期。

陈姣娥、王国华：《网络时代政策议程设置机制研究》，《中国行政管理》2013年第1期。

陈玲：《官僚体系与协商网络：中国政策过程的理论建构和案例研究》，《公共管理评论》2006年第2期。

陈玲：《制度、精英与共识：中国集成电路产业政策过程研究》，博士学位论文，清华大学，2005年。

陈玲、赵静、薛澜：《择优还是折衷？——转型期中国政策过程的一个解释框架和共识决策模型》，《管理世界》2010年第8期。

陈剩勇、杜洁：《互联网公共论坛：政治参与和协商民主的兴起》，《浙江大学学报》（人文社会科学版）2005年第3期。

陈云松：《互联网使用是否扩大非制度化政治参与：基于CGSS2006的工具变量分析》，《社会》2013年第5期。

陈振明：《政策科学与智库建设》，《中国行政管理》2014年第5期。

崔正、王勇、魏中龙：《政府购买服务与社会组织发展的互动关系研究》，《中国行政管理》2012年第8期。

丁惠平：《中国社会组织研究中的国家—社会分析框架及其缺陷》，《学术研究》2014 年第 10 期。

丁元竹：《我国社会组织的管理创新》，《瞭望》2008 年第 12 期。

范如国：《复杂网络结构范型下的社会治理协同创新》，《中国社会科学》2014 年第 4 期。

方卫华：《基于人类行动逻辑的组织分类——社会中介组织与非营利组织研究冲突的解决思路》，《中国行政管理》2004 年第 12 期。

高红、朴贞子：《我国社会组织政策参与及其制度分析》，《中国行政管理》2012 年第 1 期。

顾丽梅：《公共服务提供中的 NGO 及其与政府关系之研究》，《中国行政管理》2002 年第 1 期。

关信平：《当前我国增强社会组织活力的制度建构与社会政策分析》，《江苏社会科学》2014 年第 3 期。

郭炳衡、杨选平、刘春燕、翁心植：《5002 名新兵吸烟调查结果》，《心肺血管学报》1988 年期 4 期。

郭炳衡、杨选平、王海军、翁心植：《5002 名新兵吸烟心理动机及对吸烟态度的调查》，《心肺血管学报》1990 年第 4 期。

韩俊魁：《1949 年以来中国社会组织分类治理的发展脉络及其张力》，《学习与探索》2015 年第 9 期。

何欣峰：《社区社会组织有效参与基层社会治理的途径分析》，《中国行政管理》2014 年第 12 期。

何志原、翁心植：《北京地区不同职业人群吸烟调查（摘要）》，《心肺血管病杂志》1983 年第 1 期。

何志原、翁心植：《纺织工人吸烟调查（摘要）》，《心肺血管医疗研究报导》1982 年第 2 期。

贺东航、孔繁斌：《公共政策执行的中国经验》，《中国社会科学》2011 年第 5 期。

胡鞍钢：《第二次转型：以制度建设为中心》，《战略与管理》2002 年第 3 期。

胡象明：《论地方政策的决策模式》，《武汉大学学报》（哲学社会科学版）1997年第2期。

黄建军、梁宇、余晓芳：《改革开放以来我国政府与社会组织关系建构的历程与思考》，《中国行政管理》2016年第7期。

黄晓春：《当代中国社会组织的制度环境与发展》，《中国社会科学》2015年第9期。

黄益民、陈洁、于杰、钟伟、庄逢源、翁心植：《香烟烟雾中一氧化碳对长期吸烟者血液流变学的影响》，《心肺血管学报》1990年第2期。

黄益民、钟伟、翁心植：《短期吸烟对大鼠血压、血液流变学和心肌微循环的影响》，《心肺血管学报》1991年第3期。

霍海燕：《公民社会的兴起对政策制定的影响》，《中国行政管理》2008年第2期。

霍海燕：《公民社会与政策过程：分析框架的构建及其运用》，《中国行政管理》2011年第2期。

霍海燕：《中国公民社会影响政策过程的变量分析》，《郑州大学学报》（哲学社会科学版）2011年第1期。

景跃进：《政策执行研究取向及其争论》，《中国社会科学季刊》1996年第14期。

康晓光、韩恒：《分类控制：当前中国大陆国家与社会关系研究》，《社会学研究》2005年第6期。

李汉卿：《国家治理现代化：中国共产党执政的逻辑转变与战略选择》，《理论月刊》2016年第1期。

李新华：《〈烟草控制框架公约〉与MPOWER控烟综合战略》，《中国健康教育》2008年第9期。

李亚妤：《互联网使用、网络社会交往与网络政治参与——以沿海发达城市网民为例》，《新闻大学》2011年第1期。

梁莹：《公民政策参与中的"信任"因素研究——基于历史坐标中的信任理论之思考》，《社会科学研究》2008年第3期。

林震：《非营利组织的发展与我国的对策》，《国家行政学院学报》2002年第1期。

刘淑妍、朱德米：《当前中国公共决策中公民参与的制度建设与评价研究》，《中国行政管理》2015 年第 6 期。

路风：《单位：一种特殊的社会组织形式》，《中国社会科学》1989 年第 1 期。

马玉洁、陶传进：《社会选择视野下政府购买社会组织服务研究》，《中国行政管理》2014 年第 3 期。

毛寿龙：《化解部门立法问题的制度结构》，《理论视野》2012 年第 5 期。

孟天广、季程远：《重访数字民主：互联网介入与网络政治参与——基于列举实验的发现》，《清华大学学报》（哲学社会科学版）2016 年第 4 期。

倪永贵：《社会治理创新中的政府与社会组织合作路径探析——以温州市为例》，《北京交通大学学报》（社会科学版）2016 年第 4 期。

庞宝森、王辰、翁心植、牛淑洁、毛燕玲、黄秀霞：《吸烟所致大鼠肺损伤时血浆中 D-二聚体 tPA 与 PAI-1 变化情况的研究》，《心肺血管病杂志》2003 年第 1 期。

庞宝森、王辰、翁心植、唐小奈、张洪玉、牛淑杰、张海燕：《β-胡萝卜素对吸烟所致大鼠支气管炎的保护作用》，《中华医学杂志》2000 年第 3 期。

庞宝森、王辰、翁心植、唐小奈、张洪玉、牛淑杰、张海燕：《被动吸烟致大鼠肺损伤及其对细胞因子的影响》，《中华预防医学杂志》2000 年第 2 期。

彭宗超、薛澜：《政策制定中的公众参与——以中国价格决策听证制度为例》，《国家行政学院学报》2000 年第 5 期。

齐林：《烟草经济：一场利益与健康的博弈》，《中国新时代》2013 年第 2 期。

渠敬东：《项目制：一种新的国家治理体制》，《中国社会科学》2013 年第 5 期。

任锋、朱旭峰：《转型期中国公共意识形态政策的议程设置——以高校思政教育十六号文件为例》,《开放时代》2010 年第 6 期。

尚立富、刘艳丽:《非营利组织发展模式研究——以北京西部阳光基金会"三级跳"路径为例》,《开发研究》2016 年第 2 期。

盛宇华:《"摸着石头过河":一种有效的非程序化决策模式》,《领导科学》1998 年第 6 期。

施雪华:《"服务型政府"的基本涵义、理论基础和建构条件》,《社会科学》2010 年第 2 期。

史传林:《政府与社会组织合作治理的绩效评价探讨》,《中国行政管理》2015 年第 5 期。

束爱民、翁心植、吴岩玮、张新彩、吕兆丰、吕俊升:《医学生吸烟情况调查及其变化趋势》,《心肺血管病杂志》1997 年第 1 期。

束爱民、吴岩玮、翁心植:《北京朝阳区中学教师吸烟情况及态度的调查(摘要)》,《心肺血管学报》1992 年第 4 期。

束爱民、周永昌、翁心植、孙凤贵、李本初、齐惠芳、刘振英:《北京朝阳区中学生吸烟情况抽样调查》,《心肺血管病杂志》1993 年第 2 期。

唐小松:《解读外交政策决策的一种方法——以 60 年代美国对华政策为例》,《国际观察》2002 年第 1 期。

陶传进:《草根志愿组织与村民自治困境的破解:从村庄社会的双层结构中看问题》,《社会学研究》2007 年第 5 期。

万里:《决策民主化和科学化是政治体制改革的一个重要课题》,《中国软件科学》1986 年第 2 期。

王邦佐、谢岳:《政党推动:中国政治体制改革的演展逻辑》,《政治与法律》2001 年第 3 期。

王迪、王汉生:《移动互联网的崛起与社会变迁》,《中国社会科学》2016 年第 7 期。

王法硕:《公民网络参与公共政策过程研究》,博士学位论文,复旦大学,2012 年。

王礼鑫、朱勤军:《政策过程的研究途径与当代中国政策过程研究——

从政治科学本体论、认识论、方法论出发》,《人文杂志》2007 年第 6 期。

王洛忠:《我国转型期公共政策过程中的公民参与研究——一种利益分析的视角》,《中国行政管理》2005 年第 8 期。

王名:《非营利组织的社会功能及其分类》,《学术月刊》2006 年第 9 期。

王名:《中国公民社会的兴起》,《中国第三部门研究》2011 年第 1 期。

王名:《走向公民社会——我国社会组织发展的历史及趋势》,《吉林大学社会科学学报》2009 年第 9 期。

王名、贾西津:《中国 NGO 的发展分析》,《管理世界》2002 年第 8 期。

王名、李健:《社会管理创新与公民社会培育:社会建设的路径与现实选择》,《当代世界与社会主义》2013 年第 1 期。

王名、陶传进:《中国民间组织的现状与相关政策建议》,《中国行政管理》2004 年第 1 期。

王萍:《广告法首修:在博弈中完善》,《中国人大杂志》2014 年第 19 期。

王浦劬、赖先进:《中国公共政策扩散的模式与机制分析》,《北京大学学报》(哲学社会科学版)2013 年第 6 期。

王绍光:《从经济政策到社会政策的历史性转变》,北京论坛《文明的和谐与共同繁荣——对人类文明方式的思考》会议论文,2006 年。

王绍光:《大转型:1980 年代以来中国的双向运动》,《中国社会科学》2008 年第 1 期。

王绍光:《学习机制与适应能力:中国农村合作医疗体制变迁的启示》,《中国社会科学》2008 年第 6 期。

王绍光:《中国公共政策议程设置的模式》,《中国社会科学》2006 年第 5 期。

王绍光、何建宇:《中国的社团革命——中国人的结社版图》,《浙江学刊》2004 年第 6 期。

王思斌:《社会政策时代:中国社会发展的选择》,《中国社会科学报》

2010年3月23日。

王思斌：《社会政策时代与残疾人事业的发展》，《中国残疾人》2004年第8期。

王锡锌、章永乐：《专家、大众与知识的运用——行政规则制定过程的一个分析框架》，《中国社会科学》2003年第3期。

王雁红：《公共政策制定中的公民参与——基于杭州开放式政府决策的经验研究》，《公共管理学报》2011年第3期。

王永进、邬泽天：《我国当前社会转型的主要特征》，《社会科学家》2004年第6期。

王臻荣：《治理结构的演变：政府、市场与民间组织的主体间关系分析》，《中国行政管理》2014年第11期。

魏娜、袁博：《城市公共政策制定中的公民网络参与》，《中国行政管理》2009年第3期。

翁心植：《第一届国际控制吸烟领导人会议情况汇报》，《心肺血管学报》1986年第1期。

翁心植：《控制吸烟是关系到中华民族强壮、昌盛的大事》，《中国心理卫生杂志》1988年第2期。

翁心植：《一个国际性的控烟战略》，《心肺血管病杂志》1995年第3期。

翁心植、洪昭光、陈丹阳：《全国吸烟情况抽样调查的分析研究》，《医学研究通讯》1987年第8期。

翁心植、洪昭光、陈丹阳、陈秉中、田本淳：《1984年全国五十万人吸烟抽样调查》，《心肺血管学报》1986年第2期。

吴岩玮、束爱民、翁心植：《纺织系统女工吸烟情况调查》，《心肺血管学报》1992年第4期。

肖琳、姜垣、张岩波、李凌、俞峰：《中国三城市青少年烟草广告暴露研究》，《中国慢性病预防与控制》2011年第2期。

徐家良：《公共政策制定过程：利益综合与路径选择——全国妇联在〈婚姻法〉修改中的影响力》，《北京大学学报》（哲学社会科学版）

2004 年第 4 期。

徐家良:《政府购买社会组织公共服务制度化建设若干问题研究》,《国家行政学院学报》2016 年第 1 期。

徐林、吴咨桦:《社区建设中的"国家—社会"互动:互补与镶嵌——基于行动者的视角》,《浙江社会科学》2015 年第 4 期。

徐湘林:《"摸着石头过河"与中国渐进政治改革的政策选择》,《天津社会科学》2002 年第 3 期。

徐晓新、张秀兰:《共识机制与社会政策议程设置的路径——以新型农村合作医疗政策为例》,《清华大学学报》(哲学社会科学版)2016 年第 3 期。

徐元善、居欣:《公众参与公共政策制定过程的问题及对策研究》,《理论探讨》2009 年第 5 期。

薛澜、陈玲:《中国公共政策过程的研究:西方学者的视角及其启示》,《中国行政管理》2005 年第 7 期。

薛澜、李宇环:《走向国家治理现代化的政府职能转变:系统思维与改革取向》,《政治学研究》2014 年第 5 期。

鄢一龙:《六权分工:中国政治体制概括》,《清华大学学报》(哲学社会科学版)2017 年第 2 期。

杨丽、赵小平、游斐:《社会组织参与社会治理:理论、问题与政策选择》,《北京师范大学学报》(社会科学版)2015 年第 6 期。

杨利敏:《我国〈立法法〉关于权限规定的缺陷分析》,《法学》2000 年第 6 期。

杨小宝:《借鉴国际经验,加速履行〈烟草控制框架公约〉》,《中国健康教育》2006 年第 12 期。

杨肖光:《家庭暴力干预政策过程分析及社会组织在其中的作用以:广西壮族自治区为例》,博士学位论文,复旦大学,2008 年。

杨肖光、陈英耀、蒋泓、许洁霜、钱序:《社会组织参与卫生政策过程的思考》,《中国卫生政策研究》2011 年第 2 期。

杨义凤、邓国胜:《平衡的问责机制:破解 NGO 参与式发展的困局》,

《学习与实践》2015年第12期。

姚金伟、马大明、罗猷韬：《项目制、服务型政府与制度复杂性：一个尝试性分析框架》，《人文杂志》2016年第4期。

于建伟、贾西津：《〈慈善法〉科学立法、民主立法的典范》，《民主与科学》2016年第4期。

于秀艳：《国外部分国家禁止烟草广告概述》，《履约、控烟、创建无烟环境——第14届全国控制吸烟学术研讨会暨中国控烟高级研讨班》会议论文，2009年。

于永达、药宁：《政策议程设置的分析框架探索——兼论本轮国务院机构改革的动因》，《中国行政管理》2013年第7期。

俞可平：《中国公民社会：概念、分类与制度环境》，《中国社会科学》2006年第1期。

俞可平：《中国公民社会研究的若干问题》，《中共中央党校学报》2007年第6期。

俞可平：《走向国家治理现代化——论中国改革开放后的国家、市场与社会关系》，《当代世界》2014年第10期。

虞维华：《非政府组织与政府的关系——资源相互依赖理论的视角》，《公共管理学报》2005年第2期。

袁正清：《建构主义与外交政策分析》，《世界经济与政治》2004年第9期。

张博：《合作共治视角下的现代服务型政府建设》，《行政论坛》2016年第1期。

张方华：《知识型企业的社会资本与技术创新绩效研究》，博士学位论文，浙江大学，2004年。

张剑、黄萃、叶选挺、时可、苏竣：《中国公共政策扩散的文献量化研究——以科技成果转化政策为例》，《中国软件科学》2016年第2期。

张强、陆奇斌、胡雅萌、郭虹、杨力超：《中国政社合作的"发展型协同共治"模式——基于云南省境外非政府组织管理的探讨》，《北京航空航天大学学报》（社会科学版）2015年第3期。

张文礼：《合作共强：公共服务领域政府与社会组织关系的中国经验》，《中国行政管理》2013 年第 6 期。

张秀兰、胡晓江、屈智勇：《关于教育决策机制与决策模式的思考——基于三十年教育发展与政策的回顾》，《清华大学学报》（哲学社会科学版）2009 年第 5 期。

张学文：《广告法首修：在博弈中完善》，《中国人大杂志》2014 年第 19 期。

赵磊：《中华人民共和国对联合国的外交政策》，博士学位论文，外交学院，2006 年。

赵萍丽：《政策议程设置模式的嬗变》，博士学位论文，复旦大学，2007 年。

赵晓晓、张庭：《我国环保非政府组织政策参与的障碍与发展途径研究》，《科教导刊》2011 年第 5 期。

折晓叶，陈婴婴：《项目制的分级运作机制和治理逻辑：对"项目进村"案例的社会学分析》，《中国社会科学》2011 年第 4 期。

郑功成：《〈慈善法〉开启中国的善时代》，《社会治理》2016 年第 5 期。

郑杭生：《改革开放三十年：社会发展理论和社会转型理论》，《中国社会科学》2009 年第 2 期。

周爱萍：《非营利组织与其外部环境的互动关系研究——以温州绿眼睛环保组织为例》，博士学位论文，上海大学，2011 年。

朱安新、风笑天：《"90 后"大学生异性交往观念——以婚前性行为接受度为分析重点》，《青年探索》2016 年第 2 期。

朱朝霞、陈琪：《政治流为中心的层次性多源流框架及应用研究——以上海自贸区设立过程为例》，《经济社会体制比较》2015 年第 6 期。

朱恒顺：《慈善组织分类规制的基本思路——兼论慈善法相关配套法规的修改完善》，《中国行政管理》2016 年第 10 期。

朱旭峰：《中国社会政策变迁中的专家参与模式研究》，《社会学研究》2011 年第 2 期。

朱旭峰、田君：《知识与中国公共政策的议程设置：一个实证研究》，《中国行政管理》2008年第6期。

朱旭峰、张友浪：《地方政府创新经验推广的难点何在——公共政策创新扩散理论的研究评述》，《人民论坛·学术前沿》2014年第17期。

法律与政策

国务院法制办公室：《中华人民共和国广告法（修订草案）（征求意见稿）（2014年）》，2014年2月21日。

全国人民代表大会：《国家工商总局正为广告法修订做前期准备（2006年）》，2006年11月30日。

全国人民代表大会：《中华人民共和国慈善法》，2016年颁布。

全国人民代表大会：《中华人民共和国广告法（修订草案二次审议稿）（2014年）》，2014年12月30日。

全国人民代表大会：《中华人民共和国广告法（修订草案一次审议稿）（2014年）》，2014年8月31日。

全国人民代表大会：《中华人民共和国广告法》，1994年颁布。

全国人民代表大会：《中华人民共和国广告法》，2015年修订。

全国人民代表大会：《中华人民共和国立法法》，2000年颁布。

全国人民代表大会：《中华人民共和国立法法》，2015年修订。

全国人民代表大会：《中华人民共和国宪法》，1982年颁布，2004年修订。

全国人民代表大会：全国人民代表大会法律委员会关于《中华人民共和国广告法（修订草案）》修改情况的汇报，2014年12月30日。

卫生部履行《烟草控制框架公约》领导小组办公室：《2008年中国控制吸烟报告——禁止烟草广告和促销，确保无烟青春好年华》，《中国健康教育》2009年第1期。

中共中央：《中共中央关于全面推进依法治国若干重大问题的决定（2014年）》，2014年10月23日。

中共中央办公厅、国务院办公厅：《关于改革社会组织管理制度促进社会组织健康有序发展的意见（2016 年）》，2016 年 8 月 21 日。

英文著作

Allison, G. T. and Zelikow, P. , *Essence of Decision: Explaining the Cuban Missile Crisis*, New York: Longman, 1999.

Anderson, J. E. , *Public Policymaking*, Boston: Cengage Learning, 2014.

Bader, V. and Hirst, P. Q. , *Associative Democracy the Real Third Way*, Hoboken: Taylor and Francis, 2012.

Baumgartner, F. R. and Leech, B. L. , *Basic Interests the Importance of Groups in Politics and in Political Science*, Princeton: Princeton University Press, 2001.

Benedict, C. , *Golden-Silk Smoke: A History of Tobacco in China, 1550 – 2010*, Berkeley: University of California Press, 2011.

Berman, P. and Rand, C. , *the Study of Macro and Micro Implementation of Social Policy*, Santa Monica, Calif. : Rand, 1978.

Berry, J. M. , *Lobbying for the People: The Political Behavior of Public Interest Groups*, Princeton: Princeton University Press, 2015.

Betsill, M. M. and Corell, E. , *NGO Diplomacy: the Influence of Nongovernmental Organizations in International Environmental Negotiations*, Cambridge: the MIT Press, 2008.

Bordt, R. L. , *The Structure of Women's Nonprofit Organizations*, Bloomington, Ind. ; Indianapolis, Ind. : Indiana University Press, 1997.

Box, R. C. , *Citizen Governance: Leading American Communities Into the 21st Century*, Thousand Oaks, Calif : Sage, 1998.

Brewer, G. D. and DeLeon, P. , *The Foundations of Policy Analysis*, Chicago: Dorsey Press, 1983.

Bryce, H. J. and Palgrave, C. , *Players in the Public Policy Process Nonprofits as Social Capital and Agents*, Basingstoke: Palgrave Macmillan, 2012.

Dalton, R. J. and Wattenberg, M. P. , *Parties without Partisans: Political*

Change in Advanced Industrial Democracies, Oxford: Oxford University Press, 2009.

Dye, T. R., *Understanding Public Policy*, Englewood Cliffs, N. J.: Prentice-Hall, 1972.

Dym, B. and Hutson, H., *Leadership in Nonprofit Organizations*, Thousand Oaks: Sage, 2005.

Elmore, R. F., *Complexity and Control: What Legislators and Administrators Can Do About Implementation*, Seattle, Wash.: Institute of Governmental Research, University of Washington, 1979.

Francois, P., *Social Capital and Economic Development*, London: Routledge, 2006.

Frederickson, H. G., *New Public Administration*, University, Ala. Univ. of Alabama Pr. 1980.

Giddens, A., *Runaway World*, London: Profile, 2011.

Gilpin, R. and Wright, C., *Scientists and National Policy-Making*, New York: Columbia University Press, 1964.

Giugni, M., *How Social Movements Matter*, Minneapolis, Minn.: Univ. of Minnesota Press, 2001.

Goldsmith, S. and Eggers, W. D., *Governing by Network: the New Shape of the Public Sector*, Washington. D. C.: the Brookings Institution, 2004.

Gray, V. and Lowery, D., *The Population Ecology of Interest Representation: Lobbying Communities in the American States*, Ann Arbor: University of Michigan Press, 2000.

Hill, M. J., *The Policy Process in the Modern State*, London: Prentice Hall, 2001.

Hjern, B. and Porter, D. O., *Implementation Structure: A New Unit of Administrative Analysis*, Berlin: Wissenschaftszentrum, 1979.

Howlett, M., Ramesh, M. and Perl, A., *Studying Public Policy: Policy Cycles and Policy Subsystems*, Cambridge Univ Press, Vol. 3, 1995.

Huntington Samuel, P. , *American Politics: the Promise of Disharmony*, Cambridge: Harvard Univ Press, 1983.

Jenkins, J. C. , *Nonprofit Organizations and Political Advocacy*, In W. W. Powel and R. Steinberg (Ed.), *The Nonprofit Sector: A Research Handbook*, New Haven: Yale University Press, 2006.

Joachim, J. M. , *Agenda Setting, the UN, and NGOs Gender Violence and Reproductive Rights*, Georgetown University Press, 2007.

Jones, C. O. , *Introduction to the Study of Public Policy*, Belmont, Calif. : Duxbury Press 1970.

Kaldor, M. , Anheier, H. and Glasius, M. , *Global Civil Society*, Oxford, Oxford University Press, 2003.

Kramer, R. M. , *Voluntary Agencies and the Personal Social Services*, W. W. Powell (Ed.), *the Nonprofit Sector, A Research Handbook*, 1987.

Kriesi, H. , *Organizational Resources: Personnel and Finances*, In W. A. Maloney and S. Rossteutscher (Ed.), *Social Capital and Associations in European Democracies: A Comparative Analysis*, Milton Park, Abingdon, Oxon; New York: Routledge, 2006.

Lampton, D. M. , *A Plum for A Peach: Bargaining, Interest, and Bureaucratic Politics in China*, in K. G. Lieberthal and D. M. Lampton (Ed.), *Bureaucracy, Politics, and Decision Making in Post-Mao China*, Berkeley: University of California Press, 1992.

Lasswell, H. D. , *The Decision Process: Seven Categories of Functional Analysis*, College Park: Bureau of Governmental Research, College of Business and Public Administration, University of Maryland, 1956.

Lieberthal, K. , Oksenberg, M. , *Policy Making in China: Leaders, Structures, and Processes*, Princeton, N. J. : Princeton University, 1988.

Light, P. C. , *Sustaining Nonprofit Performance: the Case for Capacity Building and the Evidence to Support It*, Washington, D. C. : Brookings Institution Press, 2004.

Lin, N. , *Social Capital: A Theory of Social Structure and Action*, Cambridge; New York Cambridge University Press, 2001.

Lin, N. , *Social Resources and Instrumental Action*, Albany: State University of New York, Department of Sociology, 1981.

Mitnick, B. M. , and Backoff, R. W. , *The Incentive Relation in Implementation*, in I. G. C. Edwards (Ed.), *Public Policy Implementation*, Greenwich, CT: JAI Press, Vol. 3, 1984, pp. 59 – 122.

Pfeffer, J. and Salancik, G. R. , *The Externa Control of Organizations*, Stanford: Stanford University Press, 2003.

Pressman, J. and Wildavsky, A. , *Implementation: How Great Expectations in Washington Are Dashed in Oakland*, University of California Press, 1973.

Putnam, R. D. , *Bowling Alone: the Collapse and Revival of American Community*, New York, NY: Simon & Schuster, 2007.

Rich, A. , *Think Tanks, Public Policy, and the Politics of Expertise*, Cambridge: Cambridge University Press, 2010.

Sabatier, P. A. and Jenkins-Smith, H. C. , *Policy Change and Learning: An Advocacy Coalition Approach*, Boulder, Colo. : Westview Press, 1993.

Sabatier, P. A. , *Theories of the Policy Process*, Boulder, Colo. : Westview Press, 1999.

Salamon, L. M. and Elliott, O. V. , *The Tools of Government: A Guide to the New Governance*, Oxford, New York: Oxford University Press, 202.

Salamon, L. M. , Sokolowski, S. W. , & List, R. , *Global Civil Society: An Overview*, Baltimore, MD: Center for Civil Society Studies, Institute for Policy Studies, the Johns Hopkins University, 2003.

Salamon, L. M. , *Partners in Public Service: Government-Nonprofit Relations in the Modern Welfare State*, Baltimore, Md. : Johns Hopkins University Press, 1995.

Shi, T. , *Political Participation in Beijing*, Cambridge Univ Press, 1997.

Shirk, S. L. , *The Political Logic of Economic Reform in China*, Vol. 24,

Univ. of California Press, 1993.

Simon, H. A., *Administrative Behavior: A Study of Decision-Making Processes in Administrative Organizations*, New York: the Free Press, 2000.

Simon, H. A., *Administrative Behavior: A Study of Decision-making Processes in Administrative Organization*, New York: Free Press, 1976.

Smith, J. A., *The Idea Brokers: Think Tanks and the Rise of the New Policy Elite*, New York the Free Press 1993.

Taylor, J. R. and Van Every, E. J., *When Organization Fails, Why Authority Matters*, New York: Routledge, Taylor & Francis Group, 2014.

Thomas, J. C., *Public Participation in Public Decisions: New Skills and Strategies for Public Managers*, San Francisco: Jossey-Bass Publishers, 1995.

Van Rooy, A., *The Global Legitimacy Game: Civil Society, Globalization and Protest*, Springer, New York: Palgrave Macmillan, 2004.

Walker, J. L., *Mobilizing Interest Groups in America: Patrons, Professions, and Social Movements*, Ann Arbor: Univ. of Michigan Press, 2003.

White, G., Howell, J. and Xiaoyuan, S., *In Search of Civil Society Market Reform and Social Change in Contemporary China*, Oxford: Clarendon Press, 2003.

Williams, W., *Implementation Analysis and Assessment*, in R. Elmore and W. Williams (Ed.), *Social Program Implementation*, New York; San Francisco; London: Academic Press, 1976.

Yin, R. K., *Case Study Research: Design and Methods*, London: Sage Publication, 2015.

Zhou, Y., *Historicizing Online Politics: Telegraphy, the Internet, and Political Participation in China*, Stanford: Stanford University Press, 2006.

英文论文

Andrews, Kenneth T., and Bob Edwards, "Advocacy Organizations in the US Political Process", *Annual Review of Sociology*, No. 30, 2004.

Arnstein, S. R., "A Ladder of Citizen Participation", *Journal of the American institute of Planners*, Vol. 35, No. 4, 1969.

Balla, S. J., "Health System Reform and Political Participation On the Chinese Internet", *China Information*, Vol. 28, No. 2, 2014.

Beaglehole, R., Bonita, R., Horton, R., Adams, C., Alleyne, G., Asaria, P., Alliance, N. C. D., "Priority Actions for the Non-Communicable Disease Crisis", *The Lancet*, Vol. 377, No. 9775, 2011.

Bernauer, T., Gampfer, R., Meng, T. and Su, Y. -S., "Could More Civil SocietyInvolvement Increase Public Support for Climate Policy-Making? Evidence from A Survey Experiment in China." *Global Environmental Change*, Vol. 40, 2016.

Bernauer, T., Gampfer, R., "Effects of Civil Society Involvement On Popular Legitimacy of Global Environmental Governance", *Global Environmental Change*, Vol. 23, No. 2, 2013.

Bernstein, S., "Legitimacy in Global Environmental Governance", *Journal of International Law & International Relations*, Vol. 1, No. 1, 2004.

Boris, E. T. and Maronick, M., "Civic Participation and Advocacy", *The State of Nonprofit America*, 2012.

Breiger, R. L., "The Duality of Persons and Groups", *Social Forces Social Forces*, Vol. 53, No. 2, 1974, p. 181.

Cai, Y., "Power Structure and Regime Resilience: Contentious Politics in China", *British Journal of Political Science*, Vol. 38, No. 03, 2008.

Callaghan, T., and L. R. Jacobs, "Interest Group Conflict Over Medicaid Expansion: the Surprising Impact of Public Advocates", *American Journal of Public Health*, Vol. 106, No. 2, 2015.

Carlsson, L., "Policy Networks as Collective Action", *Policy Studies Journal-Urbana then Carbondale*, Vol. 28, 2000.

Centers for Disease Control and Prevention, "Increases in Quitline Calls and Smoking Cessation Website Visitors During A National Tobacco Education

Campaign- - March 19 - June 10, 2012", *Morbidity and Mortality Weekly Report*, Vol. 61, No. 34, 2012.

Chan, A., "in Search of A Civil Society in China", *Journal of contemporary Asia*, Vol, 27, No. 2, 1997.

Chen, J., "The NGO Community in China: Expanding Linkages with Transnational Civil Society and Their Democratic Implications", *China Perspectives*, Vol. 68, 2006.

Chung, J., "Comparing Online Activities in China and South Korea: the internet and the Political Regime", *Asian Survey*, Vol. 48, No. 5, 2008.

Cobb, R., J, K. Ross and M. H. Ross, "Agenda Building as A Comparative Political Process", *American Political Science Review*, Vol. 70, No. 1, 1976.

Coe, J. and Majot, J., "Monitoring, Evaluation and Learning in NGO Advocacy- Findings from Comparative Policy Advocacy MEL Review Project", *Oxfam America*, Vol. 2, 2013.

Coleman, J. S., "Social Capital in the Creation of Human Capital", *American Journal of Sociology American Journal of Sociology*, Vol. 94, 1998.

Feezell, J. T., Conroy, M. and Guerrero, M., "Internet Use and Political Participation: Engaging Citizenship Norms Through Online Activities", *Journal of Information Technology & Politics*, Vol. 13, No. 2, 2016.

Fitzgerald, C., McCarthy, S., Carton, F., Connor, Y. O., Lynch, L. and Adam, F., "Citizen Participation in Decision-Making: Can One Make A Difference?", *Journal of Decision Systems*, Vol. 25, No. 1, 2016.

Foley, M. W. and Bob, E., "Is It Time to Disinvest in Social Capital?", *Sage Public Administration Abstracts*, Vol. 27, No. 1, 2000.

Font, J., Wojcieszak, M. and Navarro, C. J., "Participation, Representation and Expertise: Citizen Preferences for Political Decision-Making Processes", *Polit Stud Political Studies*, Vol. 63, No. 2, 2005.

Gan, Q., Smith, K. R., Hammond, S. K. and Hu, T. W., "Disease Burden of Adult Lung Cancer and Ischaemic Heart Disease from Passive Tobacco Smoking in China", *Tobacco Control*, Vol. 16, No. 6, 2007.

Gibson, R. and Cantijoch, M., "Conceptualizing and Measuring Participation in the Age of the Internet: Is Online Political Engagement Really Different to Offline?", *The Journal of Politics*, Vol. 75, No. 3, 2003.

Gronbjerg, K. and Prakash, A., "Advances in Research On Nonprofit Advocacy and Civic Engagement", *VOLUNTAS: International Journal of Voluntary and Nonprofit Organizations*, Vol. 28, No. 3, 2016.

Guo, C. and Saxton, G. D., "Tweeting Social Change: How Social Media Are Changing Nonprofit Advocacy", *Nonprofit and Voluntary Sector Quarterly*, Vol. 43, No. 1, 2014.

He, L., "Still the age of the state? Organized social participation and civil societydevelopment in urban China", *Pacific Focus*, Vol. 24, No. 3, 2009.

Heilmann, S., and Schulte-Kulkmann, N., "The Limits of Policy Diffusion: Introducing International Norms of Anti-Money Laundering into China's Legal System." *Governance*, Vol. 24, No. 4, 2011.

Heilmann, S., "Policy Experimentation in Chinas Economic Rise", *Studies in Comparative International Development*, Vol. 43, No. 1, 2008.

Ho, P. and Edmonds, R. L., "Perspectives of Time and Change: Rethinking Embedded Environmental Activism in China", *China Information*, Vol. 21, No. 2, 2007.

Huang, W. L. and Feeney, M. K., "Citizen Participation in Local Government Decision Making: the Role of Manager Motivation", *Review of Public Personnel Administration Review of Public Personnel Administration*, Vol. 36, No. 2, 2016.

Hung, C. F., "China's Propaganda in the Information Age: Internet Commentators and the Weng'an Incident", *Issues & Studies*, Vol. 46, No. 4, 2010.

Hung, C. F., "Public Discourse and 'Virtual' Political Participation in the

PRC: the Impact of the Internet", *Issues & Studies*, Vol. 39, No. 4, 2003.

Johnson, T., "Environmentalism and Nimbyism in China: Promoting A Rules-Based Approach to Public Participation", *Environmental Politics*, Vol. 19, No. 3, 2010.

King, C. S., Feltey, K. M. and Susel, B. O. N., "The Question of Participation: Toward Authentic Public Participation in Public Administration", *Public Administration Review*, Vol. 58, No. 4, 1998.

Kirlin, J., "The Impact of Increasing Lower-Status Clientele Upon City Governmental Structures: A Model from Organization Theory", *Urban Affairs Review Urban Affairs Review*, Vol. 8, No. 3, 1973.

Kline, S. J., & Rosenberg, N., "An Overview of Innovation, the Positive Sum Strategy: Harnessing Technology for Economic Growth", *The National Academy of Science*, USA, Vol. 14, 1986.

Kyung-Sup, C., "The Second Modern Condition? Compressed Modernity as Internalized Reflexive Cosmopolitization", *The British Journal of Sociology*, Vol. 61, No. 3, 2010.

Lasswell, H. D., "Political Science of Science", *Sciemont the Scientific Monthly*, Vol. 84, No. 1, 1957.

Lasswell, H. D., "The Emerging Conception of the Policy Sciences", *Policy Sciences*, Vol. 1, No. 1, 1970.

Lester, J. P., Bowman, A. O. M., Goggin, M. L., and O'Toole, L. J., "Public Policy Implementation: Evolution of the Field and Agenda for Future Research", *Review of Policy Research*, Vol. 7, No. 1, 1987.

Lieberthal, K., "Making China Policy: Lessons from the Bush and Clinton Administrations", *China Quarterly*, Vol. 171, 2002.

Lipsky, M., "Street-Level Bureaucracy and the Analysis of Urban Reform", *Urban Affairs Review Urban Affairs Review*, Vol. 6, No. 4, 1971.

Lo, C. W. -H. and Leung, S. W., "Environmental Agency and Public Opinion in Guangzhou: the Limits of A Popular Approach To Environmental Governance", *China Quarterly*, Vol. 163, 2000.

Logsdon, J. M., "Influencing Government", *Science*, Vol. 175, No. 4028, 1972.

Marquez, L. M. M., "The Relevance of Organizational Structure to NGOs Approaches to the Policy Process", *International Journal of Voluntary and Nonprofit Organizations*, Vol. 27, No. 1, 2016.

McCammon, H. J., "How Movements Win: Gendered Opportunity Structures and U. S. Women's Suffrage Movements, 1866 to 1919", *American Sociological Review*, Vol. 66. No. 1, 2001.

Mclaughlin, M. W., "Implementation as Mutual Adaptation: Change in Classroom Organization", *Teachers College Record*, Vol. 77, No. 3, 1976.

Meesuwan, S., "The Effect of Internet Use On Political Participation: Could the Internet Increase Political Participation in Thailand?", *International Journal of Asia Pacific Studies*, Vol. 12, No. 2, 2016.

Meyer, J. W. and Rowan, B., "Institutionalized Organizations: Formal Structure as Myth and Ceremony", *American Journal of Sociology*, Vol. 83, No. 2, 1997.

Michael, M. and Rachel, F., "Advocating for Policy Change in Nonprofit Coalitions", *Nonprofit and Voluntary Sector Quarterly*, Vol. 44, No. 6, 2015.

Minkoff, D. C., "Producing Social Capital: National Social Movements and Civil Society", *American Behavioral Scientist*, Vol. 40, No. 5, 1997.

Minkoff, D. C., "The Emergence of Hybrid Organizational Forms: Combining Identity-Based Service Provision and Political Action", *Nonprofit and Voluntary Sector Quarterly*, Vol. 31, No. 3, 2002.

Minkoff, D. C., "The Organization of Survival: Women's and Racial-Ethnic Voluntarist and Activist Organizations, 1955 – 1985", *Social Forces*, Vol. 71, No. 4, 1993.

Morton, K., "The Emergence of NGOs in China and Their Transnational

Linkages: Implications for Domestic Reform", *Australian Journal of International Affairs*, Vol. 59, No. 4, 2005.

Mosley, J. E., "Nonprofit Organizations Involvement in Participatory Processes: the Need for Democratic Accountability", *Nonprofit Policy Forum*, Vol. 7, No. 1, 2016.

Nakamura, R. T., "The Textbook Policy Process and Implementation Research", *Review of Policy Research*, Vol. 7, No. 1, 1987.

Pielke, R., "Who Has the Ear of the President?", *Nature*, Vol. 450, No. 7168, 2007.

Pierce, J. J., "Advocacy Coalition Resources and Strategies in Colorado Hydraulic Fracturing Politics", *Society & Natural Resources*, Vol. 29, No. 10, 2016.

Polat, R. K., "The Internet and Political Participation: Exploring the Explanatory Links", *European Journal of Communication*, Vol. 20, No. 4, 2005.

Redmon, P., Chen, L. C., Wood, J. L., Li, S., and Koplan, J. P., "Challenges for Philanthropy and Tobacco Control in China (1986–2012)", *Tobacco Control*, Vol. 22, Suppl 2, 2013.

Sabatier, P. A., "Top-Down and Bottom-Up Approaches to Implementation Research: A Critical Analysis and Suggested Synthesis", *Journal of Public Policy*, Vol. 6, No. 1, 1986.

Sabatier, P. A., "Toward Better Theories of the Policy Process", *Political Science & Politics*, Vol. 24, No. 2, 1991.

Saich, T., "Negotiating the State: the Development of Social Organizations in China", *The China Quarterly*, Vol. 161, No. 1, 2000.

Sandfort, J., "Nonprofits Within Policy Fields", *PAM Journal of Policy Analysis and Management*, Vol. 29, No. 3, 2010.

Schlager, E., "Policy Making and Collective Action: Defining Coalitions Within the Advocacy Coalition Framework", *Policy Sciences*, Vol. 28,

No. 3, 1995.

Scholte, J. A., "Civil Society and the Legitimation of Global Governance", *Journal of Civil Society*, Vol. 3, No. 3, 2007.

Schuck, P. H., "Public Interest Groups and the Policy Process", *Public Administration Review*, Vol. 37, No. 2, 1997.

Schumaker, P. D., "Policy Responsiveness to Protest-Group Demands", *The Journal of Politics*, Vol. 37, No. 2, 1975.

Simon, H. A., "On the Concept of Organizational Goal", *Administrative Science Quarterly*, Vol. 9, No. 1, 1964.

Smith, S. R., "Nonprofit Organizations and Government: Implications for Policy and Practice", *Journal of Policy Analysis and Management*, Vol. 29, No. 3, 2010.

Smith, T. B., "The Policy Implementation Process", *Policy Sciences*, Vol. 4, No. 2, 1973.

Tang, M. and Huhe, N., "Alternative Framing: the Effect of the Internet On Political Support in Authoritarian China", *International Political Science Review*, Vol. 35, No. 5, 2014.

Tang, S.-Y. and Zhan, X., "Civic Environmental NGOs, Civil Society, and Democratisation in China", *The Journal of Development Studies*, Vol. 44, No. 3, 2008.

Taylor, M., & Warburton, D., "Legitimacy and the Role of UK Third Sector Organizations in the Policy Process", *International Journal of Voluntary and Nonprofit Organizations*, Vol. 14, No. 3, 2003.

Tesh, S., "In Support of" Single-Issue "Politics", *Political Science Quarterly*, Vol. 99, No. 1, 1984.

Tian, Z., Shi, J., Hafsi, T. and Tian, B., "How to Get Evidence? the Role of Government Business Interaction in Evidence-Based Policy-Making for the Development of Internet of Things Industry in China", *Policy Studies*, Vol. 38, No. 1, 2017.

Van Meter, D. S. and Van Horn, C. E. , "The Policy Implementation Process A Conceptual Framework", *Administration & Society*, Vol. 6, No. 4, 1975.

Vissers, S. and Stolle, D. , "The Internet and New Modes of Political Participation: Online Versus Offline Participation", *Information, Communication & Society*, Vol. 17, No. 8, 2014.

Wakefield, M. A. , Loken, B. and Hornik, R. C. , "Use of Mass Media Campaigns to Change Health Behaviour", *the Lancet*, Vol. 376, No. 9748, 2010.

Wang, S. , "Changing Models of China's Policy Agenda Setting", *Modern China*, Vol. 34, No. 1, 2008.

Weiss, C. H. , "The Many Meanings of Research Utilization", *Public Administration Review*, Vol. 39, No. 5, 1979.

Westlund, H. & Bolton, R. , Local Social Capital and Entrepreneurship, *Small Business Economics*, Vol. 21, No. 2, 2003.

White, H. C. , "Where Do Markets Come from?", *American Journal of Sociology*, Vol. 87, No. 3, 1981.

Woolcock, M. , "Social Capital and Economic Development: Toward A Theoretical Synthesis and Policy Framework", *Theory and Society*, Vol. 27, No. 2, 1998.

Xenos, M. and Moy, P. , "Direct and Differential Effects of the Internet On Political and Civic Engagement", *Journal of Communication*, Vol. 57, No. 4, 2007.

Yamin, F. , "NGOs and International Environmental Law: A Critical Evaluation of Their Roles and Responsibilities", *Review of European Community & International Environmental Law*, Vol. 10, No. 2, 2001.

Yang, G. H. , Li, Q. , Wang, C. X. , Hsia, J. , Yang, Y. , Xiao, L. , Xie, L. , "Findings from 2010 Global Adult Tobacco Survey: Implementation of MPOWER Policy in China", *Biomedical and Environmental Sci-*

ences, Vol. 23, No. 6, 2010.

Yijiang Ding, D., "Corporatism and Civil Society in China: An Overview of the Debate in Recent Years", *China Information China Information*, Vol. 12, No. 4, 1998.

Yin, R. K. and Moore, G. B., "Lessons On the Utilization of Research from Nine Case Experiences in the Natural Hazards Field", *Knowledge in Society*, Vol. 1, No. 3, 1988.

Zhan, X. and Tang, S. -Y., "Political Opportunities, Resource Constraints and Policy Advocacy of Environmental NGOs in China", *Public Administration*, Vol. 91, No. 2, 2013.

Zhang, X., Bloom, G., Xu, X., Chen, L., Liang, X. and Wolcott, S. J., "Advancing the Application of Systems Thinking in Health: Managing Rural China Health System Development in Complex and Dynamic Contexts", *Health Research Policy and Systems*, Vol. 12, No. 1, 2014.

Zhu, X., "Bureau Chiefs and Policy Experts in the Chinese Policy Decision-Making Process: Making Guanxi More Influential", *China Review An Interdisciplinary Journal On Greater China*, Vol. 9, No. 2, 2009.

英文其他文献

Centers for Disease Control and Prevention, *Best practices for comprehensive tobacco control programs*, Atlanta: US Department of Health and Human Services, Centers for Disease Control and Prevention, National Center for Chronic Disease Prevention and Health Promotion, Office on Smoking and Health, No. 8, 2007.

Cooke, P. and Clifton, N., *Spatial Variation in Social Capital Among United Kingdom Small and Medium Enterprises*, Cardiff: Regional Industrial Research, Centre for Advanced Studies, Cardiff University, 2002.

Health, U. D. O. and Services, H., *Preventing Tobacco Use Among Youth and Young Adults: A Report of the Surgeon General*, Atlanta, GA: US De-

partment of Health and Human Services, *Centers for Disease Control and Prevention*, *National Center for Chronic Disease Prevention and Health Promotion*, *Office On Smoking and Health*, 3, 2012.

Howell, J., "New Directions in Civil Society: Organization Around Marginal Interests", *Governance in China*, Oxford, Rowman and Littlefield, 2004.

Kinlen, L., *Advocacy & Agenda Setting: A Report On NGO Attempts to Influence Policy Making On the Reception of Asylum Seeing Children and Families in Ireland*, Galway: Child and Family Research Centre, 2013.

Reid, E. J., "Nonprofit Advocacy and Political Participation", *Nonprofits and Government: Collaboration and Conflict*, Urban Institute Press Washington, 1999.

Reid, E. J., "Understanding the word 'advocacy': Context and use", *Structuring the inquiry into advocacy*, Washington DC: the Urban Institute, Vol. 1, 2000.

附件 《广告法》修订过程中有关烟草广告内容

一 全国人大 1994 年发布的《广告法》中有关烟草广告内容

中华人民共和国广告法

（1994 年 10 月 27 日第八届全国人民代表大会常务委员会第十次会议通过 1994 年 10 月 27 日中华人民共和国主席令第三十四号公布 自 1995 年 2 月 1 日起施行）

……

第十八条 禁止利用广播、电影、电视、报纸、期刊发布烟草广告。

禁止在各类等候室、影剧院、会议厅堂、体育比赛场馆等公共场所设置烟草广告。

烟草广告中必须标明"吸烟有害健康"。

……

第四十九条 本法自 1995 年 2 月 1 日起施行。本法施行前制定的其他有关广告的法律、法规的内容与本法不符的，以本法为准。

二　国务院法制办发布《广告法（修订草案）（征求意见稿）》中有关烟草广告内容

中华人民共和国广告法（修订草案）（征求意见稿）
国务院法制办公室
2014 年 2 月 21 日

......

第二十条　禁止利用广播、电影、电视、报纸、期刊、图书、音像制品、电子出版物、移动通信网络、互联网等媒介和形式发布或者变相发布烟草广告。

禁止在各类等候室、影剧院、会议厅堂、体育比赛场馆、图书馆、文化馆、博物馆、公园等公共场所以及医院和学校的建筑控制地带、公共交通工具设置烟草广告。

在前两款规定以外的其他媒介、场所发布烟草广告，应当经工商行政管理部门批准。经批准发布的烟草广告中必须标明"吸烟有害健康"。

第二十一条　烟草、酒类广告不得有下列情形：

（一）出现吸烟、饮酒形象的；

（二）使用未成年人名义、形象的；

（三）诱导、怂恿吸烟、饮酒，或者宣传无节制饮酒的；

（四）明示或者暗示吸烟有利于人体健康、解除疲劳、缓解精神紧张，饮酒可以消除紧张和焦虑、增加体力的。

......

三　全国人大初次审议《广告法（修订草案）》中有关烟草广告内容

《广告法（修订草案）（征求意见稿）》
第十二届全国人大常委会第十次会议初次审议

2014 年 8 月 31 日

第二十条　禁止利用广播、电影、电视、报纸、期刊、图书、音像制品、电子出版物、移动通信网络、互联网等大众传播媒介和形式发布或者变相发布烟草广告。

禁止在各类等候室、影剧院、会议厅堂、体育比赛场馆、图书馆、文化馆、博物馆、公园等公共场所以及医院和学校的建筑控制地带、公共交通工具设置烟草广告。禁止设置户外烟草广告。

第二十一条　烟草、酒类广告应当符合下列要求：

（一）不得出现吸烟、饮酒形象；

（二）不得使用未成年人的名义或者形象；

（三）不得诱导、怂恿吸烟、饮酒或者宣传无节制饮酒；

（四）不得明示或者暗示吸烟、饮酒有消除紧张和焦虑、增加体力等功效。

发布烟草广告，应当经县级以上地方工商行政管理部门批准。经批准发布的烟草广告中应当标明"吸烟有害健康"字样。

四　全国人大二次审议《广告法（修订草案二次审议稿）》中有关烟草广告内容

《广告法（修订草案二次审议稿）（征求意见稿）》
第十二届全国人大常委会第十二次会议二次次审议
2014 年 12 月 30 日

第十八条　禁止利用广播、电影、电视、报纸、期刊、图书、音像制品、电子出版物、移动通信网络、互联网等大众传播媒介和形式发布或者变相发布烟草广告。

禁止在公共场所、医院和学校的建筑控制地带、公共交通工具设置烟草广告。禁止设置户外烟草广告、橱窗烟草广告。

烟草制品生产者或者经营者发布的迁址、更名、招聘等启事中，不得含有烟草制品名称、商标、包装、装潢以及类似内容。

其他商品或者服务的广告、公益广告中，不得含有烟草制品名称、商标、包装、装潢以及类似内容。

在本条第一款、第二款规定之外发布烟草广告的，应当经国务院工商行政管理部门批准，并符合下列要求：

（一）不得出现吸烟形象；

（二）不得诱导、怂恿吸烟；

（三）不得明示或者暗示吸烟有利于人体健康、解除疲劳、缓解精神紧张；

（四）不得使用低焦油含量、低危害等用语；

（五）广告中应当显著标明"吸烟有害健康"。

五 2015年新修订的《广告法》中有关烟草广告内容

中华人民共和国广告法

（1994年10月27日第八届全国人民代表大会常务委员会第十次会议通过 2015年4月24日第十二届全国人民代表大会常务委员会第十四次会议修订）

第二十二条 禁止在大众传播媒介或者公共场所、公共交通工具、户外发布烟草广告。禁止向未成年人发送任何形式的烟草广告。

禁止利用其他商品或者服务的广告、公益广告，宣传烟草制品名称、商标、包装、装潢以及类似内容。

烟草制品生产者或者销售者发布的迁址、更名、招聘等启事中，不得含有烟草制品名称、商标、包装、装潢以及类似内容。

……

第七十五条 本法自2015年9月1日起施行。

后　　记

十年磨一剑，砺得梅花香。

2009年，满怀激情与热情，凭借自以为学成的社会工作方法和技能踏上了回国的旅程。回国伊始恰逢灾后救援之机，随即加入了不同社会组织的灾后援助工作，先后参与了汶川、玉树等地的震后救援工作。所做工作虽然疲惫了身躯，却极大地丰富了心灵，收获了中国本土社会组织服务实践经验。此可谓本书之前世。

本书得以问世，是读博三年磨炼的结果。那三年，仿佛转身瞬间。短暂得让我来不及停下来歇一歇，哪怕只是一刻钟。那三年或是我人生旅途中最充实、最幸福的三年！充实，是因为不曾有一丝懈怠，不敢荒废一寸光阴，把三年当作六年，甚至更长时间来使用，几近无可复加；幸福，是因为我度过了一个愉快的人生旅程，有敬爱导师和老师们的耳提面命、可爱同学和伙伴们的同舟共济、亲爱家人们的休戚与共、珍爱新生命的到来！

饮水当思源。此书之所以能有今生，是因为在我"磨炼"道路上有太多人的付出、关怀与帮助。对此，我感念至深！

衷心感谢我的导师张秀兰教授的精心指导与言传身教！她的学者智慧、工作热情、治学态度、家国情怀一直感染和引领着我。她既严谨，又宽容。在工作学习上，她常说，"科学容不得半点虚伪"！为了求证一点点疑惑，她可以不眠不休，但她又充分尊重并鼓励学生发挥自主学习能力；在生活上，她虚怀若谷，宽厚待人，一句"送人玫瑰手有余

后　记

香"的教导常常回荡在我的心田。学术成果早已盆满钵盈,但她却从未停止对科学的探索、对社会发展与社会进步的推动,有这样一位恩师,是我莫大的荣幸与骄傲!她对本书付出的心血与智慧更是无法计量,从选题到理论工具、分析框架、谋篇布局,再至调研和访谈工作安排,以及本书的出版,都得益于张老师的谆谆教导与深切关爱。

特别感谢指导我学习和研究的孟宪范老师和徐晓新老师。孟老师对提携后辈总是满怀激情与热情,她治学有方、循循善诱,总能使我这个愚钝的学生茅塞顿开,她又对科学研究负有极大的责任感,与孟老师的交流不分昼夜,习惯了午夜写作的我,无论几时,若有问与孟老师,即得秒回!这样秒回式的交流几近覆盖了本书的每一个段落、每一个词句!同门学长徐晓新老师于我而言亦师亦友,随问随教,虽无法计算和他讨论研究工作的频率与时长,但每次受教后,都有胜读十年书之感。还有对我研究工作提供珍贵建议和意见的金承刚老师、张强老师、高颖老师和薛宁兰老师。他们提出的宝贵建设性意见和建议使我的研究不断进步、不断完善。感谢李海燕老师、刘娟老师等师友们给予的关怀与帮助!

诚挚感谢河北师范大学法政与公共管理学院书记兼院长赵小兰教授对我的信任与鼓励,接纳我成为这个可爱集体的一员,她的支持与包容铸造了我潜心工作的基石。她忘我工作的精神、雷厉风行的工作作风感染着、凝聚着这个集体的每位同仁。有这样的工作环境,何其幸也!也非常感谢学院的每位领导和同事的关心与帮助!

特别感谢所有接受我研究工作访谈的前辈和朋友们,因研究伦理所限,对你们的感谢之情将珍藏在我心底!

借此之际,也特别感念过去四十载人生旅途中为我留下美好记忆、鼓励我前行的师友们,感谢读书道路上相伴的同窗们!

诚挚感谢我的学生!从第一次走上 2016 级同学们的讲台,我有了"老师"的名号,那一刻"教书育人"便烙在了我的心田。唯有用心去教,方得内心安宁。

家,是我学习、工作、生活的基石与保障!感谢给了我生命,给了我自由灵魂的父母,他们的爱如山间泉水,涓涓不息,如日月星辰,光辉永伴!感恩有一个像母亲一样疼爱我的婆婆,无私地支持着我的学习、工作与生活!感谢两家可爱的兄弟姊妹,他们的关爱使我对家有了更多的眷恋!感谢我的儿子,和他共同成长使我对这个世界不断有新的认识和感知。最后,感谢我的爱人,无论何时、何境遇,有他,我心底踏实。

上天如此厚爱,自当砥砺前行,为使这个世界变得更美好,竭尽所能!

刘艳丽
2019 年 8 月 13 日于石家庄